Heidrun Brockmann
Stefan Sedlmair

Guadeloupe

und seine Inseln

W0407657

IWANOWSKI'S REISEBUCHVERLAG

Im Internet:

www.iwanowski.de

Hier finden Sie aktuelle Infos zu allen Titeln, interessante Links – und vieles mehr!

Einfach anklicken!

Schreiben Sie uns, wenn sich etwas verändert hat. Wir sind bei der Aktualisierung unserer Bücher auf Ihre Mithilfe angewiesen: **info@iwanowski.de**

Guadeloupe und seine Inseln
3. Auflage 2016

© Reisebuchverlag Iwanowski GmbH
Salm-Reifferscheidt-Allee 37 • 41540 Dormagen
Telefon 0 21 33/26 03 11 • Fax 0 21 33/26 03 34
info@iwanowski.de
www.iwanowski.de

Titelfoto: iStock/Oliver Hoffman
Alle anderen Farbabbildungen: Heidrun Brockmann, außer: S. 77, 189, 193, 201, hintere Umschlagsklappe (Fremdenverkehrsamt Guadeloupe); Autorinnenbild (Stefan Sedlmair)
Layout: Monika Golombek, Köln
Karten: Astrid Fischer-Leitl, München
Titelgestaltung: Point of Media, www.pom-online.de
Redaktionelles Copyright, Konzeption und deren ständige Überarbeitung: Michael Iwanowski

Alle Rechte vorbehalten. Alle Informationen und Hinweise erfolgen ohne Gewähr für die Richtigkeit im Sinne des Produkthaftungsrechts. Verlag und Autoren können daher keine Verantwortung und Haftung für inhaltliche oder sachliche Fehler übernehmen. Auf den Inhalt aller in diesem Buch erwähnten Internetseiten Dritter haben Autoren und Verlag keinen Einfluss. Eine Haftung dafür wird ebenso ausgeschlossen wie für den Inhalt der Internetseiten, die durch weiterführende Verknüpfungen (sog. „Links“) damit verbunden sind.

Gesamtherstellung: Grafisches Centrum Cuno, Calbe
Printed in Germany

ISBN: 978-3-86197-157-3

Alle Karten zum Gratis-Download – so funktioniert's
In diesem Reisehandbuch sind alle Detailpläne mit sogenannten **QR-Codes** versehen, die per Smartphone oder Tablet-PC gescannt und bei einer bestehenden Internet-Verbindung auf das eigene Gerät geladen werden können. Alle Karten sind im PDF-Format angelegt, das nahezu jedes Gerät darstellen kann. Für den Stadtbummel oder die Besichtigung unterwegs hat man so die Karte mit besuchenswerten Zielen und Restaurants auf dem Telefon, Tablet-PC, Reader oder als praktischen DIN-A-4-Ausdruck dabei.
Mit anderen Worten – der „gewichtige" Reiseführer kann im Auto oder im Hotel bleiben und die Basis-Infos sind immer und überall ohne Roaming-Gebühren abrufbar.

Inhaltsverzeichnis

Überblick

Reiserouten

info

Weiterführende Informationen zu folgenden Themen

Karten und Grafiken

Legende

Autobahn
Hauptstraße
Nebenstraße
sonstige Straße
Trail
Fähre
Großstadt
Stadt
Kleinstadt/Dorf
530 m Berg
Flughafen
Bahnhof
Bus/Busbahnhof
Polizei
Post
Information
Taxi
Einkaufen
Aussichtspunkt
Strand
Tauchen
Wandern
Golfplatz
Kirche
Schloss
Kathedrale
Synagoge
Fort
Markt
Museum
Bibliothek
Hafen
Höhle
Essen
Hotel
Sehenswürdigkeit
Wanderweg

© igraphic

EINLEITUNG

Guadeloupe und seine Inseln – Paradiese der französischen Karibik

Eigentlich fällt es nicht leicht, den Begriff Paradies zu verwenden. Zu oberflächlich, zu klischeebesetzt und niemals so richtig passend. Doch wer die Inseln Guadeloupes besucht, merkt, dass sich die Beziehung zu dem Wort ändert, man sich dem Zauber der Inselwelt mit all seinen unterschiedlichen Facetten, zu denen auch Probleme gehören, kaum entziehen kann. Wer einmal Palmenstrände, Regenwald, Mangrovensümpfe, Bergwelten, Vulkangesteine, Korallenriffe, warme Winde auf dem Segelboot und das Bad im türkisfarbenen Meer genossen hat, wird seufzend zustimmen – kaum ein Ort kommt der Vorstellung vom Garten Eden so nah.

Eigentlich muss man das Wort Paradies beim Archipel Guadeloupe in den Plural setzen. Grande-Terre bietet weiße Sandstrände und korallengeschützte Badebuchten, Basse-Terre wuchert mit dem Nationalpark rund um den aktiven Vulkan Soufrière, die Saintes bieten eine der schönsten Buchten der Kleinen Antillen und Marie-Galante und La Désirade faszinieren mit dem Charme vergangener Tage.

Dazu kommt auf allen Inseln des Archipels eine faszinierende Vielfalt an Bevölkerungsgruppen, die mit ihrer Herkunft, ihren Religionen, Lebensweisen und Sprachen bunter kaum sein könnten – das Ergebnis einer aufgezwungenen, schmerzhaften Geschichte, deren Aufarbeitung noch lange nicht zu Ende ist. Einen großen verbindenden Rahmen bildet eine gehörige Portion französischem Savoir-Vivre, die allerorts sichtbar ist. Zwar sind Europa und die EU, zu der Guadeloupe als französisches Département gehört, sehr fern. Doch Merkmale der französisch geprägten karibischen Kultur sind allenthalben in den Gassen, auf den Märkten der Innenstädte, bei den farbenfrohen Festen und an den Stränden, wenn die Sonne sich neigt, zu erleben.

Auf Guadeloupe und seinen Inseln kann man mittendrin sein. Es gibt nur wenige große Hotels, viele nette Gästehäuser sind eine Insel-typische Alternative, die Gastgeber geben gerne Auskunft, kleine Restaurants mit großartiger Küche verführen den Gaumen. Und jemand für einen netten Plausch, wenn auch mit Händen und Füßen, findet sich immer. Karibischer kann es nirgends sein und französischer auch nicht – ein Paradies eben.

Nicht versäumen möchten wir, uns bei allen zu bedanken, die zum Gelingen dieses Buches beigetragen haben:
Für seine Text- und Recherchebeiträge bei Ulrich Quack. Für ihre wertvollen Hinweise und logistischen Hilfen besonders bei Philippe Boucard (Fremdenverkehrsamt Guadeloupe) sowie bei Guy Claude Germain (Leiter des Comité du tourisme des îles de Guadeloupe, CTIG, in Pointe-à-Pitre).

Auch Louis Molinié (Bürgermeister von Terre-de-Haut) gilt ein besonderer Dank, der sich trotz eines übervollen Terminkalenders viel Zeit genommen hat, viele interessante Geschichten über seine Insel zu erzählen. Und natürlich bei Gisèle Maisonneuve (Vize-Präsidentin des Touristenamtes von Terre-de-Haut und Eigentümerin des Gästehauses „Chez Gisèle et Philipe“), die zwischen ihrem Ehrenamt beim Tourismusbüro, Bewirtung ihrer Gäste und der Einweihung einer neuen Fährverbindung auf Marie-Galante noch Zeit für wichtige Informationen und die Organisation von Treffen auf der Insel gefunden hat. Der Dank gilt auch Lucie Soulard und ihrem Team, die während des Umbaus ihres Tourismusbüros auf La Désirade mit viel Ruhe ihre Insel vorstellten.

Und ganz besonders danken möchten wir auch den Lesern des Karibik-Reiseführers „Karibik – Kleine Antillen“, die mit ihren Hinweisen zu Veränderungen auf den Inseln auch zur Qualität dieses Reiseführers beitragen.

Hamburg, im Januar 2016

I. LAND UND LEUTE

Überblick: Guadeloupe in Kürze

Guadeloupe	
Fläche	1628 km² (Basse-Terre 848 km², Grande-Terre 589 km², Marie-Galante 158 km²; La Désirade 21 km²; Îles des Saintes 13 km²)
Einwohner	403.750 (inklusive der dazugehörigen Inseln)
Hauptstadt	Basse-Terre
Währung	Euro (€)
Status	Französisches Übersee-Departement

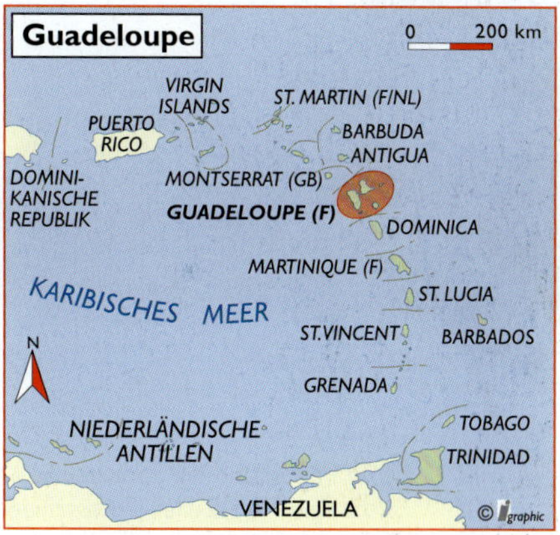

Guadeloupe zählt landschaftlich mit zu den abwechslungsreichsten und mit mehr als 400.000 Einwohnern zu der am dichtesten bevölkerten Insel der Kleinen Antillen. Der aktive Vulkan La Soufrière ist mit 1.467 Metern zudem die höchste Erhebung der Region. Der oft gezogene Vergleich von Guadeloupes Umrissen mit einem **Schmetterling** hat seine Berechtigung: auf natürliche Weise zerfällt die Insel in zwei deutlich voneinander unterscheidbare Hälften. Streng genommen handelt es sich um eine „Doppelinsel" mit den durch einen schmalen Meeresarm getrennten Insel **Basse-Terre** (848 km²) mit dichtem tropischem Regenwald und gebirgiger Landschaft und die durch zwei Brücken verbundene und überwiegend flache und trockene Insel **Grande-Terre** (590 km²).

Etwa 7.000 Kilometer Luftlinie sind es von Paris, der Hauptstadt der Grande Nation, zum karibischen **Übersee-Département** Guadeloupe. Das insgesamt 1.628 km² große Département umfasst zudem die nahe gelegenen Inseln Marie-Galante (158 km²), La Désirade (21 km²), Îles des Saintes (13 km²) sowie Îles de la Petite-Terre (1,5 km²).

Schmetterlingsinsel

Guadeloupe ist damit als Verwaltungseinheit (zu der noch einige umliegende Inseln gehören) nicht nur der größere der beiden Distrikte, zu denen auch Martinique gehört (oder der „Les Antilles", wie die Franzosen sagen), die namensgebende Hauptinsel ist auch nach Trinidad die **zweitgrößte Insel** der Kleinen Antillen überhaupt. Das ca. 1.100 km² große Martinique ist demgegenüber von der Inselgröße aus betrachtet die „kleine Schwester".

Zahlreiche Wanderwege führen durch Guadeloupes dichte Vegetation

Der westliche Teil Guadeloupes gehört dem vulkanischen inneren Bogen und der östliche dem äußeren Bogen der Inseln über dem Wind (s. S. 44) an und vereint so recht unterschiedliche Landschaftsformen: **waldbedeckte Berge** und einen **tätigen Vulkan** (Soufrière) einerseits und relativ flache Kalksteinplateaus andererseits.

Historisch stellen die karibischen Übersee-Départements die letzten bescheidenen Überreste eines ehemals weit ausgedehnten Kolonialbesitzes dar. Sie sind neben Quebec (Kanada) und Haiti auch die letzten rein französischen Sprachinseln in Amerika, wobei sich die Bevölkerung jedoch zumeist in der Mischsprache *Créole* verständigt. Im Verhältnis zu allen anderen Distrikten Frankreichs ist Guadeloupe absolut gleichberechtigt und kann von seinem Status vor allem wirtschaftlich profitieren (Gleiches gilt für Martinique wie für andere Außenbesitzungen wie die Komoren, Guayana und La Réunion).

Guadeloupe ist jedoch nicht bloß formales Département und Region, sondern ein wirklicher Landesteil, in dem wie im Mutterland die Sprache, die Kultur, die Lebensart und die Infrastruktur französisch sind – trotz aller Unterschiede der Landschaft, trotz der multiethnischen Bevölkerung und trotz aller Exotik.

Für Besucher bedeutet dies, dass Grundkenntnisse der **französischen Sprache** von großem Vorteil sind, mehr als auf den ehemaligen Dependancen und heutigen französischen Außengebieten St. Martin und St. Barths, wo man auch aufgrund eines größeren Anteils amerikanischer Besucher mit Englisch weiterkommt.

Jedenfalls können Pointe-à-Pitre oder Basse-Terre auf den ersten Blick kaum von einer Provinzstadt an der südlichen Atlantikküste oder der Côte d' Azur unterschieden werden: Ähnliche Schaufensterauslagen, ähnliche Regierungsgebäude, teilweise sogar ähnliche Straßencafés, in denen der obligatorische Milchkaffee getrunken wird. Die großen Orte haben eine *Mairie* (Rathaus) und eine *Préfecture*, in den Restaurants stehen Weinkaraffen, aus den Bäckereien holt man Baguettes und Croissants, und unter schattigen Bäumen gehen die Männer ihrem Lieblingsspiel, dem Boule, nach. Die Uniformierten tragen das „*képi*", jene kreisrunde, halbhohe Kopfbedeckung, wie man sie von Pariser Polizisten kennt.

Feine Sandstrände säumen die Küste von Grande-Terre

Der Straßenverkehr wird nicht, wie auf den anderen Antillen-Inseln, von japanischen oder amerikanischen Modellen geprägt, sondern von französischen Kleinwagen der Firmen Renault, Citroën und Peugeot. Für den Touristen hat die enge Bindung der Insel an das Mutterland viele Vorteile: Eine gute Infrastruktur, keine kulturell bedingten Barrieren, keine Gesundheitsrisiken und kaum wirkliche Armut – denn trotz hoher Arbeitslosigkeit und Strukturkrisen gehören sie – auch dank Finanzierungen von Projekten durch die Europäische Union – zu den bestentwickelten Regionen des karibischen Raumes.

Französische Infrastruktur ...

Wenn der Akzent des Départements mit seinem Savoir-vivre und seiner Atmosphäre also eindeutig französisch ist, wird der Grundton doch von einer starken karibischen Note bestimmt – nicht nur durch tropische Blumen, Palmenstrände und warme Temperaturen, sondern vor allem durch die multiethnische Bevölkerung mit ihrer kreolischen Lebensfreude. Auf diese Weise besitzen die Inseln ein unverwechselbares und einmaliges Kolorit, das notwendigerweise viele Unterschiede zum Mutterland einschließt, auch solche, die nicht auf die geografische Lage, das Klima oder die Vegetation zurückzuführen sind.

... und karibische Lebensweise

Historischer Überblick

Zeittafel von Guadeloupe und den Nachbarinseln

ab 5000–3500 v.Chr.	Jäger und Sammler besiedeln von Südamerika aus die karibischen Inseln.
ab ca. 500 v .Chr.	Ackerbautreibende Gruppen dringen von Venezuela aus auf die Antillen vor. Ihre Kultur ist geprägt durch ihre reichhaltige Keramik.
1492	Christoph Kolumbus entdeckt die Westindischen Inseln.
1493	Christoph Kolumbus segelt an La Désirade vorbei, landet auf Marie-Galante und betritt auf Basse-Terre die heute Guadeloupe genannte Doppelinsel.
1496	Erste europäische Stadtgründung auf dem neuen Kontinent: Santo Domingo auf Hispaniola.
1507	Die neue Welt wird erstmals Amerika genannt, nach dem Entdecker Amerigo Vespucci.
1524	Die ersten schwarzen Sklaven treffen in der Karibik ein.
1635	Die Franzosen kolonisieren Guadeloupe. Seitdem gehört es mit kurzen Ausnahmen zu Frankreich.
1648	Die ersten französischen Kolonisten kommen auf die Îles des Saintes.
1652–1814	Kämpfe zwischen Frankreich und England mit dem Ziel, die Îles des Saintes für sich zu gewinnen, die geschützte Ankerplätze für die Seeflotten bieten.
1676	Die Niederländer plündern Marie-Galante.
17./18. Jh.	Erbitterte Kriege zwischen den europäischen Mächten im karibischen Raum; die meisten Inseln wechseln mehrmals den Besitzer, Piraten und Freibeuter unterstützen die kämpfenden Parteien. Mehrmals besetzen die Briten Guadeloupe.
1725	Deportation von Leprakranken von Guadeloupe nach La Désirade
1759–1763	Während des Siebenjährigen Krieges dringen auf Guadeloupe britische Einheiten ein und nehmen die Insel in Besitz.
1782	Französisch-britische Seeschlacht bei den Îles des Saintes, durch die die Briten ihre Vorherrschaft über die Antillen sichern.
1789	Beginn der Französischen Revolution, die auch auf Guadeloupe zu tief greifenden Umwälzungen führt.
1816	Ende der Konflikte, die mit der Verteidigung Marie-Galantes verbunden waren.
1834	Aufhebung der Sklaverei auf den britisch besetzten Inseln.
1843	Starkes Erdbeben auf Guadeloupe mit ca. 3.000 Toten vor allem in Pointe-à-Pitre, wo die ersten beiden Zuckerfabriken entstehen. Bis 1863 werden es 11 Fabriken sein.
1848	Auch Franzosen und Dänen verbieten die Sklaverei, es folgen die Niederländer (1863) und die Spanier (1886).
1854	Beginn der Immigration indischer Arbeiter nach Guadeloupe.
1871	III. Republik: Die Kolonien bekommen Repräsentanten in der Nationalversammlung. In Frankreich werden Reformen umgesetzt, die auch auf Guadeloupe zu spüren sind (kostenlose Schulbildung, Trennung von Staat und Kirche etc.).
1897	Erdbeben auf Guadeloupe: Pointe-à-Pitre wird teilweise zerstört.
1914	Eröffnung des Panama-Kanals.
1914–1918	Der Erste Weltkrieg verschafft Guadeloupe bis 1922 Hochkonjunktur beim Rumexport.

1922	Nach dem Einbruch der Zuckerindustrie werden die ersten Bananenpflanzen für den Export auf Guadeloupe angebaut.
1928	Ein zerstörerischer Tropensturm wütet auf Guadeloupe.
1941–44	Der Zweite Weltkrieg bringt deutsche U-Boote in die Karibik; enorme wirtschaftliche Probleme aufgrund der Blockade der Französischen Antillen durch die Alliierten.
1946	Guadeloupe wird französisches Département.
1961–1965	Unruhen auf Guadeloupe durch Unabhängigkeitsbewegungen.
1976	Ausbruch des Vulkans Soufrière und Evakuierung der Region Basse-Terre.
1979	Hurrikan „David“ wütet auf Guadeloupe.
1983	Der Regionalrat nimmt in Basse-Terre seine Arbeit auf.
1989	Der Hurrikan „Hugo“ verwüstet Guadeloupe und andere Inseln der Kleinen Antillen.
1991	Installation einer Unterwasserleitung für Süßwasser (14 km) von Guadeloupe nach La Désirade.
1994	Guadeloupe wird wegen extremer Wasserknappheit zum Katastrophengebiet erklärt.
2001	Das französische Parlament erkennt die Sklaverei als Verbrechen an.
2002	Auf Guadeloupe gilt der Euro als offizielles Zahlungsmittel.
2004	Am 21. November kommt bei einem Erdbeben der Stärke 6,0 auf Guadeloupe ein Mensch ums Leben. Mehrere Häuser werden zerstört.
2005	58,6 % stimmen in einem Referendum für die Europäische Verfassung; Wahlbeteiligung: 30%.
2007	Das französische Saint-Martin sowie St. Barthélémy lösen sich aus dem Departement Guadeloupe heraus, das als gleichwertig zu den Départements des Festlands gezählt wird. Der Hurrikan „Dean“ der Kategorie 3 verwüstet einen großen Teil der Bananenplantagen auf Guadeloupe.
2009	Ein Generalstreik legt mehrere Wochen die Wirtschaft und das öffentliche Leben auf Guadeloupe lahm. Nach gewalttätigen Ausschreitungen werden u. a. Zugeständnisse beim Mindestlohn gemacht.
2010	Die Regenzeit auf den Französischen Antillen macht durch auffällig wenig Niederschlag Schlagzeilen.
2011	Erstmals macht eine Algenplage dem Archipel Guadeloupe zu schaffen und säumt vor allem die dem Atlantik zugewandten Strände mit den Meerespflanzen.
2014	Die Bahnrad-EM findet in Guadeloupe statt, die Wettbewerbe werden auf einer Bahn unter freiem Himmel ausgetragen.
2015	Eröffnung des Mémorial ACTe, auch „Karibisches Zentrum zum Ausdruck und zur Erinnerung an den Sklavenhandel und an die Sklaverei“ in Pointe-à-Pitre.

Die Ureinwohner der karibischen Inseln

Die Geschichte der Antillen reicht weit länger zurück als das Jahr 1492, in dem Christoph Kolumbus und seine Gefährten die Inseln der Karibik betraten. Rund 6.000 Jahre zuvor, möglicherweise auch noch früher, ließen sich hier Menschen nieder und begründeten **eigenständige Kulturen**, die sich im Laufe der Jahrtausende weiterentwickelten, immer wieder beeinflusst durch Kontakte zum Festland und neue Zuwanderer. Doch die Zeugnisse, die von den einstigen Bewohnern der Antillen künden, sind spärlich und oftmals schwer zu deuten. Sie selbst kannten keine Schrift. Die

Felsmalereien der Ureinwohner auf Guadeloupe

einzigen schriftlichen Dokumenten, die von den Ureinwohnern berichten, sind daher einige Aufzeichnungen der europäischen Eroberer. Diese aber beruhen vor allem auf Gerüchten und sind zumeist geprägt von Missverständnissen und Vorurteilen. Die Aussagen der vermeintlichen „Entdecker" bieten tatsächlich nicht mehr als eine äußerst lückenhafte und stark verzerrte Momentaufnahme aus der Zeit um 1500, und alle späteren Berichte zeigen die indigenen Kulturen dann in einem Zustand, der bereits massiv durch das Vordringen der Europäer beeinflusst ist – in einer Phase des Rückzugs also, der Verteidigung und schließlich des Niedergangs bis hin zur vollständigen Auslöschung.

Auskünfte über jene Menschen, die schon lange vor Kolumbus die Antillen bevölkerten, können daher einzig **archäologische Funde** bieten. Die ältesten Zeugnisse menschlicher Besiedlung der karibischen Inselwelt sind mehr als 7.000 Jahre alt und wurden auf Trinidad entdeckt. Vielleicht erreichten frühe Einwanderer die heute nahe der südamerikanischen Küste gelegene Insel, als diese noch über Landbrücken mit dem Festland verbunden war. Von dort gelangten Menschen vermutlich zunächst nach Tobago und weiter zur etwa 130 Kilometer entfernten Insel Grenada. Nur einige Jahrhunderte jünger als die ältesten Funde auf Trinidad sind jedoch Überreste am anderen Ende des Antillenbogens, im Westen Kubas. Viele Forscher nehmen deshalb an, dass Menschen diese Region zunächst von Mittelamerika aus erreichten: Die kürzeste Entfernung zwischen der Halbinsel Yucatán im heutigen Mexiko und der Westspitze Kubas beträgt rund 200 Kilometer. Die weitere Besiedlung erfolgte dann von beiden Seiten der Inselkette. Dabei mussten stets nur deutlich geringere Distanzen mit Booten über das offene Meer zurückgelegt werden, da die jeweils nächste Insel fast immer schon in Sichtweite lag. Die zwei Ausbreitungsbewegungen trafen sich möglicherweise vor rund 4.500 Jahren auf Puerto Rico. Die Zeugnisse, die inzwischen auf zahlreichen Inseln gefunden wurden, legen jedenfalls ein solches Szenario nahe.

Als **Jäger und Sammler** lebten die Mitglieder dieser ersten Kulturen auf den Antillen – Wissenschaftler sprechen von der „archaischen Phase" – vermutlich in kleinen Gruppen, zogen von Lager zu Lager, ohne sich dauerhaft niederzulassen, und ernährten sich von Pflanzen und Landtieren, vor allem aber wohl von Meeresschnecken, Muscheln und Fischen. Neben vielfältigen Werkzeugen aus Stein fertigten sie auch figürliche Darstellungen und Schmuck. Die Materialien legen nahe, dass **weiterhin Kontakte zum südamerikanischen Festland** bestanden – wahrscheinlich besaßen die archaischen Bewohner hochseetüchtige Kanus.

Archaische Phase

Inzwischen gehen die Archäologen davon aus, dass auch die Nachfahren der ersten Siedler schon begannen, Pflanzen zu kultivieren und Gefäße aus Ton zu formen. Doch um etwa 500 v. Chr. erreichte eine **neue Welle von Menschen** die Antillen, die den Ackerbau (besonders Maniok) und das Wissen um die Herstellung von Keramik bereits aus Südamerika mitbrachten. Gefundene Überreste dieser Bewohner sind Kultplätze, wunderschöne Keramiken (Töpfe, Krüge, Figuren, Schmuck) sowie Arbeitsgerät, Schmuck, Waffen und Musikinstrumente. Rund 1.000 Jahre lang blieb der Stil der Keramikgefäße weitgehend gleich, die Forscher bezeichnen die Kultur dieser Zeit als das Saladoid.

Doch ab etwa 500 n. Chr. kamen neue Formen auf. Für die folgenden Jahrhunderte bis zum Eintreffen der Europäer unterscheiden Archäologen eine ganze Reihe von Keramik-Stilen, die sich offenbar zu verschiedenen Zeiten auf den einzelnen Inseln entwickelt haben. Während man früher dachte, solche Wandlungen seien ein Zeichen von größeren Siedlungsbewegungen, bei denen womöglich die Neuankömmlinge die vorherigen Bewohner gewaltsam unterwarfen, geht man heute davon aus, dass es einen **permanenten Austausch** auch von Menschen, vor allem aber von Kulturtechniken gab. Die Bewohner lebten keineswegs isoliert auf ihren jeweiligen Inseln, sondern waren hoch mobil, sie pflegten Kontakte zum Festland und entlang des gesamten Antillenbogens. So konnten sich Innovationen, Verzierungsstile und vermutlich auch Sprachen verbreiten – auch ohne große Wanderungen.

Ständiger Kulturkontakt

Die Spanier nannten die Menschen, denen sie ab 1492 auf Hispaniola (heute Haiti und Dominikanische Republik) und anderen Inseln der Großen Antillen begegneten „Taínos". Vermutlich bezeichneten sich einige Bewohner selbst mit diesem Wort, das aber wohl nicht der Name ihres Volkes war, sondern „gut" oder „nobel" bedeutete. Ihre Sprache, die aus Ortsnamen und Aufzeichnungen der Europäer teilweise rekonstruiert werden kann, war verwandt mit dem Idiom der Arawak, eines Volks, das bis heute in Venezuela, Guyana und Surinam lebt, weshalb die Taínos häufig ebenfalls als Arawak bezeichnet werden.

Die „Entdeckung" Amerikas – zeitgenössischer Holzschnitt

Obwohl die Taínos und ihre Sprache untergegangen sind, sind einige ihrer Wörter bis heute lebendig, denn sie bezeichnen Kulturtechniken, die in die westliche Zivilisation eingegangen sind: beispielsweise das Kanu (in der Taíno-Sprache *canoa*), den Tabak (*tabaco*) oder das Barbecue (*barbacoa*). Und aus *hamaca* wurde über das englische *hammock* im Deutschen die „Hängematte".

Wasserfälle wie dieser in Acomat inspirierten wohl zum Namen „Insel der schönen Wasser"

Wohl ebenfalls auf ein Wort der Taínos geht die Bezeichnung der ganzen Region – der Karibik – zurück: *cariba*. Möglicherweise aufgrund eines Missverständnisses benutzten es die Spanier für die Menschen, die sie auf vielen Inseln der Kleinen Antillen antrafen – und die ihnen, anders als die Taínos, massiven Widerstand entgegenbrachten. Daraus entstand eine Art Mythos, der sich bis heute hartnäckig in vielen Darstellungen hält: Demnach lebten auf den Antillen vor allem zwei Völker, die friedfertigen Taínos und die kriegerischen Kariben. Letztere hätten die Kleinen Antillen erst relativ kurz vor dem Eintreffen der Europäer erobert, die männlichen Einwohner versklavt und die Frauen geraubt. Zudem seien sie Menschenfresser gewesen (auch das Wort „Kannibale" ist von *cariba*, in anderer Schreibung *caniba*, abgeleitet).

Heute gehen Wissenschaftler davon aus, dass auf den Antillen um 1500 eine **Vielzahl unterschiedlicher Völker und Stämme** lebte, die untereinander rege Verbindungen und Handelskontakte pflegten, teils aber auch verfeindet waren. Die angebliche brutale Eroberung der Kleinen Antillen durch die Kariben dürfte dabei ebenso eine Fiktion sein wie ihr Kannibalismus – beides aber war den Spaniern ein willkommener Vorwand, die Bewohner zu versklaven oder gleich zu töten. Deren kriegerisches Verhalten wiederum hatte seinen Grund womöglich einfach darin, dass sich die wenig friedfertigen Absichten der Europäer, die sie bald schon auf Hispaniola offenbarten, schnell auch auf den anderen Inseln herumsprachen.

Die Besiedlung Guadeloupes

Die ersten Menschen erreichten Guadeloupe möglicherweise bereits um 3.000 v. Chr. oder noch früher. Im Zuge jener Wanderungsbewegung, die vom südamerikanischen Festland und Trinidad aus entlang des Antillenbogens bis nach Puerto Rico vordrang, sind höchstwahrscheinlich immer wieder Gruppen an Guadeloupe vorbeigekommen. Doch ob die Menschen dieser frühen Epoche den Archipel nur als Zwischenstation nutzten oder auch dauerhaft hier lebten, lässt sich nicht sagen. Die **ältesten bekannten Zeugnisse** fester Besiedlung stammen erst aus einer Phase ab etwa 300 v. Chr., als sich Ackerbau treibende Angehörige der Saladoid-Kultur auf den Kleinen Antillen ausbreiteten. Anhand der gefundenen Keramikgefäße unterschied Edgar Clerc, der Pionier der Archäologie auf Guadeloupe, für die Zeit bis zum Eintreffen der Europäer um 1500 vier aufeinanderfolgende Phasen, die von jüngeren Forschern inzwischen noch weiter unterteilt werden. Viele Artefakte aus großen Fundstätten im Norden von Grande-Terre sowie auf La Désirade sind im nach Clerc benannten Museum in Le Moule ausgestellt, darunter Schmuck und Grabbeigaben mit figürlichen Darstellungen von Tieren. Die Vielfalt der benutzen Materialien und Formen belegt, dass die Bewohner Guadeloupes **intensiven Austausch** mit den anderen Inseln und dem Festland pflegten. Den Spaniern, die hier ab 1493 landeten, galten sie indes als kriegerische, feindselige Kariben – denn sie versuchten, sich der Unterwerfung durch die Europäer zu widersetzen. Der Überlieferung zufolge nannten die Bewohner ihre Heimat **Karukera**, was so viel bedeutet wie „die Insel der schönen Wasser".

Entwicklungsphasen nach Edgar Clerc

Die Ankunft der Europäer

Dass Kolumbus nicht der erste Europäer in der Neuen Welt war, hat sich inzwischen herumgesprochen. Durch archäologische Ausgrabungen auf Neufundland sind mittlerweile etwa die **Fahrten der Wikinger** nachgewiesen, die um 1.000 n. Chr. für eine Zeit lang kleinere Kolonien gründeten und den Nordatlantik regelmäßig auf der Route Island – Grönland – Nordamerika befuhren. Dass Europäer auch schon früher die Karibik erreichten, ist zwar nicht dokumentiert, aber durchaus plausibel: Die im Atlantik liegenden Inseln wie die Kanaren und die Kapverden waren schon den Seefahrern der Antike bekannt; wer aber in diesen Gewässern mit Segelschiffen unterwegs ist, kann durch die **vorherrschenden Winde und Strömungen** leicht weit nach Westen abdriften – zum südamerikanischen Festland oder auch zu den Antillen. Genau auf diese Wind- und Strömungsverhältnisse im Atlantik waren später dann auch die Routen des sogenannten Dreieckshandels zwischen Europa, Westafrika und der Karibik im 17. und 18. Jh. abgestimmt.

Europäer in der Karibik

Gleichwohl: Die Geschichte der Inbesitznahme Amerikas durch die Europäer beginnt mit der **Fahrt des Christoph Kolumbus im Jahr 1492**. Für Europa bedeutete dies in politischer, kultureller und wirtschaftlicher Hinsicht Umwälzungen allergrößten Ausmaßes – und für Amerika den Untergang der alten Kulturen. Es ist erstaunlich, wie schnell der Doppelkontinent und besonders auch die Inseln der Karibik erforscht und erobert werden konnten. Eine Lawine war losgetreten worden, die nahezu in jedem Jahr zu neuen Expeditionen, Entdeckungen und Koloniegründungen führte. Bereits 1496 konnte Kolumbus' Bruder Bartolomeo auf Hispaniola die erste europäische Stadt auf amerikanischem Boden gründen: Santo Domingo, heute die Hauptstadt der Dominikanischen Republik. Ab 1499 nahm der Florentiner Amerigo Vespucci an mehreren Fahrten teil, bei denen er die Küste Südamerikas erkundete – und zu der Gewissheit gelangte, dass Kolumbus nicht den Westweg nach Indien, sondern einen völlig neuen Erdteil gefunden hatte. 1507 benannte dann der deutsche Kartograf Martin Waldseemüller die Neue Welt nach Vespuccis Vornamen: Amerika.

Das Zeitalter der „Entdeckungen"

Die Kolonisierung der karibischen Inseln

In Konkurrenz zu den Spaniern bemühten sich schon früh auch die Portugiesen um Besitztümer – so nahm Pedro Álvarez Cabral im Jahr 1500 Brasilien für den portugiesischen König in Besitz. 1503 erreichte der Spanier Juan Bermúdez die nach ihm benannten Bermuda-Insel. Fünf Jahre später gründete Juan Ponce de León, der auch zu den Begleitern von Kolumbus gezählt hatte, eine erste Kolonie auf Puerto Rico, 1513 entdeckte er Florida. Spätestens 1536, als der portugiesische Seefahrer Pedro a Campos auf Barbados landete, waren die Kleinen Antillen dem europäischen Horizont erschlossen. Im Vergleich zu den riesigen Gebieten Mittel- und Südamerikas und zu den Inseln der Großen Antillen schienen sie jedoch wirtschaftlich nur wenig attraktiv und besaßen allenfalls strategische Bedeutung. Gold- und Silberschätze, wie sie sich schon Kolumbus erhofft hatte, gab es – anders als in Peru oder Mexiko – hier nicht.

Zwar beanspruchten die Spanier den Besitz der Kleinen Antillen, doch beschränkten sich ihre Aktivitäten vor allem auf Raubexpeditionen mit dem Ziel, Bewohner der Inseln zu versklaven und nach Hispaniola zu verschleppen. Im Laufe des 16. Jahrhunderts aber weckten die Eilande mehr und mehr das Interesse von Europäern aus anderen Staaten, darunter vor allem Engländer, Niederländer und Franzosen, später auch Dänen, Deutsche und Schweden. Sie waren es, die in der Folgezeit die Geschichte der Kleinen Antillen prägten.

Karukera wird Guadalupe

Kolumbus auf Guadeloupe

Auf seiner berühmten ersten Reise 1492/93 erreichte Christoph Kolumbus zunächst eine vermutlich zu den Bahamas zählende Insel und besuchte dann Kuba und Hispaniola. Zu den Kleinen Antillen gelangte er erst bei seiner **zweiten Reise**. Die erste kleine Insel, die seine Männer nach der Fahrt über den Atlantik am 2. November 1493 sichteten, nannte er Desiderada, „die Ersehnte". Am folgenden Tag (einem Sonntag) ging er auf einer Insel an Land, die er nach der lateinischen Bezeichnung des Wochentages Dominica nannte, um sich dann wieder nach Norden zu wenden. Noch am gleichen Tag besuchte er ein Eiland, das er Santa María la Galante taufte. Am 4. November schließlich ging er an der südöstlichen Küste von Basse-Terre an Land. Kolumbus nannte seine neue Entdeckung Santa María de Guadalupe, zu Ehren des Real Monasterio de Nuestra Señora de Guadalupe. Das „Königliche Kloster unserer Frau", 180 Kilometer südwestlich von Madrid an einem Flüsschen namens Guadalupe gelegen, beherbergt ein hoch verehrtes Madonnenbild und ist einer der wichtigsten Wallfahrtsorte in Spanien.

Widerstand der Insulaner

Einem Bericht zufolge sahen sich Kolumbus und seine Männer bei ihrer Landung einer Gruppe von wild aussehenden, mit roter Farbe eingeschmierten Menschen gegenüber. Allerdings waren es nur Frauen, Männer befanden sich nicht unter ihnen. Diese hatten sich aus dem Dorf zurückgezogen, um einen Angriff auf die weißen Eindringlinge zu organisieren. Tatsächlich versuchten die Bewohner von Guadeloupe in den folgenden mehr als 100 Jahren zäh und mitunter auch erfolgreich, sich kriegerisch gegen Sklavenraubzüge und andere Übergriffe zu wehren. Immerhin gelang es ihnen, eine dauerhafte Besiedlung des Archipels durch die Spanier zu verhindern. Bedeutsam blieb Guadeloupe gleichwohl als Zwischenstation für spanische Schiffe, um sich mit Trinkwasser zu versorgen. Darüber hinaus besuchten auch andere Europäer die

Insel: Englische, französische und niederländische Abenteurer und Freibeuter nutzten Guadeloupe als Stützpunkt. Zumeist verfolgten sie vor allem das Ziel, die Spanier zu überfallen – den Ureinwohnern aber waren sie nicht selten Handelspartner und Verbündete im Kampf gegen den gemeinsamen Feind.

Christoph Kolumbus

info

Der 1451 in Genua geborene Seefahrer Kolumbus (ital.: Cristoforo Colombo; span.: Cristóbal Colón) fasste im Glauben an die Kugelgestalt der Erde schon in jungen Jahren Pläne, den Westweg nach Indien zu finden. Portugal, die größte europäische Seemacht der damaligen Zeit, gab ihm Gelegenheit, auf ausgedehnten Reisen bis nach Island im Norden, den atlantischen Inselgruppen im Westen und Afrika im Süden nautische Erfahrungen zu sammeln. Weil er bei der portugiesischen Krone kein Gehör für seinen eigentlichen Traum fand, trat er in spanische Dienste. Doch auch hier dauerte es noch viele Jahre, bis er schließlich, nach vielem Hin und Her, die Königin Isabella auf seine Seite ziehen und für das Projekt gewinnen konnte.

Am 3. August 1492 verließ Kolumbus als Großadmiral und zukünftiger Vizekönig aller neuentdeckten Gebiete die südspanische Atlantikküste in westlicher Richtung. Seine kleine Flotte umfasste die drei Karavellen „Santa Maria", „Pinta" und

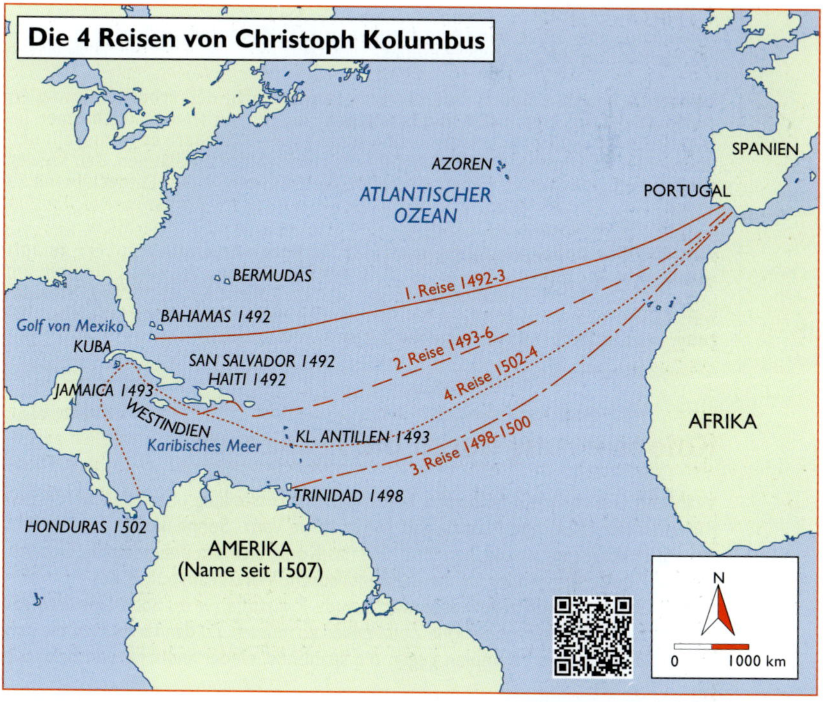

info

Christoph Kolumbus

„Niña". Als er nach drei Monaten, am 12. Oktober 1492, endlich eine Insel sichtete, glaubte er, Indien erreicht zu haben. Deswegen nannte er die Inselgruppe auch „Westindische Inseln" und ihre Einwohner „Indianer" (Indios).

Nach überwiegender Forschermeinung war das erste Eiland, das Kolumbus betrat und auf den Namen „**San Salvador**" taufte, die Insel **Guanahani** (= **Watling's Island**), die zu den Bahamas gehört. Weitere Anlaufpunkte der „Santa Maria" waren Kuba und Hispaniola, bevor Kolumbus in die Heimat zurückkehrte. Noch insgesamt dreimal sollte der Seefahrer später in Richtung des vermeintlichen Westindien den Atlantik überqueren:

2. Fahrt 1493–1496
Entdeckung der Kleinen Antillen – u. a. Dominica, Guadeloupe und Jungferninseln – sowie Puerto Ricos und Jamaikas.

3. Fahrt 1498–1500
Entdeckung von Trinidad und der Nordküste Südamerikas (Venezuela).

4. Fahrt 1502–1504
Entdeckung von Teilen der Küste Mittelamerikas (Honduras) und weiterer Inseln der Kleinen Antillen (u. a. Martinique).

Persönlich konnte Kolumbus durch seine Fahrten nicht den erhofften Erfolg erzielen. Die entdeckten Inseln und Landstriche bargen nur wenige Reichtümer, Intrigen und Missgunst verhinderten eine steile Karriere. So starb er enttäuscht und unbeachtet im Jahre 1506 in Valladolid – bis zum Schluss im Glauben, den Seeweg nach Indien gefunden zu haben, und ohne die Tragweite seiner Entdeckungen zu ahnen.

Während der Doppelkontinent nach dem Italiener Amerigo Vespucci getauft wurde, lebt der Name Kolumbus u. a. in der kanadischen Provinz Columbia, im Columbia River und im südamerikanischen Staat Kolumbien weiter fort. Viele Inseln der Kleinen Antillen tragen heute noch den Namen, den ihnen Kolumbus bei seinen Entdeckungsfahrten gegeben hatte.

Kolonisierung durch die Franzosen

Rohstoffimport nötig

Während und nachdem in Europa Frankreichs Machtstellung unter den Kardinälen Richelieu (ab 1624) und Mazarin (ab 1642) sowie vom „Sonnenkönig" Ludwig XIV. (ab 1661) ausgebaut wurde, bemühte sich das Königreich um überseeische Gebiete. Dies war umso dringender, als die merkantilistische Wirtschaftspolitik des Finanzministers Colbert darauf angewiesen war, fremde Rohstoffe (wozu auch Gewürze gehörten) zu importieren, ohne hohe Zölle zahlen zu müssen. Zu den Territorien, die sich Frankreich in heftigen Kämpfen gegen die spanische, niederländische und britische

Konkurrenz aneignete, gehörten außer Louisiana (Nordamerika), Indochina und später Madagaskar auch mehrere der westindischen Inseln.

Kardinal Richelieu hatte die Compagnie des Îles de l'Amérique unter der Führung des Abenteurers Pierre Belain d'Esnambuc beauftragt, alle Insel zu kolonialisieren, die noch nicht von Christen bewohnt waren. Noch im 17. Jh. konnten die Franzosen in schneller Folge in der Karibik Fuß fassen: 1625 auf St. Kitts, 1635 auf **Guadeloupe**, Martinique, La Désirade und Marie-Galante, 1648 auf St. Barthélémy und auf St. Martin, 1650 auf St. Croix, 1659 auf Grenada und auf St. Lucia, 1663 auf Tobago sowie 1664 auf Montserrat. Nach langem Streit mit Spanien wurde 1697 sogar das große St. Domingue den Franzosen zugesprochen, die 1719 ebenfalls St. Vincent und die Grenadinen erwarben.

Nach Guadeloupe kamen Charles Liénard de l'Olive und Jean Duplessis d'Ossonville, die unter Vertrag der Kompanie standen. D'Ossonville starb bald, während l'Olive weiter mit den Kariben Krieg führte und sie tötete oder von der Insel vertrieb. Nach jahrelangem Blutvergießen und mehreren Massakern wurde 1660 ein sogenannter „Friedensvertrag" zwischen Franzosen, Engländern und den noch verbliebenen Kariben unterzeichnet, woraufhin fast alle Kariben nach Dominica gingen. Wenige jedoch fanden Zuflucht im Norden und Osten von Grande Terre (Pointe de la Grande-Vigie und Anse-Bertrand) und überleben dort bis zum Ende des 19. Jh.

Das Fort Napoléon auf den Îles des Saintes

Von 1643 bis 1656 war Charles Houël Gouverneur der **Compagnie des Îles de l'Amérique**. Er gründete die Hauptstadt Basse-Terre. Die Handelsgesellschaft geriet alsbald in finanzielle Schwierigkeiten und musste Guadeloupe verkaufen, um die entstandenen Schulden zu begleichen. Der aus der Normandie stammende Houël wurde zusammen mit seinem Schwager neuer Eigentümer von Guadeloupe und den umliegenden Inseln.

Sklaven werden „eingeführt"

Mit dem Blick auf den wirtschaftlichen Erfolg durch den Anbau von Zuckerrohr holte Houël 1654 **holländische Kolonisten**, die von den Portugiesen aus Brasilien gedrängt worden waren, ins Land. Sie verfügten über Kenntnisse der **Zuckerraffinerie**. Aber es fehlte an Arbeitskräften, weshalb Houël auf den Dreieckshandel (s. Abb. S. 30.) zurückgriff, durch den afrikanische Sklaven zu den weißen Plantagenbesitzern „geliefert" wurden. 1656 zählte man auf Guadeloupe bereits 3.000 Sklaven bei einer Gesamtbevölkerung von 15.000 Menschen.

Guadeloupe wird französisch

1664 kaufte Colbert, der erste Minister des französischen Königs Louis XIV, die Insel zurück und übergab sie der **Compagnie des Indes Occidentales** unter der Leitung von Claude François du Lion mit dem Ziel, sie wie die französischen Antillen insgesamt stärker durch Frankreich zu kontrollieren und Profite zu erzielen. 1676 wurde Guadeloupe dem Königreich unterstellt und eine französische Kolonie. Die Kolonialherren bauten Zuckerrohr und Kaffee an.

Dafür, dass diese Herrschaftsverhältnisse nicht stabil blieben, sorgte der sogenannte **Spanische Erbfolgekrieg** (1701–1713/14), in dem sich England, die Niederlande und andere Länder gegen Frankreich zusammenschlossen und der in Spanien, Oberitalien, Deutschland, den Niederlanden und in Amerika geführt wurde.

info

Die Ankömmlinge aus der alten Welt

Die Normandie und die Bretagne sind die französischen Küstenregionen, die heutzutage als die Ursprungsorte der Kolonisierung ab 1635 der französischen Antillen gelten. Einmal ansässig geworden, legten sie den Grundstein für weitere Besiedlung.

Die Ankömmlinge aus der alten Welt kamen nach und nach, ihre Bestimmungen waren vielfältig und unterschiedlich: tot bei der Ankunft, Enttäuschte, von denen jede Spur fehlt, auf Weiterreise oder Rückkehr nach Frankreich, überstürzte Exile, Zwangsreisen aufgrund von Stürmen, Religionszugehörigkeit oder Kriegen. Nur wenige Namen der französischen Kolonialisten haben es geschafft durch die vergangenen Epochen bis heute durchzudringen. Und unter ihnen gibt es Beispiele von Franzosen, die auf die Insel versetzt wurden, sich dann aber entschlossen zu bleiben. Die Gründe der Ansiedlung sind so unterschiedlich, dass es nicht möglich ist, die Beweggründe der Menschen damals unter einen Oberbegriff zu bringen oder etwa kulturelle Gemeinsamkeiten auszumachen.

Der Fall der illustren Marie-Josèphine Rose Tascher de la Pagerie, besser bekannt als **Kaiserin Josèphine** und Ehefrau Napoleons, ist nur ein Beispiel. Gewöhnlich wird ihr Name mit dem Kolonialismus gleichgesetzt und allem, was diesen symbolisiert. Ihr Großvater, Gaspard-Joseph de la Pagerie (Orléans), kam 1726 als Oberleutnant der französischen königlichen Armee nach Martinique. Sein Sohn Joseph-Gaspard de la Pagerie (geb. 1735) wurde königlicher Kapitän und Plantagenbesitzer und heiratete 1761 in Trois Ilets Rose-Claire des Vergers de Sanois. Sie brachte 1763 Josèphine zur Welt, *une créole*, wie man zu der Zeit sagte, eine in Übersee geborene Französin, die dann in Frankreich zur Schule ging.

Die Gründe, weshalb es in der ersten Zeit der Kolonisation nur wenige Frauen auf Guadeloupe gab, sind leicht nachzuvollziehen. Als Soldaten und Siedler begannen sich fest anzusiedeln, kamen langsam nach und nach auch mehr Französinnen. Schiffskonvois wurden bis zum Ende des 17. Jh. regelmäßig organisiert, mit denen sich der Frauenanteil erhöhte. Bis dahin arrangierten sich die Männer unter sich und teilten Arbeiten auf.

Die unabhängigen Kolonialisten hoben sich von den übrigen ab. Sie hatten ihre Reise selbst finanziert und, einmal auf der Insel, wurden sie die *maîtres de case*, was ihnen ein Leben unter besten Bedingungen eröffnete, so wie sie es erhofft hatten. Teilweise wurden sie von Bediensteten auf der Reise begleitet, deren Kosten ihr Herr übernahm. Dafür mussten diese 36 Monate rund um die Uhr im Dienst sein – die Dauer variierte im Laufe der Epochen.

Landwirtschaft
Die Gewinne der Plantagenbesitzer stützen sich zunächst vor allem auf Tabakanbau. Ihm folgte der Anbau von Baumwolle, ein weiteres Erbe der Ureinwohner, der im 18. Jh. große Ausmaße angenommen hatte und als Seidenvariante *longue soie* in Frankreich sehr stark nachgefragt wurde.

Früh hatten die Spanier Indigo auf die Kleinen Antillen eingeführt, das aber erst im Kurs stieg, als sich der Tabakanbau aufgrund von Überproduktion in den 1640er-Jahren nicht mehr rentierte. Der Indigoanbau dehnte sich bis zum Ende des Jh. weiter aus, als man um die hundert Indigo-verarbeitende Betriebe auf dem Archipel ausmachen konnte – vor allem auf Marie-Galante und Grande-Terre. Da die Produktion von Indigo jedoch sehr zeitraubend und die Konkurrenz hoch waren, verschwand er ab 1730 wieder. Diverse Produkte, Produkte mit mittelmäßiger Qualität, die jedoch in Europa nachgefragt wurden, wie Tee oder exotische Früchte vervollständigten die Liste. Erwähnt sei auch noch, dass die Verwendung von Ingwer im 17. Jh. sehr verbreitet war.

Zuckerrohr, das die Portugiesen Ende des 16. Jh. in Brasilien eingeführt hatten, kam um 1630 auf die französischen Antillen. Dreißig Jahre später beherrschte es die gesamte Landwirtschaft auf Guadeloupe. Es verdrängte den Tabakanbau und, weil es große Anbauflächen benötigte, führte es dazu, dass schon bald das Land sich in Besitz weniger Plantagenbesitzer befand. Der Beginn der Anpflanzung des Zuckerrohrs beeinflusst maßgeblich die soziale Organisation, die sich von nun an rund um das Anwesen der Plantage abspielt und die städtische Entwicklung in den Hintergrund treten lässt. Auf den Anwesen, die ihr Eigenleben mit internen Regeln entwickeln, spielen sich alle Vorgänge der Verarbeitung ab.

Für den Handel weniger Vermögender wurde das Zuckerrohr immer wichtiger, waren aber gleichzeitig vom Gros der Bevölkerung in sozialer, politischer und kultureller Hinsicht durch eine tiefe Kluft getrennt. Dabei waren sie von der wichtigen Handarbeit abhängig, die durch afrikanische Sklaven ausgeführt wurde. Von ihr hing der Handel der französischen Antillen ab. Das Zuckerrohr bekam einen so großen Stellenwert für die Wirtschaft des Königreiches, dass die Engländer die französischen Antillen nur noch *„îles à sucre françaises“*, die Inseln des französischen Zuckers nannten ... Mit der Ankunft eines industriell hergestellten Materials wurde ein Teil der plantageneigenen Produktion eingestellt.

Eine Gruppe von Arbeitern vor ihren Strohhütten

Kolonialmächte und Kolonialkriege

Schlachtfeld Europas

Das Zeitalter des Kolonialismus bzw. später die Epoche des Imperialismus brachte alle führenden Seemächte der Zeit zu den Antillen, wo in sogenannten **Stellvertreterkriegen** europäische Zwistigkeiten ausgetragen wurden. Ob nun Holländer gegen Spanier, Spanier gegen Briten, Briten gegen Franzosen oder Franzosen gegen Holländer kämpften, ob der kriegerische Hauptschauplatz nun Amerika oder Europa war – die karibische Inselwelt war immer mit betroffen.

Spielball wechselnder Interessen

Mit dem Verfall der spanischen und dem Aufstieg der anderen europäischen Mächte begann ein wahrer Wettlauf in die Karibik, bei dem die Inseln zu einem Spielball der wechselnden Koalitionen und andauernden Kriege wurden. Auch vor den Antillen verloren die Franzosen kurzzeitig viele Inseln, andere veräußerten sie aus wirtschaftlichen Erwägungen an Schweden und Dänemark. Trotzdem blieben sie die bestimmende Großmacht in Westindien, auch nachdem sie 1763 von den Briten endgültig aus Nordamerika vertrieben worden waren.

Zeitweilig sah es sogar so aus, als könnte Frankreich dem gesamten karibischen Raum seinen Stempel aufdrücken. Bis 1782 hatte das Königreich fast alle britischen Inseln eingenommen. Der letzte Schritt, um die Eroberung Westindiens zu vollenden, geriet den Franzosen dann zur Katastrophe: Trotz eines Aufgebotes von 35 Kriegs- und 150 Frachtschiffen waren sie am 17. April 1782 während des Unabhängigkeitskrieges der

Das Fort Saint-Charles ist heute unter dem Namen Fort Delgrès bekannt

Vereinigten Staaten in der entscheidenden Seeschlacht vor der Südküste von Guadeloupe der englischen Flotte des gefürchteten Admirals George Rodney unterlegen. Frankreich hatte den Verlust von 1.500 Menschenleben und allen Schiffen zu beklagen. 1783 unterzeichneten Großbritannien, Spanien und Frankreich einen **Friedensvertrag**, der die Grenzen zwischen den britischen, spanischen und französischen Kolonien auf den Antillen-Inseln festlegte.

Ende der französischen Großmacht

Kurze Zeit später veränderten die Ideen der **Französischen Revolution** das gesellschaftliche Gefüge auf den Antillen (s. S. 32). Und fast gleichzeitig (1791–1803) brach der berüchtigte Aufstand der Haitianer gegen ihre Kolonialherren aus, der in der Etablierung des Kaiserreichs von Haiti und somit zum zweiten unabhängigen Staat Amerikas mündete. Damit war Frankreichs Großmachtrolle endgültig gebrochen, was nicht bedeutete, dass nun die Zeiten friedlicher wurden.

Neue Kämpfe flammten auf, in denen einerseits die Franzosen Eroberungen machten, andererseits die Engländer Martinique und Guadeloupe einnehmen konnten. Heute nehmen sich die „Französischen Antillen" im Vergleich zum ehemaligen Besitz bescheiden aus, wenn auch Inseln wie Martinique und Guadeloupe zu den größten des Raumes gehören.

Ungebrochen ist der französische Einfluss in Sprache, Orts- und topografischen Namen, Religion und Gebräuchen in der gesamten Karibik. Von Trinidad im Süden bis hinaus nach St. Thomas haben sich französische Kulturgruppen erhalten, das **Créole** ist die übliche Umgangssprache, und die kreolische Kolonialarchitektur zeigt eindeutig französische Eleganz.

Sklaven auf den „Zuckerinseln"

Sklaven als Wirtschaftsfaktor

Die **europäische Ausbeutung** der karibischen Inselwelt begann praktisch mit ihrer Entdeckung durch Kolumbus. Und da der Genuese bald merkte, dass die Antillen nicht über die erwarteten Edelmetalle verfügten, wurde er nach seinen Fahrten nicht müde, der Krone vom anderweitigen Wirtschaftsnutzen der Gebiete vorzuschwärmen. „Gewürze, Baumwolle und Mastixharz", so schreibt er, stünden im Übermaß zur Verfügung, selbst Rhabarber und Zimt glaubt er gefunden zu haben. Und schließlich seien da die Menschen selbst, die man versklaven und zur Arbeit nach Spanien schicken könne.

Gemeint hatte er damit die **Kariben**, die sich gegen die Europäer zur Wehr setzten und sich nicht scheuten, mit ihren Kanus sogar die Schiffe der Eroberer anzugreifen. Folglich nahmen die Spanier alle Kariben gefangen, falls diese nicht im Kampf getötet wurden oder fliehen konnten. Dies war nach Kolumbus' Meinung auch moralisch gerechtfertigt; schließlich seien die Ureinwohner „Wilde" und „Menschenfresser" und würden die „friedliche Besiedlung der Inseln" verhindern.

Kolumbus selbst beteiligte sich mehrfach an diesem ersten **transatlantischen Sklavenhandel**: Im Februar 1495 z. B. schickte er vier Schiffe nach Spanien mit 500 Sklaven im Alter zwischen zwölf und 35 Jahren an Bord, vier Monate später nochmals 300 Sklaven. Dem Klimawechsel und der anstrengenden Arbeit fielen alle Indianer innerhalb von fünf Jahren zum Opfer. Vielleicht war dies der Grund, dass man im Jahre 1500 die Verschiffung von Indianersklaven nach Spanien verbot.

Auf den Antillen jedoch blieb die **Indianersklaverei** erlaubt, wenn auch im Jahre 1542 durch Schutzgesetze eingeschränkt. Immerhin galten wegen der spanischen Inbesitznahme die Einheimischen als freie Untertanen des Königs. Wer sich aber der Bekehrung widersetzte oder „sonst als Wilder bekannt" war, musste für die Spanier arbeiten. Obwohl selbst Papst Julius I. in einer Bulle 1513 erklärt hatte: „Jawohl, die Indios sind Menschen (*veri homines*) und als solche zu behandeln", waren auch nach den sogenannten Schutzgesetzen unvorstellbare Gräueltaten an der Tagesordnung.

Gräueltaten trotz Schutzgesetze

Kolumbus paradiesisches Bild der Antillen wurde allerdings nur 50 Jahre später durch die Berichte des dominikanischen Geschichtschreibers Bartolomé de Las Casas in ein Szenario des Schreckens verwandelt: „Sie (= die Spanier) drangen unter das Volk, schonten weder Kind noch Greis, weder Schwangere noch Entbundene, rissen ihnen die Leiber auf, und hieben alles in Stücke, nicht anders, als überfielen sie eine Herde Schafe. Sie wetteten miteinander, wer unter ihnen einen Menschen auf einen Schwertstreich mitten voneinander hauen könne ... Sie machten auch breite Galgen und hingen zu Ehren und zur Verherrlichung des Erlösers und der zwölf Apostel je 13 Indianer an jeden derselben, legten dann Holz und Feuer darunter, und verbrannten sie alle lebendig!"

Afrikanische Sklaven

Schon 1524 wurden die ersten schwarzen **Sklaven** zu den Antillen transportiert. In einer Art Arbeitsteilung waren es zunächst hauptsächlich Portugiesen, die für die Sklavenjagd in Afrika und deren Verschiffung verantwortlich waren, und bald schon beteiligten sich auch Piraten, Strandräuber und Kaufleute anderer Nationalitäten am lukrativen Handel.

Über dieses düstere Kapitel der Menschheitsgeschichte ist viel geschrieben worden. Zwischen dem 16. und 19. Jh. kam es diesseits und jenseits des Atlantiks zu zahlreichen Grausamkeiten: Überfälle auf afrikanische Dörfer, Aufhetzen lokaler Stämme bzw. Häuptlinge gegeneinander bis hin zu regelrechten Sklavenkriegen; dann das Selektieren und Brandmarken im Heimatland sowie die Verschiffung der lebenden „Ware"; weiter die unsäglichen Verhältnisse an Bord der Sklavenschiffe, die für Unzählige mit Tod durch Erschöpfung, Krankheiten und Hunger, Selbstmord oder Kannibalismus endeten; schließlich der entwürdigende Verkauf am Zielort, die monotone Arbeit auf den Plantagen des Sklavenhalters, die drakonischen Strafen und ein Leben in Unfreiheit.

Monokulturen

Die Schwarzen arbeiteten zunächst vorwiegend auf **Tabakplantagen**, bis 1639 der europäische Markt übersättigt war und die Preise ins Bodenlose fielen. Die Kolonialisten reagierten, indem sie auf den Antillen andere Kulturpflanzen anbauen ließen, wie etwa **Baumwolle und Indigo**. Den größten Erfolg und die höchsten Preise erzielte man jedoch mit dem Anbau von **Zuckerrohr**, der im 17. Jh. wiederum eine verstärkte Einfuhr von Sklaven notwendig machte.

Wie auf mehreren Inseln im Indischen Ozean wurden Zucker und dessen Nebenprodukte (Melasse) zum wichtigsten Kapital der Karibik, das den Erwerb oder die Eroberung der Gebiete für alle seefahrenden europäischen Mächte lohnend machte. Auf den „Zuckerinseln", wie man bald schon die Antillen nannte, wurde jene verhängnisvolle Monokultur installiert, die bis in unsere Tage Hemmschuh der wirtschaftlichen Entwicklung bleibt. Besonders betroffen waren und sind davon aber eher die Großen Antillen (vor allem Kuba), auf denen rund ein Viertel der Zucker-Weltproduktion aus Zuckerrohr anfällt. Seit 1630 auf Barbados zum ersten Mal von einem aus Zuckerrohr hergestellten Schnaps die Rede war, wurde schließlich auch der **Rum** zu einem begehrten Exportartikel.

Zuckerfabrik auf den Französischen Antillen im 17. Jh.

Die **Sklavenhändler** – neben Franzosen, Briten und Niederländern übrigens erstaunlich viele Norddeutsche bzw. Dänen – fanden heraus, dass sie nicht nur vom Leben und Tod der Afrikaner, sondern auch in anderer Hinsicht vom Sklavenhandel profitieren konnten: Sie folgten den Wind- und Strömungsverhältnissen im Atlantik und der Karibik. Nach dem Sklaventransport füllten sie ihre Schiffe mit den Produkten der Sklavenarbeit: Tabak, Baumwolle, Indigo, Zucker und Rum. Diese Waren brachte man zu den Absatzmärkten nach Europa, wo man all das einlud, was in den Handelsniederlassungen an der afrikanischen Küste gegen Sklaven getauscht werden konnte (u. a. Alkohol, Schusswaffen, Manufakturprodukte), woraufhin der Kreislauf von neuem begann.

Unter dem Stichwort **Dreieckshandel** ist jene koloniale Form der Weltwirtschaft des 17. und 18. Jh. in die Geschichte eingegangen, in der Europa die Konsumgüter lieferte, Afrika die Sklaven und die Karibik Zucker und andere Produkte. Obwohl die Schätzungen weit auseinandergehen, wie viele Menschen damals gefangen genommen, gefesselt, gebrandmarkt und wie Vieh verschickt wurden (zwischen 30 und 100 Millionen Menschen!), handelt es sich hier in jedem Fall um die gewaltigste Massendeportation in der Geschichte.

Dreieckshandel

Eine kleine, im Luxus lebende Schicht weißer Großgrundbesitzer und Zuckerbarone stand einer überwältigenden Mehrheit von rechtlosen Sklaven gegenüberstand. Deren Behandlung richtete sich allein nach menschenverachtenden Grundsätzen der „Wirtschaftlichkeit“: nach fünf Jahren härtester Arbeit auf den Plantagen waren die meisten tot oder am Ende ihrer Kräfte, sodass billiger Nachschub aus Afrika die Lücken füllen musste. Frankreich transportierte von 1713–1793 im Rahmen des transatlantischen Sklavenhandels schätzungsweise 1,1 bis 1,2 Millionen versklavte Afrikaner nach Amerika.

In den französischen Gebieten nahm selbst für abgebrühte Kolonialbeamte die Grausamkeiten so überhand, dass sie **Ludwig XV.** um ein Gesetzbuch baten, das den

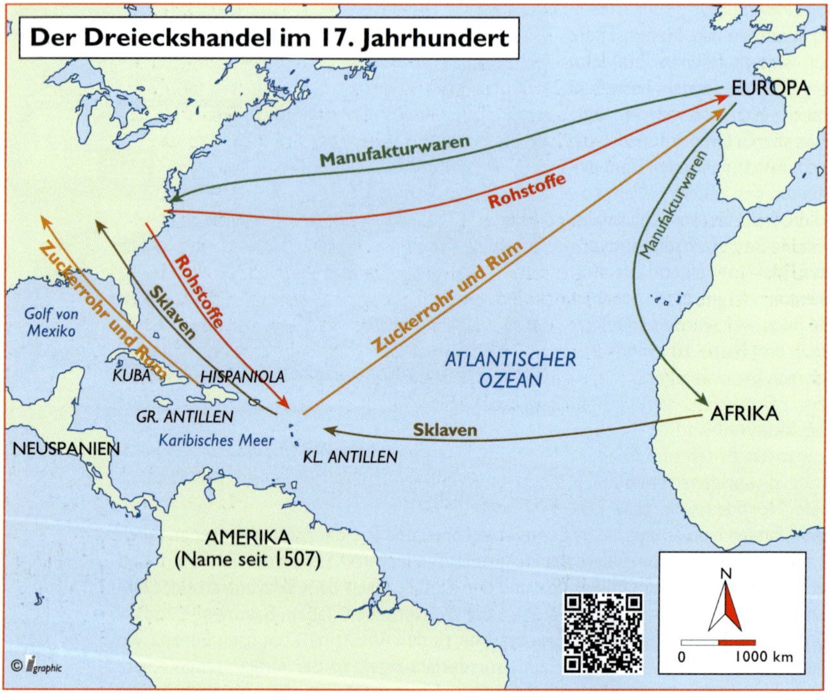

schlimmsten Missständen abhelfen sollte. Dass dieser „*Code Noir*" (1685) der Situation der Betroffenen zwar einen rechtmäßigen Rahmen gab, sie aber nicht wesentlich verbesserte, zeigt u. a. der Artikel 36, der die Fluchtversuche von Sklaven folgendermaßen bestrafte: Beim ersten Mal wurde ein Ohr abgeschnitten, beim zweiten Mal wurden die Beine an den Knien durchtrennt, beim dritten Mal wurde der Sklave umgebracht. Es ist einleuchtend, dass die Schwarzen angesichts dieser Zustände und ihrer zahlenmäßigen Überlegenheit entweder jede Möglichkeit zur Flucht wahrnahmen oder sich zusammen mit Leidensgenossen zur Wehr setzten.

Die Chronik der **Sklavenaufstände** reicht bis ins 16. Jh. zurück (Kuba, Jamaika) und erreichte ihren Höhepunkt im 18./19. Jh., als die Gedanken der Amerikanischen und Französischen Revolution auch in den karibischen Raum gelangten. Gemeint ist hier nicht nur der berühmte Große Aufstand der haitianischen Sklaven gegen die Franzosen ab 1791, der schließlich zur Installierung des Kaiserreiches von Haiti und damit zum zweiten unabhängigen Staat Amerikas (1803) führen sollte. Auch auf den Kleinen Antillen regte sich Widerstand.

Aufgrund solcher Vorfälle, aber mehr noch wegen eines geänderten Bewusstseins und scharfer Kritik in den europäischen Mutterländern, verboten im ersten Viertel des

19. Jh. die meisten Staaten den Sklavenhandel, 1817 auch Frankreich. Die Sklaverei selbst wurde in den französischen Kolonien endgültig 1848 abgeschafft. Nach Guadeloupe sind in der rund 200 Jahre währenden Zeit der Sklaverei unter französischer Herrschaft schätzungsweise 290.000 Menschen verschleppt worden. 2015 wurde in Pointe-à-Pitre ein weltweit einzigartiges Zentrum zur Erinnerung an Sklaverei und Sklavenhandel in der Karibik eröffnet: das höchst ambionierte (und keinesfalls unumstrittene) „Mémorial ACTe" (siehe S. 134).

Aufhebung der Sklaverei

Für die freigelassenen Sklaven bedeutete dieser „Emancipation Act" freilich nicht sofort eine Besserung ihrer sozialen Lage. Noch lange Zeit mussten sie – wie ja auch in den USA – in mehr oder weniger starken Abhängigkeiten von den ehemaligen Sklavenhaltern leben. Andererseits bedeutete die Aufhebung der Sklaverei erneut einen Mangel an billigen Arbeitskräften, der durch den „Import" von Arbeitern aus China, Indien und dem Nahen Osten ausgeglichen wurde. Diese Menschen, deren Arbeitsbedingungen sich zunächst nur unwesentlich von denen der Sklaven unterschieden, haben erheblich zur ethnischen Vielfalt auf Guadeloupe beigetragen.

Bukaniere und Filibuster – das Zeitalter der Piraten

info

Die meisten Piratengeschichten haben die Antillen zum Schauplatz, wo ab dem 16. Jh. holländische, französische und britische Piraten in einer solchen Zahl auf den Plan traten, dass geradezu von einem Zeitalter der Seeräuber gesprochen werden kann. Dieses Zeitalter ist jedoch nicht von der Epoche der Sklaverei oder der Kolonialkriege zu trennen, sondern bezeichnet nur eine der vielen schillernden Seiten der Karibik in der frühen Neuzeit.

Den Grund für die **Piraterie** lieferten die reichen Gold- und Silberschätze, die die Spanier und Portugiesen bei der Ausplünderung der amerikanischen Hochkulturen einsammelten und nach Europa verschifften. Obwohl nach den ersten Überfällen im Konvoi gesegelt wurde und Kriegsschiffe die reiche Fracht begleiteten, stellten die bis zum Rand mit Kostbarkeiten gefüllten, unbeweglichen Frachter doch ein so verlockendes Ziel dar, dass sie Kaperattacken geradezu provozierten. Unterstützt wurde die Seeräuberei durch den Umstand, dass sich die europäischen Mächte im permanenten **Kriegszustand** befanden und Angriffe auf die spanische Handelsflotte daher von vornherein den Segen der anderen Nationen hatten. Als sogenannte „Freibeuter", die bei den Franzosen Korsaren (*corsaires*) bezeichnet wurden, operierten die Piraten mit ihren wendigen Schaluppen teils auf eigene Rechnung, teils ganz offen mit Wissen und im Auftrag der heimatlichen Marine.

Britischer Bukanier – Holzschnitt um 1700

Insofern ist das Phänomen der Freibeuterei auch von historischem Interesse. In dem Moment nämlich, in dem das Aufbringen spanischer Schiffe zu einem lukrativen

info

Geschäft wurde, entbrannte ein **Wettlauf um die günstigsten Piratenstützpunkte**. Aus diesen Schlupfwinkeln entwickelte sich kurze Zeit später nicht selten die Keimzelle der jeweiligen europäischen Kolonisation. Wie viel Gold, Silber, Edelsteine und andere Pretiosen durch Piratenüberfälle an Land oder zur See für immer verloren gingen, weiß heute niemand mehr zu sagen. Da das gegenseitige Misstrauen der **Freibeuter** bekannt war, machten bald schon Geschichten über sagenhafte Schätze die Runde, die sorgfältig vergraben und auf geheimnisvollen Karten verzeichnet gewesen sein sollen.
Tatsache ist, dass noch heute viele Hobby-Archäologen und mit Spaten, Metalldetektor und Tauchausrüstung nach dem Gold fahnden und bisweilen auch erfolgreich sind.

Alle europäischen Freibeuter (besonders die britischen und französischen, aber auch die spanischen) bekämpften sich gegenseitig und jagten einander die Beute ab. Und als die Sklavenhalter begannen, ihr „schwarzes Gold" über den Atlantik zu transportieren, wurden schließlich auch deren Schiffe Ziel von Überfällen.

Zu Ende ging das Zeitalter der Piraten in jenem Moment, als die Seemächte, die früher von der Seeräuberei gegen die Spanier profitiert hatten, immer häufiger selbst zur Zielscheibe von Freibeutern wurden. Einer der letzten Piraten, **Woodes Rogers**, der durch die Eroberung von Guayaquil unermessliche Schätze angehäuft hatte, wurde schließlich von den Engländern als Feind gegen seinesgleichen gewonnen: Durch seine Ernennung zum Gouverneur der Bahamas gelang es, dem dort grassierenden Seeräuber-Unwesen ein für allemal ein Ende zu bereiten. Auf französischer Seite wurde der Korsar **François Le Clerc**, der Jagd auf spanische Schiffe unternommen und in seinem größten Coup die Stadt Cartagena schlimm geplündert hatte, von König Heinrich II. geadelt.

Die Französische Revolution und ihre Folgen für Guadeloupe

Wirren der französischen Revolution

1789 brach die Französische Revolution aus. Fünf Jahre später, am 4. Februar 1794, wurde die Sklaverei durch ein Dekret in den französischen Kolonien und damit auch in Guadeloupe aufgehoben. In Folge des Durcheinanders, verursacht durch einen Sklavenaufstand inmitten der revolutionären Auswirkungen und der Weigerung einiger Abgeordneter, sich der kolonialen Versammlung der Republik anzuschließen, besetzte Großbritannien im April 1794 erneut die Inseln. Unterstützung bekam das Königreich von den Plantagenbesitzern, die die Umsetzung der deklarierten Abschaffung der Sklaverei verhindern wollten. Doch schon bald wurden die Briten von französischen Truppen unter Führung des Nationalen Kommissars für Guadeloupe, **Victor Hugues**, vertrieben. Dieser erhielt dabei auch die Unterstützung der befreiten Sklaven.

Terrorherrschaft

Der gebürtig aus Marseille stammende Victor Hugues regierte als Kommissar die Inseln von 1794 bis 1798. Mit Einfuhr der Guillotine begann auch auf Guadeloupe eine Terrorherrschaft. Die französischen Kolonialisten mit aristokratischem Ursprung flohen nach Martinique, das noch immer britisch war. Ihre Nachfahren, *Béké* genannt, sind heute auf Martinique noch immer zahlreicher als auf Guadeloupe.

Zum Ende des Terrors regierte Napoleon Bonaparte Frankreich und wachte über die kolonialen Gebiete. Vermutlich von seiner Frau Joséphine (s. S. 24) beeinflusst, die aus

Martinique stammte und als Tochter eines einflussreichen Plantagenbesitzers für die Sklavenwirtschaft war, führte Napoleon am 20. Mai 1802 die Sklaverei wieder ein. Für Guadeloupe benannte er zur Überwachung den Gouverneur Lacrosse. Einst den Idealen der Freiheit verschrieben, hatte dieser sich zum Reaktionär gewandelt. Er unterstützte die Wiedereinführung der Sklaverei und versuchte, die farbigen Soldaten, die seit der Sklavenbefreiung der Armee angehörten, von der Insel zu verdrängen.

Victor Hugues übernahm die Führung der Revolutionsregierung im Jahre 1794

Einer von ihnen, Louis Delgrès, stellte sich mit seinen Soldaten Napoleons Armee entgegen. In **Matouba**, nördlich von Sainte-Claude, unterlag er den Truppen von Lacrosse und nahm sich zusammen mit 300 seiner Gefolgsleute das Leben. Überlebende Aufständische wurden gehängt. Damit war die Sklaverei wieder fest etabliert. Guadeloupe verlor den Status eines Départements, das ihm die Republik zugesprochen hatte. Die Kolonisten übernahmen wieder ihre Plantagen und Anwesen. Die alten (und neuen) Sklaven wurden verfolgt.

Von 1808 bis 1810 eroberten die Engländer in den **napoleonischen Kriegen** Grande-Terre, Marie-Galante, die Îles des Saintes und La Désirade. Am 3. März 1813 traten sie die Gebiete an Schweden und König Karl XVII. ab, um die Eigentumsverluste des Kronprinzen Karl XIV. auszugleichen, die er als Verbündeter gegen Napoleon erlitten hatte. Mit dem Frieden von Paris schließlich fielen die Inseln nach einer Zahlung von 24 Millionen Französischer Francs an Frankreich zurück, das sie allerdings erst 1816 wieder unter seine Verwaltung nahm. Mit dem Geld wurden 1815 die Staatsschulden zurückgezahlt, der König erhielt dafür eine jährliche Geldrente, die sogenannte Guadeloupe-Rente, die bis 1983 im schwedischen Staatshaushalt veranschlagt wurde. Danach wurde sie durch Erhöhung des Haushalts für die königliche Hofhaltung abgelöst. Zu dieser Zeit betrug sie 300.000 Kronen.

Das Ende der Sklaverei

Mit seinen Schriften und Aktionen kämpfte der Elsässer **Victor Schœlcher** (1804–1893), ein reicher Erbe und dennoch ein militanter Gegner der Sklaverei, für die Freiheit und die Rechte der Menschen auf den französischen Antillen. Zugleich flüchteten mehr und mehr Sklaven in die Wälder der Inseln, Aufstände wurden immer häufiger und die alte Sklavenordnung wurde instabil. Nach der Revolution von 1848 gelang es Schœlcher als Abgeordneter der Nationalversammlung für Martinique, die französische Regierung von der Abschaffung der Sklaverei zu überzeugen. Er war der Initiator für das ***Décret d'abolition de l'esclavage*** vom 27. April 1848 mit dem in allen französischen Besitzungen die Sklaverei endgültig abgeschafft wurde. 1849 und 1850 vertrat Schœlcher Guadeloupe in der französischen Nationalversammlung.

Endgültige Abschaffung der Sklaverei

Nach der Abschaffung der Sklaverei waren viele ehemalige Sklaven nicht mehr bereit, auf den Plantagen zu arbeiten, wo unter anderem die Ernte des Zuckerrohrs noch immer in harter Handarbeit erfolgte. Zur Aufrechterhaltung des Plantagenbetriebs wurden aus diesem Grund freie Kontraktarbeiter vor allem aus Indien, aber auch aus dem Kongo, angeworben und nach Guadeloupe gebracht. Ihnen wurde die Überfahrt bezahlt, dafür mussten diese Kontraktarbeiter zwischen drei und fünf Jahre auf einer Plantage arbeiten. Ihre Bedingungen waren oft nicht besser als die der Sklaven. Dann aber waren sie frei und konnten zurückkehren oder in Guadeloupe bleiben. Insgesamt kamen zwischen 1854 und 1889 auf diese Weise **45.000 Inder** und **6.000 Menschen aus dem Kongo** nach Guadeloupe. 20.000 von ihnen starben während ihrer „Beschäftigung" auf einer der Plantagen, 8.000 kehrten nach Indien zurück. Die Nachfahren der auf Guadeloupe ansässig gewordenen Inder leben heute in den ehemaligen Zentren der Zuckerrohrplantagen (Saint-François, Sainte-Anne, Le Moule, Port-Louis). Ende des 19. Jh. fügten Libanesen, Chinesen und Syrier, weitestgehend Geschäftsleute, weitere Mosaiksteine in die kulturelle Landschaft Guadeloupes.

Anwerbung von Kontraktarbeitern

Der Tempel der indischen Gemeinde kurz vor Capesterre-Belle-Eau

Immigration der Inder

Die 1840er-Jahre waren der Übergang zur Industrialisierung, der starke Arbeitskräfte erforderte, mit guter Gesundheit und den tropischen Bedingungen standhaltend. Mit Ende der Sklavenhaltung fand sich zunächst keine wirkliche Alternative. Die Versuche, Europäer anzuheuern, waren nicht überzeugend. So schaute man auf Großbritannien und stürzte sich auf eine der nahe liegenden Lösungen: Indien. Zumal die harten sozialen Bedingungen in dem Land die besten Voraussetzungen für eine Massenemigration boten. Guadeloupe war nicht das einzige Ziel indischer Arbeiter. Viele gingen auch auf andere karibische Inseln und Inseln im Indischen Ozean wie auch auf das amerikanische Festland. Das erste Schiff mit 300 Indern an Bord, die *Aurélie*, kam 1854 nach Guadeloupe.

Wirtschaftskrise Ende des 19. Jh.

Die Zeit der III. Republik (1871–1940) ist wegen der **Zuckerkrise** durch starke wirtschaftliche Spannungen auf den französischen Antillen gekennzeichnet und erforderte Umstrukturierungen im landwirtschaftlichen und industriellen Sektor. Diese Zeit ist eine wichtige Periode für Guadeloupe, ihre Auswirkungen formten die Gesellschaft, wie man sie zum großen Teil heute vorfindet. Reformen, die nach und nach in Frankreich durchgeführt wurden, kamen auch nach Guadeloupe, wie Rechte von Gewerkschaften, kostenfreie Schulbildung (Schulgesetz von Jules Ferry, 1880) etc. Das Lycée Carnot wurde 1883 in Pointe-à-Pitre gegründet, das Gesetz über die Gründung von Gemeinden 1884 verabschiedet. Guadeloupe erhielt zwei Abgeordnete und einen Senator.

Wahlrecht für die einstigen Sklaven

Die ehemaligen Sklaven, die Mehrheit der Bevölkerung, hatten auch zum Ende des 19. Jh. noch keinen Platz in der sozialen Ordnung Guadeloupes. Frankreich sprach der schwarzen Bevölkerung erst Ende des 19. Jh. das Wahlrecht zu. Es dauerte noch bis zum Jahr 2001 (!) ehe ein **Gesetz zu Ehren der Sklaven** und derer, die den Mut hatten, den Kampf gegen die Sklaverei zu führen, verabschiedet wurde. Es erkannte die Sklaverei als Verbrechen gegen die Menschlichkeit an und erklärte in den Übersee-Départements den 27. Mai zum Gedenktag an das Ende der Sklavenherrschaft.

An der Schwelle zum 20. Jh. wurde die Insel 1897 wieder einmal von einem schweren Erdbeben erschüttert und 1899 von einem Hurrikan heimgesucht, eine Naturkatastrophe, die Pointe-à-Pitre zu großen Teilen zerstörte. Die Bevölkerung Guadeloupes zählte zu diesem Zeitpunkt rund 130.000 Menschen.

Das 20. und 21. Jh.

Auch auf den Kleinen Antillen waren die Auswirkungen der beiden Weltkriege zu spüren, zusätzlich erlebte und erlitt der Raum tiefgreifende Veränderungen. Die Emanzipation der Kolonien war begleitet von blutigen Unruhen und sozialer Verunsicherung, von Tendenzen gleichzeitigen politischen Auseinanderstrebens und wirtschaftlichen Zusammenwachsens. Politisch blieb bis zur Mitte des 20. Jh. fast alles beim Alten, wenn man davon absieht, dass sich 1917 die Dänen als Kolonialmacht verabschiedeten und die USA auf den Jungferninseln an deren Stelle traten.

Wirtschaftlich hatte die **Eröffnung des Panama-Kanals im Jahre 1914** für die Kleinen Antillen große Bedeutung. Dadurch geriet der Inselbogen wieder in den Gesichtskreis der internationalen Schifffahrtslinien. 1910 wurde auf Trinidad Erdöl entdeckt, was sich sehr schnell in der Eröffnung großer Raffinerien (u. a. auf Curaçao und

Heute wachsen die Kinder auf Guadeloupe selbstbewusst auf

Aruba) niederschlug. Da sich nun einige der lange vernachlässigten Eilande den großen Konzernen für Investitionen als Spekulationsobjekte anboten, wurde die südliche Karibik wirtschaftlich unterschieden in einen entwickelten, industrialisierten und verhältnismäßig wohlhabenden und in einen unterentwickelten Teil, dessen einzige Lebensgrundlage der Zuckerrohranbau bleiben musste.

Hohe Arbeitslosigkeit

Auch Guadeloupe fand sich in einer schwierigen Situation wieder, in der die Fabriken wirtschaftlich angeschlagen waren und die Zahl der Arbeitssuchenden anstieg. Ein Teil von ihnen ging nach Panama, um beim Kanalbau Arbeit zu finden, der nach dem Aufsehen erregenden Misserfolg der Franzosen (1881–1889) von den Amerikanern schließlich erfolgreich durchgeführt wurde.

Die Négritude-Bewegung

Bestehende Ungleichheit

Langsam wurden die französischen Antillen als **tropisches Paradies** für erholungsbedürftige Europäer – die ersten touristischen Einrichtungen waren die Folge. Gesellschaftlich waren die Inseln selbst viele Jahrzehnte nach der Sklaverei noch vom überkommenen kolonialzeitlichen System geprägt, das der farbigen Mehrheit weder soziale Gleichberechtigung noch kulturelle Eigenständigkeit zugestand. Seitdem hat sich jedoch eine zwar kleine, aber politisch aktive Schicht farbiger Anwälte, Künstler und Intellektueller herausgebildet, die dafür sorgte, dass einiges in Bewegung geriet, die Farbigen ein **neues Selbst- und Klassenbewusstsein** bekamen.

Stellvertretend für viele sei hier nur der Schriftsteller Aimé Césaire aus Martinique genannt, der in den 1930ern als Mitbegründer der sogenannten **Négritude-Bewe-**

gung in Erscheinung trat. Dadurch angeregt entstand zunächst in den karibischen Industriestandorten eine politische Arbeiterschicht. Und die Wut über die diskriminierenden Lebensumstände machte sich u. a. auf Barbados und Trinidad in blutigen Aufständen Luft. Schließlich sah man auf den Antillen die ersten politischen Parteien, auf deren Fahnen der Begriff „Unabhängigkeit" stand.

Ausbruch des 2. Weltkrieges

In dieser Umbruchzeit brachte der beginnende Zweite Weltkrieg eine Periode militärischer Gefährdung und wirtschaftlicher Schwierigkeiten. Guadeloupe und Martinique wurden zu potenziellen **Unruheherden**, da ihr gemeinsamer Verwalter, Admiral Georges Robert, nach der Niederlage Frankreichs nun Mitglied der deutschfreundlichen Vichy-Regierung war. Amerikaner und Briten befürchteten nun, die Deutschen würden nicht nur U-Boote in Fort-de-France stationieren, sondern die Französischen Antillen gleich als Operationsbasis besetzen. Die deshalb in die Wege geleitete **Blockade** traf die Inseln ganz empfindlich, vor allem natürlich die ärmere Bevölkerung. Eine Hungersnot größeren Ausmaßes konnte gerade noch abgewendet werden, indem Robert 1943 sein Amt niederlegte und die Gaullisten die Führung der Französischen Antillen übernahmen.

Soldaten aus der Karibik

Dennoch sollte die prekäre wirtschaftliche Situation, die auch die Nachbarinseln betraf, bis weit nach dem Krieg anhalten. Neben den Versorgungsnöten der Antillen darf nicht vergessen werden, dass viele Einwohner zum **Militärdienst** innerhalb der jeweiligen Kolonialmacht herangezogen worden waren – auf den europäischen Schlachtfeldern floss auch karibisches Blut! Ende des 19. Jh. hatte Frankreich der farbigen Bevölkerung das Wahlrecht eingeräumt und sie zum Militärdienst eingezogen. Im Ersten Weltkrieg unterstützten 25.000 Soldaten von den Französischen Antillen das Mutterland, 1.470 der neuen französischen Bürger ließen ihr Leben für Frankreich. Auch vom Zweiten Weltkrieg wurde Guadeloupe hart getroffen, war wirtschaftlich isoliert und wurde nach der Kapitulation 1940 drei Jahre lang von einem Gouverneur des Vichy-Regimes verwaltet. Junge Widerständler flohen unter Lebensgefahr von der Insel und schlossen sich den Alliierten und Charles de Gaulles an.

Gründung der karibischen Übersee-Départements

Wie zuvor Martinique wurde auch Guadeloupe am 16. März **1946** ein **Übersee-Département Frankreichs** (*département d'outre-mer*). Seitdem sind die beiden Inseln keine Kolonie mehr, sondern genau wie jedes Département in Frankreich auch **politisch gleichberechtigt**: Ihre Bürger genießen alle französischen Bürgerrechte und sind in Paris mit Abgeordneten und Senatoren vertreten.

Frankreichs Sozialsystem

Auf kulturelle Besonderheiten wurde kaum Rücksicht genommen, sondern vielmehr das vollständige Aufgehen in die französischen gesellschaftlichen Strukturen und ihre Kultur angestrebt. Die Angliederung an Frankreich weckte aber auch Hoffnungen, wie etwa beim ärmeren Bevölkerungsanteil, von sozialen Errungenschaften wie dem SMIC (*Salaire minimum interprofessionnel de croissance*), eine Art Mindestlohn, zu profitieren. Doch es sollte noch bis 1996 dauern, bis die Summe der Höhe entsprach, die die Metropolfranzosen bekamen.

Der Generalrat des Départements Guadeloupe hat seinen Sitz in Basse-Terre

Die beiden Verwaltungseinheiten der Französischen Antillen haben freilich eine völlig unterschiedliche Struktur: Während das Département Martinique praktisch nur aus einer Insel besteht, umfasst das Département Guadeloupe einen ganzen **Archipel**, zu dem neben der Hauptinsel auch die Trabanten Les Saintes, Marie-Galante und La Désirade gehören. Guadeloupe und Martinique bilden jeweils eine Gebietskörperschaft mit den Kompetenzen einer Gemeinde, eines Départements und einer Region. Bis 2007 gehörten auch noch das über 200 Kilometer weiter nördlich gelegene St. Barthélémy und St. Martin dazu.

Autonomiebestrebungen

Nationale Bewegungen in den 1980er-Jahren

Auf den Französischen Antillen war die ignorante und diskriminierende Politik der französischen Regierung gegenüber den kulturellen Besonderheiten der Inselbewohner Auslöser für die Entstehung einer nationalen Bewegung in den 1980er-Jahren. Ziel war es, sich von Paris zu lösen und die **Eigenständigkeit der kreolischen Kultur**, zu der auch die ausschließliche Verwendung der kreolischen Sprache und Eigenverantwortlichkeit der Bevölkerung für ihre Inseln gehören sollten, zu etablieren. Diese Unabhängigkeitsbestrebungen haben sich in der Gründung mehrerer Gruppierungen niedergeschlagen wie der MPGI (Bewegung für ein unabhängiges Guadeloupe), der UPLG (Volksunion für die Befreiung Guadeloupes) oder der KLPG (Christliche Bewegung für die Befreiung von Guadeloupe). Die Mehrheit der Einwohner fühlt sich allerdings als vollwertige Franzosen. Selbst zu Zeiten des Algerienkrieges gab es nie Loslösungsbestrebungen, die von einer breiten Schicht getragen worden wären. Zwar haben einige militante Gruppierungen dieses Ziel zum politischen Programm erhoben, aber diese scheinen doch eher in der Minderheit zu sein.

Wirtschaftlicher Überblick

Auf Guadeloupe, wie auf den meisten Antilleninseln, ist der **Tourismus** zum wichtigsten Devisenbringer geworden. Trotzdem besteht kaum Zweifel, dass es auch zu Beginn des 21. Jh. mit der Wirtschaft der Kleinen Antillen nicht zum Besten steht: Die entwickelten, industrialisierten Inseln haben unter schwankenden Ölpreisen zu leiden; die vorwiegend agrarischen Inseln dagegen kämpfen ebenfalls mit fallenden Weltmarktpreisen, den Schranken des europäischen Binnenmarktes und der Ungunst ihres Naturraumes.

Bei Inseln, die einen selbstständigen Staat bilden oder nicht so stark vom Tourismus profitieren, wie z. B. Dominica oder Montserrat, werden wirtschaftliche Probleme zudem viel schneller deutlich. Guadeloupe als vollintegrierter Bestandteil Frankreichs und damit der EU erhält zahlreiche **Subventionen**, die die ökonomischen Schwachstellen überdecken und das wirtschaftliche Überleben sichern.

Subventionen der EU

Die tragenden Säulen der Wirtschaft Guadeloupes sind **Landwirtschaft, Leichtindustrie** und vor allem der **Tourismus**. Der Tourismus nimmt dabei eine Schlüsselposition ein. Die meisten Urlauber sind Franzosen vom europäischen Festland. Zudem erhöht sich die Zahl der Kreuzfahrtschiffe, die den Archipel ansteuern. **Exportgüter** sind Obst, Zucker und Rum. Zunehmend spielen auch Investitionsgüter wie Schiffe eine Rolle. Dennoch ist die Handelsbilanz aller Wirtschaftszweige mit einem Defizit von 2,1 Mrd. € belastet, Tendenz steigend und war damit 6 % höher als im Vorjahr. Die Importdeckung ist mit 7,1 % niedriger als die von Martinique (19,5 %).

Bedingt durch die Unterstützung aus dem europäischen Festland liegt das Bruttoinlandsprodukt (BIP) bei 17.280 € pro Kopf (französisches Festland: 28.721 €) und damit höher als auf der Mehrzahl der unabhängigen Nachbarinseln. Im Agrarsektor betrug es 3,0 %, bei der Industrie 4,9 %, beim Baugewerbe 8,2 Prozent und bei den Dienstleistungen 83,2 %. Das **Haushaltsbudget** der Region Guadeloupe umfasste inklusive Steuereinnahmen 182,3 Millionen €. 25,8 % aller Einnahmen entfielen auf Transferleistungen vor allem des Mutterlandes.

Pointe-à-Pitre und sein Hafen sind das wirtschaftliche Zentrum von Guadeloupe

Rund 120.000 der gut 164.000 Personen umfassenden Gruppe der Erwerbsfähigen gehen einer Beschäftigung nach. Das macht eine **Arbeitslosenrate** von 27,1 %. Dabei ist die Arbeitslosigkeit der unter 30-Jährigen mit fast 40 % besonders hoch. Während der durchschnittliche Nettolohn deutlich geringer ist, als im französsichen Mutterland, liegen die Gehälter im öffentlichen Dienst um 40 % höher.

Große Aufmerksamkeit durch Generalstreik

Nach dem folgenreichen **Generalstreik im Jahre 2009** wurde für 15.000 Beschäftigte in der Privatwirtschaft ein Mindestlohn von 1.321 € monatlich plus einer Nettozulage von 200 € vereinbart. Der Generalstreik hatte im Januar auf Guadeloupe begonnen und sich im Februar auch auf Martinique ausgeweitet. Nach kurzer Zeit war der größte Teil der Wirtschaft lahm gelegt. Initiator des Streiks war das „**Kollektiv gegen die Ausbeutung**" (*Liyannaj Kont Pwoftasyion*, LKP) unter der Führung von Elie Domota. Forderungen waren die Anhebung des Mindestlohns sowie die Herabsetzung der Preise für bestimmte Lebensmittel und für öffentliche Verkehrsmittel. Anfänglich konnten keine Verhandlungserfolge erzielt werden, schließlich eskalierte der Streik und mündete in gewalttätigen Auseinandersetzungen und Straßenkämpfen in mehreren Orten, bei denen der Gewerkschaftssekretär Jacques Bino getötet wurde. Die anschließende Aufmerksamkeit französischer und anderer europäischer Medien vergrößerte den Druck auf die französische Regierung einzuschreiten, finanzielle Zugeständnisse zu machen und auf die örtlichen Arbeitgeberverbände einzuwirken. Der „*Accord Bino*" beendetet nach fast siebenwöchigem Dauer den Generalstreik am 4. März 2009.
Quelle: Munzinger Archiv (2011)

Landwirtschaft und Industrie

Mit wenigen Ausnahmen überwiegen traditionell Ackerbau und Viehzucht auf jeder Antilleninsel. Hinsichtlich der Früchte, des Gemüses, des Fleisches und Geflügels sind

Rumdestillerie auf Basse-Terre

Lokale Früchte und Gemüse sind die Alternative zu teuren Importwaren

die meisten Staaten **Selbstversorger** und erhalten durch den entsprechenden Export auch Deviseneinnahmen. Als „**Zuckerinseln**" kann man die Kleinen Antillen jedoch längst nicht mehr bezeichnen. Nach der Etablierung der nördlichen Zuckerrüben-Industrie, einer weltweiten Überproduktion und ins Bodenlose fallenden Weltmarktpreisen verschwand die einstige Monokultur sehr schnell. Einzig Guadeloupe hat noch eine nennenswerte Zuckerindustrie, allerdings staatlich subventioniert und von Fabrikstilllegungen und Streiks betroffen. Ein aktiver Posten ist hingegen die Destillation von Rum, die den Inseln ein Zubrot sichert. Ähnlich wie mit dem Zucker verhält es sich mit Produkten wie Kaffee, Kakao oder Gewürzen

Zuckerproduktion ist rückläufig

Neben Zuckerrohr zur Gewinnung von Rohrzucker und Rum sind **Bananen** die wichtigsten landwirtschaftlichen Ausfuhrprodukte der Inselgruppe und einer der größten agrarischen Hoffnungsträger. Auberginen, Blumen, tropische Früchte und Gemüse, Rinder, Schweine und Ziegen sind weitere landwirtschaftliche Produkte. Die meisten Gemüse sowie Hackfrüchte sind für den lokalen Markt bestimmt. Trotzdem ist das Übersee-Département von Importen vor allem aus dem europäischen Frankreich abhängig. Importiert werden vor allem Lebensmittel, Treibstoff, Autos und Rohstoffe für das Baugewerbe. Bananen machen ca. 50 % des Exportertrages pro Jahr aus, dann kommen Zucker und Rum. 60 % der Waren gehen ins europäische Frankreich, 18 % nach Martinique und 4 % in die USA.

Abhängig von Importen

Die **Plantagenbesitzer** kontrollieren trotz teilweise bestehender genossenschaftlicher Einrichtungen faktisch auch die Exportproduktion der Kleinbauern, da sie zumeist die gesamte Transportkette ab der Verpackungsstation beherrschen. Damit sind

Vor allem auf Grande-Terre und Marie-Galante wird Zuckerrohr angebaut

Kleinbauern von der Exportproduktion weitgehend ausgeschlossen. Ihre Produkte sind in der Regel für die Selbstversorgung bestimmt. Nur in Ausnahmefällen sind die großen Plantagenbesitzer auch Abnehmer kleiner Betriebe.

Subsistenzwirtschaft

Die Folge ist u. a. die Entwicklung von Subsistenzwirtschaften. Kleinbauern tätigen einen Mischanbau aus Mais, Hirse, Bohnen, Kaffee und Kakao, um den Eigenbedarf zu decken. Nur zur Deckung des Geldbedarfs werden Güter an Großhändler oder auf den lokalen Märkten verkauft. Das Kapital der Bauern ist dabei ihr Landbesitz, das sogenannte *Family Land*. Dieses Land wird niemals verkauft und bleibt im gemeinsamen Besitz der Familie. Entscheidungen werden gemeinsam getroffen. Es spielt nicht nur für die soziale Identität der Kariben eine wichtige Rolle, sondern ist auch wirtschaftlich von großer Bedeutung. Oft kehren Kariben nach jahrelangem Aufenthalt im Ausland im Alter auf den Landbesitz zurück und bewirtschaften es.

Kleine Betriebe

Im Bereich des **produzierenden Gewerbes** ist die Leichtindustrie dominierend (vor allem Zucker- und Rumfabrikation, daneben Mehlerzeugung). Von den rund 3.500 Unternehmen haben fast 90 % bis zu sechs Beschäftigte. Von den knapp 6.500 Betrieben im Baugewerbe haben 96 % höchstens sechs Beschäftigte. 2008 wurden 1.66 kWh Strom ausschließlich aus fossilen Brennstoffen produziert. Damit wird fast ein Drittel der ca. 700.000 Tonnen pro Jahr umfassenden Erdölimporte für die Stromerzeugung verwendet. An regenerativen Energiequellen wird die Solar-, Geothermal- und Windenergie genutzt, aber auch verstärkt Bagasse, ein Nebenprodukt der Zuckerfabrikation, verwendet. Zunehmend werden auch Puzzolanerde und Bimsstein, ein vulkanisches Gestein für die Herstellung von Mörtel und Beton, gewonnen.

Tourismus

Die Haupteinnahmequelle Guadeloupes ist der **Tourismus** mit einem Anteil am Bruttoinlandsprodukt von 15,5 %. Schon lange ist er nicht mehr Spielbein, sondern Standbein der insularen Wirtschaft. Neben Kreuzfahrttouristen zählt man ca. 5,4 Millionen Übernachtungen bei fast 380.000 Besuchern. Davon kommen allerdings rund 90 % aus dem europäischen Frankreich. Wachstumsmöglichkeiten verspricht sich der Tourismusverband vom „Ökotourismus", der mit dem 1989 gegründeten **Parc National de la Guadeloupe** (173 Quadratkilometer, 300 Kilometer Wanderwege) wuchern kann.

„Ökotourismus" als Wirtschaftsfaktor

Während die Karibik bisher traditionell das bevorzugte Reiseziel von Touristen aus den USA und Kanada ist, steigt seit der zweiten Hälfte der 1980er-Jahre die Zahl der europäischen Besucher unaufhaltsam an. Auch die Anzahl der Reisenden aus Deutschland wächst stetig, 2014 wurde im ersten Quartal ein zweistelliges Plus von Besuchern der Region im Vergleich zum Vorjahr vermerkt. Die größte Anzahl von Besuchern verzeichnet dabei mit Abstand die Dominikanische Republik, gefolgt von Kuba und Jamaika. Aber auch die kleinen Inseln, nicht zuletzt aufgrund deutlich verbesserter Flugverbindungen und Investitionen in die Infrastruktur, profitieren von dieser Entwicklung.

Zahl der Europäer steigt

Auf Marie-Galante steckt der Tourismus noch in den Anfängen

Landschaftlicher Überblick

Inselreich der Karibik

Unter dem Begriff „Karibik" versteht man sowohl das sogenannte amerikanische Mittelmeer bzw. das Karibische Meer als auch jene Inselwelt, die dieses vom Atlantik abtrennt. Dabei ziehen sich die Karibischen Inseln als knapp 3.500 km langer, geschwungener Bogen von Kuba bis Aruba bzw. von Florida bis Venezuela hin. Im Gradnetz des Globus findet man den Inselbogen zwischen 60° und 85° westlicher Länge und zwischen 10° und 12° nördlicher Breite.

Die **Landfläche** aller Karibischen Inseln zusammengenommen ist mit 234.000 km^2 kleiner als die von Deutschland (355.872 km^2). Während im engeren Sinn die Karibik am nördlichen Wendekreis (23° 26') endet, zählt man den nördlicher gelegenen Archipel der Bahamas noch zur geografischen Einheit „Westindien" hinzu, die damit aus den Großen Antillen, den Kleinen Antillen und den Bahamas besteht. Demgegenüber gehört der atlantische Außenposten der Bermudas weder zur Karibik noch zu Westindien.

Was sind die Antillen?

Die Antillen, die ihren Namen nach dem sagenhaften Land Antilla bekommen haben, werden wie folgt getrennt:

- Die **Großen Antillen** (*Greater Antilles*), die in Ost-West-Richtung aneinandergereiht sind, umfassen Kuba, Jamaika, Hispaniola (Haiti und Dominikanische Republik) und Puerto Rico. Ihre Landfläche macht zusammen fast 90 % der Fläche der Karibischen Inseln aus.
- Die **Kleinen Antillen** (*Lesser Antilles* (engl.), *Petits Antilles* (fr.), die einen hauptsächlich in Nord-Süd-Richtung verlaufenden Bogen beschreiben, umfassen die kleinen Eilande der Jungferninseln im Norden über Guadeloupe und Martinique im Osten bis Trinidad im Süden und von Barbados im Osten bis Aruba im Westen.

Inseln über dem Wind

Die Einteilung in Inseln *unter* und *über* dem Wind entstammt dem Sprachgebrauch spanischer Seefahrer, die nach ihrer Atlantiküberquerung zuerst auf jene Inseln stießen, die voll dem Wind (dem kräftigen Nordostpassat) ausgesetzt sind. Demnach liegt am ehesten (da am östlichsten) Barbados über dem Wind, dahinter aber die gesamte Inselkette von den Jungferninseln bis nach Trinidad unter dem Wind. Völlig im vor den Winden geschützten Karibischen Meer liegen die zu Venezuela gehörenden Inseln sowie die ABC-Inseln (Aruba, Bonaire, Curaçao). Die Begriffe Leeward Islands und Windward Islands, die ja eigentlich lediglich die Lee- und Luvseiten meinen, sorgen für Verwirrung, da sie sich nicht an den Windverhältnissen, sondern an ehemaligen britischen Verwaltungseinheiten orientieren. Sie beziehen sich ausschließlich auf die Inseln über dem Wind und werden wie folgt unterteilt (jeweils von Norden nach Süden):

Zu den ***Leeward Islands*** gehören die Jungferninseln, Anguilla, St. Martin, St. Barth, Barbuda, Saba, St. Eustatius, St. Kitts, Antigua, Nevis, Montserrat und Guadeloupe.

Zu den ***Windward Islands*** gehören Dominica, Martinique, St. Lucia, Barbados, St. Vincent, Grenadinen, Tobago und Trinidad.

Geologische Entwicklung

Geomorphologie der Inseln

Der **erdgeschichtliche Entstehungsprozess** der Karibik ist teilweise sehr kompliziert. Die Antillen sind nicht alle gleich alt und haben nicht alle den gleichen Ursprung. Aus dieser Tatsache erklärt sich ihr unterschiedliches Erscheinungsbild, wenn man die beiden „Schmetterlingsflügel" Basse-Terre und Grande-Terre von Guadeloupe vergleicht.

An den Nahtstellen der tektonischen Platten kommt es in der Regel zu **vulkanischer Tätigkeit**. Von den heute auf der Erde existierenden zwölf Großplatten umgeben allein fünf die verhältnismäßig kleine **Karibische Platte,** die sich in einer langsamen Nordbewegung mit einer Durchschnittsgeschwindigkeit von zwei Zentimetern pro Jahr befindet (siehe Abb. unten). Dabei kollidiert sie entweder mit der nordamerikanischen oder der atlantischen Platte, die sich unter die karibische schiebt (Subduktion) und ins Erdinnere drückt. Das dort aufgeschmolzene Gestein steigt als Lava nach oben und bildet vulkanische Gebirgszüge, deren über das Wasser ragende Spitzen die Antillen bilden.

Davor liegen sehr tiefe Gräben, die bis zu 9.000 Meter hinab reichen. Weil dieser Prozess von Nordost nach Südwest fortschreitet, ist der **äußere Bogen der Inseln** (I)

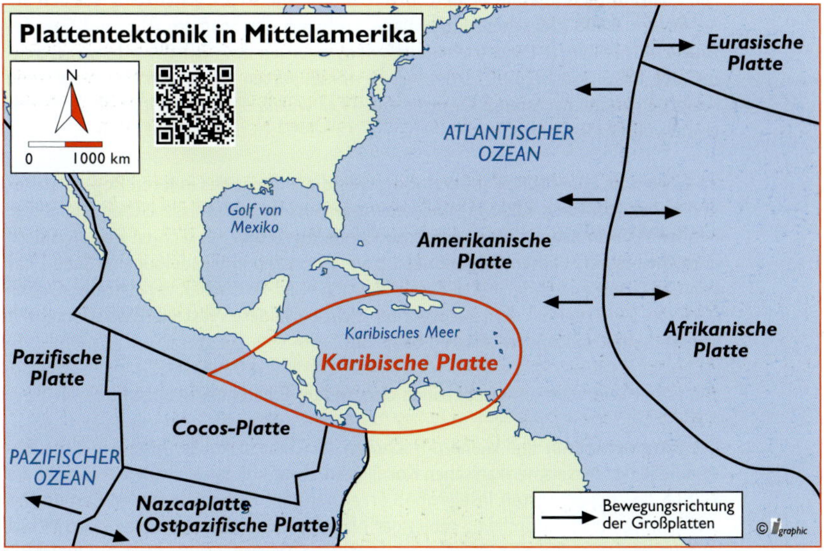

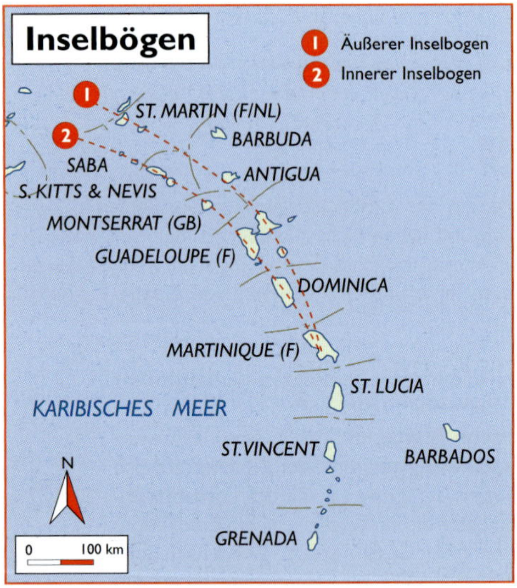

über dem Winde (Guadeloupe –, Grande-Terre, La Désirade und Marie-Galante –, St. Martin, Barbuda, Antigua, Barbados) älter. Hier hat die **vulkanische Tätigkeit aufgehört**, die Erosion hat die Inseln abgeschliffen, und über den Inselkernen haben sich Korallenplateaus gebildet. Das bedeutet, dass diese Inseln nicht nur flacher sind und mit ihrer geringen Höhe weniger Niederschlag haben, sondern auch wegen des **vorherrschenden Kalksteins** mehr verkarsten und damit vegetationsärmer sind.

Der **innere Bogen** (2) hingegen (Guadeloupe – Basse-Terre und Les Îles des Saintes – St. Barth, St. Kitts, Montserrat, Dominica, Martinique, St. Lucia, St. Vincent, Grenada) ist das jüngste Produkt des Prozesses und damit vom **Vulkanismus** weit mehr betroffen. Aktiv ist dieser noch am **Mont Pelée** auf Martinique und an den **Soufrières** auf Guadeloupe, St. Vincent und Montserrat. Trotz der jüngsten Vulkanausbrüche auf Montserrat ist der bekannteste der des Mont Pelée im Jahre 1902, bei dem die Hauptstadt St. Pierre völlig vernichtet wurde und rund 30.000 Menschen in einer Glutwolke umkamen. Fast gleichzeitig starben auf St. Vincent 1.600 Menschen durch einen Ausbruch der *Soufrière*. Auch auf **Guadeloupe** wurden weite Landstriche durch den Ausbruch des Namensvetters verschüttet, der 1956 und 1976–77 erneut aktiv war. Experten gehen von einem weiteren Ausbruch in den nächsten 500 Jahren aus. 1997 wurde die Stadt Plymouth auf Montserrat vollständig verschüttet.

Vulkanismus

Im Gegensatz zum flachen äußeren Bogen sind die Inseln des inneren Bogens steiler und höher (oft über 1.000 m) und deswegen auch niederschlagsreicher. Die abregnenden Wolken haben hier eine überquellende Vegetation mit dichten Regenwäldern entstehen lassen. Dieser **Gegensatz** ist am schönsten in Guadeloupe zu sehen, das von der Grenzlinie in der Mitte durchschnitten wird: Ihr flacher, verkarsteter Ostteil (Grande-Terre) gehört dem äußeren, der dicht bewaldete Westteil (Basse-Terre) mit seinem hohen Vulkan dem inneren Bogen an.

Die bisher unerwähnten Inseln haben eine andere Entstehungsgeschichte:

Die **Jungferninseln** sind kleinere Trabanten der Großen Antillen, und, wie diese, Bestandteile der mittelamerikanischen Kordilleren. Zwar können sie bei weitem nicht die Höhen der benachbarten Inselgruppe erreichen (auf Hispaniola im Pic Duarte mit 3.175 m!), sind aber durchweg gebirgiger Natur. Auch die **Inseln unter dem Wind** und die beiden südlichsten Windward Islands sind Ableger des sogenannten Bruchfaltengebirges der Kordilleren, allerdings der südamerikanischen: Dieser Gebirgszweig biegt in Venezuela östlich ab und findet seinen Weg über die ABC-Inseln bis nach Trinidad. Während er auf Bonaire, Aruba und Curaçao verwittert und von Korallenkalk überdeckt ist (das bedeutet, dass es kaum Niederschläge, Savannen- oder Wüstenvegetation gibt), erreicht er im Norden Trinidads und im venezolanischen Margarita immerhin Höhen von über 900 m.

Die geologische Geschichte von Guadeloupe

Guadeloupe bildet eine Inselgruppe, ein sogenanntes Archipel, das aus sieben Inseln besteht: Grande-Terre, Basse-Terre, La Désirade, Marie-Galante und Les Saintes (mit Terre-de-Haut und Terre-de-Bas) und die Inseln von Petite-Terre.

Dabei gehören die Inseln von Guadeloupe zwei verschiedenen geologischen Inselbögen an (siehe Karte S. 46), dem äußeren Bogen mit den „Kalkinseln" (**1**) und dem inneren Bogen mit den „Vulkaninseln" (**2**). Bei Guadeloupe mit seinen beiden Inselteilen, die nur durch einen natürlichen Meereskanal getrennt sind, kann man die **gegensätzlichen Inseltypen** besonders gut erkennen: im Osten Grande-Terre, ein weitläufiges Kalkplateau mit einem gering ausgeprägtem Relief. Im Westen Basse-Terre, eine vulkanisch feuchte Insel mit steilem Relief. Sie besteht aus mehreren, bis zu 3 Millionen alten vulkanischen Zentren, die in die Staukuppe der La Soufrière auf 1.467 Meter über dem Meeresspiegel münden, der höchste Punkt der Kleinen Antillen.

Zwei Teile des „Schmetterlings"

Dieses fast 10 Kilometer breite Vulkanmassiv bildete sich während der letzten magmatischen Eruption im Jahre 1440 aus und ist auch als Grand-Découverte-Soufrière-Komplex bekannt. Es besteht aus Alkalibasalten und Andesiten. Während sukzessiver Eruptionsphasen kam es zum sogenannten Kollaps ganzer Gebiete der Insel. Durch chlorhaltige Gase auf dem Krater des Vulkans hat sich hier die einzige waldfreie Zone der ansonsten stark überwachsenen Insel gebildet.

Die jüngsten vulkanischen Aktivitäten

Seit 200.000 Jahren ist der Vulkanismus auf den südlichen Teil von Basse-Terre konzentriert, dem Komplex Grande-Découverte, der dem Dome der aktiven Soufrière in der heutigen Erscheinungsform als Grundlage dient. Der Grande-Découverte-Komplex ist in drei großen Phasen entstanden:
1. **Phase** oder die Phase „Grande-Découverte", abgeschlossen vor 42.000 Jahren.
2. **Phase**, bekannt als „Carmichael-Phase".
und **letzte Phase**, „Soufrière-Phase" genannt, begann vor 8500 Jahren. Sie zeichnet sich durch mehrere Sequenzen des Wachstums einer Staukuppe aus vulkanischen Gesteinsmassen aus, die in kurzer Zeit wieder durch Explosionen zerstört wurden. Die letzte von diesen brachte im Laufe des 15. Jh. die Erscheinungsform des aktuellen Domes hervor. Diese Staukuppe ist noch immer aktiv. Seit der Explosion von 1440 wurden nur noch phreatische Explosionen (mit zersprengtem Alt-Gestein, enthält kein juveniles Gestein) beobachtet (und zwar 1690, 1797–98, 1812, 1836–37, 1956 und 1976–77).

Der Vulkan Soufrière ist aktiv

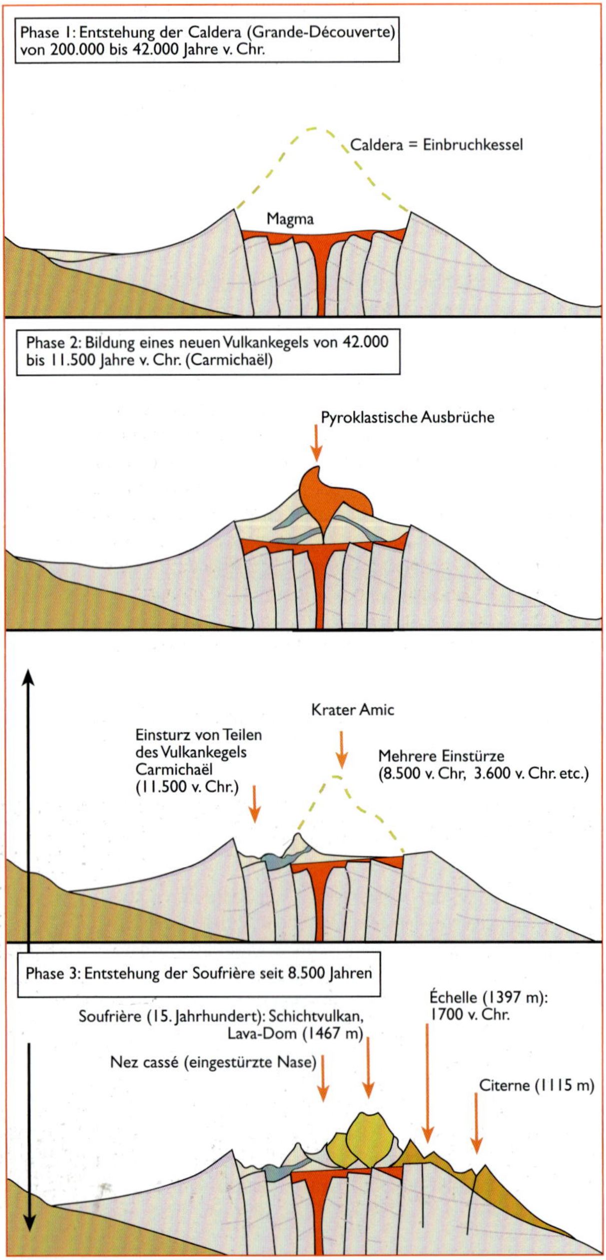

Besonders die letzte Explosionsphase war besonders heftig. Sie dauerte von Juli 1976 bis März 1977 und kündigte sich bereits ein Jahr zuvor mit erhöhter seismischer Tätigkeit an. Eine akute Gefahr wäre an dem Ausstoß juvenilen Magmas zu erkennen gewesen, doch die Wissenschaftler konnten sich auf kein Ergebnis einigen. Schließlich entschloss man sich doch, die gesamte Region von Basse-Terre zu evakuieren. Am 8. Juli 1976 wurden 73.000 Bewohner nach Grande-Terre evakuiert. Diese Episode dauerte fünf Monate. Tatsächlich gab es im August und November starke Explosionen, die aber nie Magma hervorbrachten. Ab November 1976 nahm die Aktivität wieder ab, im Juni 1977 wurde die Krise offiziell als beendet erklärt.

Über die Einschätzung der Krise wurde im Nachhinein stark diskutiert. Trotz starker Belastungen der Bevölkerung durch Erdbeben, Wasser- und Luftverschmutzung, meinten viele, dass die Evakuation nicht notwendig bzw. übertrieben gewesen sei, da die Eruption nie magmatisch geworden ist, dass viele Bewohner nicht nach Basse-Terre zurückkehrten und die Region dadurch massiv wirtschaftlich geschwächt wurde. Eine positive Folge ist, dass seitdem viele Gelder in die Erforschung und Beobachtung der Soufrière gesteckt werden und der Vulkan als der am besten bewachte weltweit gilt. Heute vertreten die meisten Vulkanologen die Ansicht, dass die Evakuierung der Bevölkerung aufgrund der damaligen Datenlage richtig gewesen ist.

Überwachung durch Vulkanologen

Das Meer

Guadeloupe hat als *Inseln über dem Wind* zwei verschiedene Meerseiten, nämlich eine atlantische und eine karibische, wobei sich die atlantische dem Nordostpassat entgegenstellt und damit eher rauer, gefährlicher und einer höheren Brandung ausgesetzt ist.

Die **ständigen Passatwinde** sind auch für die Strömungsverhältnisse im karibischen Raum verantwortlich, indem sie das ganze Jahr hindurch gewaltige Wassermassen vor sich hertreiben (Nordäquatorialstrom), die durch die Kanäle zwischen den Inseln in das Karibische Meer gepresst und dabei zusätzlich beschleunigt werden. Diese als Karibenstrom bekannte und etwa 2 bis 3 km/h schnelle Oberflächenströmung drängt an Kuba vorbei durch die Straße von Yucatán in den Golf von Mexiko und fließt dann, inzwischen 7 km/h schnell, an Florida vorbei in den Atlantik zurück, um als Golfstrom ein wenig des karibischen Warmwassers auch nach Europa zu bringen. Als Ausnahmen von der Regel des allgemeinen Systems gibt es mehrere und nicht immer ungefährliche Strömungen, die unter lokalen Bedingungen entstehen. Vor allem auf der atlantischen Seite haben die Unterströmungen schon viele Opfer unter Schwimmern und Seglern gefordert.

Kariben- und Golfstrom

Kaum spürbar sind hingegen ausgeprägte Gezeiten. Der Tidenhub, also die Differenz zwischen Ebbe und Flut, beträgt selten mehr als 30–40 cm. Die **Wassertempera-**

Das karibische Meer ist ideal zum Baden (Marie-Galante)

Warmes Wasser ...

turen sind äußerst angenehm und fast gleichbleibend warm. Sie betragen an der Oberfläche bis zu 30° C im wärmsten und nie weniger als 25° C im kältesten Monat.

... und tiefes Meer

Dagegen sind die **Meerestiefen** äußerst unterschiedlich. Viele küstennahe Gebiete sind sehr flach, weil sie eigentlich noch zu den Inseln bzw. zum Festland gehören und erst nach der letzten Eiszeit vom ansteigenden Meeresniveau überflutet wurden. Auf der anderen Seite ist die Karibische See insgesamt sehr tief und in mehrere 4.000–5.000 m tiefe Becken unterteilt.

Klima und Reisezeit

Das Thema „Wetter" auf Guadeloupe und in der Karibik ist – von den Wirbelstürmen einmal abgesehen – eines der erfreulichsten. Insgesamt stimmt nämlich das Klischee vom sonnigen, warmen und durch erfrischende Brisen nie zu heißen Urlaubsziel.

Klar unterscheidbare **Jahreszeiten** gibt es nicht. Die Temperaturdifferenz zwischen dem wärmsten und dem kältesten Monat beträgt durchschnittlich höchstens 3,5° C, anders ausgedrückt: Es ist tagsüber selten heißer als 30° C und selten kühler als 25° C, also rund ums Jahr angenehm. Da der Unterschied zwischen der mittleren Tages- und Nachttemperatur größer ist als der zwischen Winter- und Sommertemperatur, spricht man von einem Tageszeitklima.

Nicht nur in der Nebensaison sind die Strände auf La Désirade oft menschenleer

Über die Temperatur entscheidet natürlich auch die jeweilige **Höhenlage**, wobei sich etwa je 1.000 Höhenmeter die Durchschnittstemperatur um ca. 6° C verringert. Zwar kann es also beispielsweise auf der Soufrière auf Guadeloupe etwas kühler werden, aber selbst in einer winterlichen Nacht sinkt dort die Quecksilbersäule nicht unter 15° C oder gar unter den Gefrierpunkt.

Ein weiteres Charakteristikum ist die **Tag-und-Nacht-Gleiche**, d. h. dass die Tage und die Nächte gleich oder fast gleich lang sind. Abweichungen vom Merksatz, dass die Sonne das ganze Jahr um ca. 6 Uhr auf und um ca. 18 Uhr untergeht, sind nur bis höchstens 30 Minuten möglich. Die Dämmerung ist sehr kurz. Nachdem der rote Ball der

Sonne im Meer versunken ist, dauert es oft nur 15 Minuten, bis aus einem fantastischen Farbenspiel tiefschwarze Nacht geworden ist.

Tipp

Besuchen Sie Guadeloupe, wenn Sie es zeitlich einrichten können, bevor der Trubel losgeht: Ende November/Anfang Dezember, oder wenn er wieder abgeflaut ist, im Februar/März. Das Wetter ist stabil, die Kosten vor Ort sind geringer und viele Reiseveranstalter locken mit Sonderpreisen.

Ungleich ist innerhalb der Karibik die Verteilung von **Wind, Sonnenschein und Regen**. Wie die Bezeichnung „Inseln unter und über dem Wind" schon aussagt, ist der Einfluss der Passatwinde mal mehr und mal weniger stark. Unter Passatwinden versteht man ganzjährig wirksame Luftbewegungen, die durch den Sog von subtropischen Hochdruckgebieten zu äquatorialen Tiefdruckgebieten entstehen. Eigentlich müssten die Passatwinde der nördlichen Halbkugel also ständig in Nord-Süd-Richtung wehen. Da die Luftströmung aber durch die Erdrotation nach Südost abgelenkt wird, weht der Wind von Nordosten her (deshalb: Nordostpassat).

Stetige Winde

Dabei haben die Passatwinde je nach Landschaftsprofil eine unterschiedliche Wirkung: Über das eher flache Eiland Grande-Terre im Nordosten von Guadeloupe ziehen die vom Passat angetriebenen atlantischen Wolken hinweg, während sie sich an den steileren Berghängen des inneren Bogens wie im Südwesten von Guadeloupe stauen und abregnen.

Thema Regen: Allgemein kann bei den Inseln von Guadeloupe von einer winterlichen Trocken- und einer sommerlichen Regenzeit gesprochen werden. Im Winter steht Ende Dezember die Sonne senkrecht (im Zenit) über dem südlichen Wendekreis,

Bei starken Regenfällen können die Becken unterhalb der Wasserfälle gefährliche Strudel bilden

also südlich des Äquators und außerhalb unseres Reisegebietes. Dann ist dort Regenzeit, während in der Karibik trockenes Hochdruckwetter herrscht und der Nordostpassat stark und gleichmäßig bläst. Im Sommer hingegen ist auf den meisten Inseln Regenzeit. Verantwortlich für die Verteilung von Regen- und Trockenzeit ist der Zenitstand der Sonne, d. h. wann die Sonne senkrecht auf die Erde scheint. Dies ist in der Karibik im Hochsommer der Fall, und dann erwärmt sich hier auch die Erde am stärksten.

Hauptsaison Dezember

Die nicht nur warme, sondern auch sehr feuchte Luft steigt hoch in die Atmosphäre auf und wird dabei abgekühlt. Kältere Luft aber kann nicht so viel Wasser speichern wie warme Luft. Die Folge: Im heißen Sommer (normalerweise von Mai/Juni bis Oktober/November) gehen immer wieder heftige Regenschauer nieder, die für z. T. sehr hohe Niederschlagsmengen sorgen. Der tropische Regen hat nichts mit unserem Dauer- und Nieselregen zu tun, und der manchmal benutzte Begriff „Regentage" mag missverständlich sein.

Denn tatsächlich unterscheidet sich die tägliche **Sonnenscheindauer** der Regenzeit nur unwesentlich von der der Trockenzeit. Das bedeutet, dass der Niederschlag in ziemlich heftigen, aber auch kurzen Wolkenbrüchen niedergeht und dass es zwischendurch immer wieder aufklart. Durch diesen Wechsel bekommt die Regenzeit ihren eigenen Reiz. Niemand, der in dieser Zeit in der Karibik war und vielleicht mit kleinen Flugzeugen von Insel zu Insel geflogen ist, wird die fantastischen Wolkenformationen vergessen, die man nur im Sommer beobachten kann. Die Regenzeit bringt zwangsläufig eine erhöhte Luftfeuchtigkeit mit sich. Am Meer jedoch wird die Schwüle durch den Passatwind gemildert.

Hohe Niederschläge im Sommer

Als Reisezeit kommt also das ganze Jahr in Frage. Sicher: Die winterliche Trockenzeit sagt dem Besucher aus den gemäßigten Breiten vielleicht mehr zu als die Regenzeit, aber die Chancen, unangenehm schwüle oder total verregnete Ferien zu erleben, sind auch dann äußerst gering. Zudem ziehen im europäischen und nordamerikanischen Winter die Preise enorm an.

Hurrikans

Etwa **zehn bis zwanzig der gefürchteten Wirbelstürme** suchen jedes Jahr die Karibik heim, und zwar meist in den Monaten August bis Oktober. Wer die Bilder durch die Luft wirbelnder Autos, wegradierter Städte, umgestürzter Strommasten und weit aufs Land geworfener Schiffe gesehen hat, mag erahnen, welche Auswirkungen solch ein Hurrikan für die betroffene Bevölkerung hat. Um die Hurrikans eines Jahres zu unterscheiden, werden sie in alphabetischer Reihenfolge benannt. Meist stoßen sie im Südosten auf die Antillen und setzen ihren Weg – i. d. R. in einer schwer vorhersagbaren Zickzack-Linie – in nordwestlicher Richtung fort. Die meisten enden jenseits des Golfs von Mexiko im Süden der USA oder auch in Mexiko.

Unvorstellbare Naturgewalten

Der Name „Hurrikan" stammt aus der Indianersprache der Arawaken und bedeutet so viel wie „Windgott" oder „böser Geist des Windes". Wirbelstürme sind aber ein Charakteristikum der Tropen allgemein und tragen je nach Region unterschiedliche Namen. In Ostasien wird ein solcher Wirbelsturm Taifun, in Australien Willy-Willy und im Indischen Ozean (wie auch im karibischen Raum) Zyklon genannt.

Die **Gefahr**, in einen Hurrikan zu geraten, ist zwischen August und Oktober am höchsten, aber für den Einzelnen doch so gering, dass sich keiner davon abhalten lassen sollte, seinen Urlaub in diese Zeit zu legen. Hingegen ist die Wahrscheinlichkeit im November gering, aber auch am Ende der Hurrikan-Saison noch vorhanden, denn jede Regel kennt ihre Ausnahmen, wie im Jahr 2005 geschehen. Die Gefahr für eine Insel, von einem Hurrikan voll getroffen zu werden, ist zwar relativ gering, am sichersten reist man jedoch von Dezember bis Juni. Vor Ort bieten viele Hotels einen kostenlosen Internetzugang, über den man sich auch selbst erkundigen kann. Im Allgemeinen sind die Warnsysteme in der Karibik gut ausgebaut und die Einheimischen verfolgen täglich den Wetterbericht.

Hurrikan-Saison

Falls es doch zum allerschlimmsten Fall kommen sollte und Sie in einen Hurrikan geraten, befolgen Sie auf jeden Fall die **Anweisungen** der lokalen Behörden. Und lassen Sie sich nicht durch die **Stille im Auge des Hurrikans** täuschen. Wenn der Sturm sehr plötzlich abflaut und möglicherweise sogar die Sonne zu sehen ist, dauert es manchmal ein bis zwei Stunden, bis das windschwache Auge durchgezogen ist und die Rückseite des Hurrikans dann mit urplötzlicher Gewalt hereinbricht.

Wie entsteht ein Hurrikan?

info

Hurrikans entstehen über den tropischen Meeren, wenn das Oberflächenwasser eine Temperatur von mindestens 26° C hat und stark verdunstet. Dies ist in der heißesten Jahreszeit der Fall, über dem Atlantik in den Monaten August bis Oktober. Die warme, feuchtigkeitsgeladene Luft steigt rasch in große Höhen empor, wo sie abgekühlt wird. Dies wiederum führt zu gigantischen Quellwolken, die sich in heftigen Gewittern und heftig niedergehendem Regen entladen. All dies kreist um ein Tiefdruckgebiet (= Zyklon) in immer schneller werdenden Wirbeln, die ab einer Geschwindigkeit von 60 km/h „Tropensturm“ genannt werden. Dieser orkanartige Wirbelsturm ist zunächst noch ein senkrecht stehendes System, das aber durch die Erdrotation in eine Schieflage gerät bzw. umkippt und sich vorwärts bewegt. Im Zentrum des Orkans sinkt der Luftdruck extrem ab.

Wenn sich die geballten Luftmassen und Wolkentürme, die im Durchmesser bis zu 800 km betragen können, mit mehr als 120 km/h um die eigene Achse drehen, spricht man von einem Hurrikan. Allerdings kann sich die Drehgeschwindigkeit bis 230 km/h steigern, während im Auge des Hurrikans Windstille herrscht. Dieses ganze System wandert mit einer Geschwindigkeit von 20–50 km/h über die Wasserflächen, aus denen es immer wieder mit feuchter Luft gespeist wird. Trifft der Hurrikan auf Land, zieht er mit seiner verheerenden Kraft eine Spur der Verwüstung, bis ihm schließlich „die Luft ausgeht“. Allerdings sind die Landflächen der Antillen oder auch Floridas nicht groß genug, um eine ernsthafte Schwächung des Wirbelsturms herbeizuführen. Er zieht über sie hinweg und fällt in sich zusammen über dem offenen Meer.

Tier- und Pflanzenwelt

Guadeloupe und seine Inseln erwarten den Besucher mit einer manchmal kargen, meistens aber überquellenden Vegetation, die die Lebensgrundlage eines reichen Tierbestandes ist. Allgemein gilt: Blumen, Sträucher und Bäume wachsen in einer atemberaubenden Pracht, und was dazwischen kreucht und fleucht, ist oft nicht minder exotisch, interessant und oft nur hier in freier Wildbahn anzutreffen.

Hinweis

Umweltverhalten
Auf den Inseln des Archipel Guadeloupe hat sich in der jüngsten Vergangenheit ein Bewusstsein für den Umweltschutz gebildet. Vielerorts sind Hinweisschilder aufgestellt worden. So soll man aus dem Nationalpark keine Pflanzen, Steine oder Tiere mitnehmen. Auch was die Ressourcen angeht, ist man sensibler geworden. So gibt es auf La Désirade öffentliche Sammelbehälter für Plastikflaschen und beim dortigen Touristenamt ein Pamphlet mit Recycling- und Verhaltenshinweisen. Auf der einzigen Inselstraße sollte sehr langsam gefahren werden, da Leguane sich gerne auf der heißen Asphaltstraße aufhalten. Auf Les Saintes fährt man vor allem mit dem Fahrrad oder einem Scooter, und wer es sich leisten kann mit einem Elektroauto. Einem Brut- oder Nistplatz von Tieren sollte man sich nicht nähern.

Auch Korallen darf man selbstverständlich nicht abbrechen oder mitnehmen. Einige Riffgebiete sind bereits zu Unterwasser-Brachlandschaften verkommen. Daher sollte man auch dem angebotenen Schmuck aus Korallen, Schneckengehäusen und Muscheln mit Vorsicht begegnen. Durch diesen touristischen Ausverkauf stehen einige der seltenen Arten in karibischen Gewässern vor dem Aussterben. Auch dem Hinweis auf „Import-Ware" sollte man nicht unbedingt Glauben schenken. Außerdem verweigert der deutsche Zoll die Einfuhr von Tieren oder Tierprodukten, die dem Artenschutzabkommen unterliegen. Davon betroffen sind u. a. Schildplatt-Gegenstände und Panzer von Seeschildkröten.

Vegetation

Artenreiche Tier- und Pflanzenwelt

Der innere Bogen der Inseln über dem Wind besitzt eine ähnliche Vegetation. Hier haben sich auch Restbestände der **tropischen Urwälder** erhalten, aus denen vor der europäischen Kolonisierung die Pflanzenwelt hauptsächlich bestand. Die meisten der einst berühmten Baumkönige (Mahagoni-, Ebenholz-, Brasilholz-Bäume) sind wegen ihres Wertes als harte Nutz- und Farbhölzer fast vollständig abgeholzt worden. Wanderungen durch den Regenwald sind auf Guadeloupe möglich, da hier der Wald durch den **Parc national de la Guadeloupe** geschützt ist. Auch die Nachbarinseln Dominica und Martinique können mit üppigem Regenwald glänzen, kleinere Bestände gibt es auch noch auf St. Vincent, St. Lucia, Tobago und Trinidad. Hier kann man sich einen guten Eindruck vom ursprünglichen Aussehen der Antillen verschaffen. Ansonsten ist dieses mehr und mehr durch Kulturpflanzungen bestimmt, seit die ersten europäischen Siedler Saatgut mitbrachten und mit Erfolg anbauten.

Wenn es eine Baumfamilie gibt, die sofort mit der Karibik assoziiert wird, dann ist das natürlich die **Palme**. Tatsächlich ist diese Familie mit etlichen Arten in Westindien vertreten, von denen aber nicht alle einheimischen Ursprungs sind. Auch ist mancher Besucher, der ausschließlich palmengesäumte Strände erwartet, vom ebenso häufigen Vorkommen von **Kasuarinen** überrascht. Nicht eingeführt, sondern auf den Antillen heimisch, ist die bis zu 25 Meter hohe **Königspalme** (*royal palm*). Man erkennt sie an

Über 200 Orchideenarten wachsen auf Guadeloupe

ihrem in der Mitte verdickten Stamm und den bis zu 8 m langen Wedeln. Noch höher, nämlich bis zu 45 Meter, kann die **Kohlpalme** (*cabbage palm*) werden. Mit ihrer verdickten Basis schmückt sie oft die Alleen der alten Plantagenhäuser. Sie ist vielseitig nutzbar (u. a. für Korbflechter) und liefert einen nahrhaften Kohl.

In dichten Büschen kommt die **Rotstielpalme** vor, während die kleine **Betelnusspalme** eine Einzelgängerin ist. Natürlich darf die Kokosnuss-Palme (*coconut palm*) nicht fehlen, die häufig in Hotelgärten und am Strandsaum zu finden ist. Sie stammt allerdings nicht aus der Karibik, sondern kommt aus Südostasien, von wo sie sich durch übers Meer treibende Früchte oder mit menschlicher Hilfe verbreitet hat.

Auch der herrliche **Baum der Reisenden** (*travellers tree, ravenal*) ist ein Import-Gewächs. Dieser aus Madagaskar stammende Baum bekam seinen Namen, weil sich durstige Reisende an dem in seinen Blättern gespeicherten Wasser laben können. Bisweilen kann man auch die in Afrika beheimateten Affenbrotbäume entdecken. Wie allerdings deren größtes Exemplar – ein knorriges und schätzungsweise 1000 Jahre altes Ungetüm von 18 Meter Umfang – erst nach Barbados und dann auf andere Inseln gelangt ist, bleibt ein botanisches Rätsel.

Viele Pflanzen wurden eingeführt

Bekannt hingegen ist die Geschichte des **Brotfruchtbaums** (*breadfruit tree*), dem wohl sagenumwobensten Gewächs, das die britische Kolonialmacht einführte. Er fand seine Verbreitung über Westindien, nachdem ihn der berüchtigte Kapitän Blight von Tahiti nach St. Vincent brachte. Die grünen, kugelartigen Brotfrüchte – eigentlich eher eine auf Bäumen wachsende Gemüseart – waren für die Lebensmittelversorgung der Sklaven von ausschlaggebender Bedeutung. Nicht aus der Südsee, sondern aus der alten Welt wurden der **Flammenbaum** (*flamboyant*) und aus Afrika der afrikanische **Tulpenbaum** eingeführt.

Flammenbäume bei Saint-Claude, Basse-Terre

Zu den einheimischen Bäumen zählen der **Pagodenbaum** (*frangipani*), ein fantastisch blühender, etwa 10 m hoher Tropenbaum mit einem betörenden Duft, oder der von goldgelben, glockenförmigen Blüten übersäte **Goldbaum** (*golden trumpet tree*). Das harte Holz dieses bis zu 15 m hohen Begoniengewächses wird für stabile Konstruktionen und sein gelber Farbstoff für Medizin verwendet.

Zu gigantischen Bäumen mit Luftwurzeln wachsen auch mehrere **Feigenbaum-Arten** (z. B. *ficus benjamina*) heran. Der Insel Barbados haben die Luftwurzeln, die wie Bärte (sp.: *barbudo*, bärtig) aussehen, sogar den Namen eingebracht.

Schön ist der **Kanonenkugelbaum** (*canonball tree*), ein mittelgroßer, schwer duftender Laubbaum mit 8 Kilogramm schweren kugeligen Früchten und schönen Blüten. Der **Palisander oder Jacaranda** ist allein mit 40 Arten auf den Antillen vertreten. Sein dunkelrotes und **angenehm duftendes Holz** wird gern für Schnitzarbeiten verwendet. Es ist unmöglich, auch nur ansatzweise die wichtigsten und schönsten Exemplare der tropischen Pflanzenwelt zu nennen. Botanisch Interessierte werden begeistert sein, vielleicht sogar ein wenig neidisch: Das, was hierzulande nur unter aufopferungsvoller Pflege zu bescheidener Größe gelangt, wächst dort in überquellender Fülle und wuchernden Dimensionen. Der **Weihnachtsstern** (*Pointsetia*) etwa wird auf Nevis, Grenada und anderswo bis zu 4 Meter hoch, ähnlich der Regen- oder Schirmbaum mit seinen orangefarbenen Blüten, etliche Gewürzbäume und -sträucher, Bambusarten, Drachenbäume, Philodendren und Baumfarne.

Überquellende Vegetation

Ein Strauch (Familie der Johannisbrotbaumgewächse) – aber einer, der bis zu 6 m hoch wird – ist auch die **Zwerg-Poinciane**, deren englischer Name *Pride of Barbados* schon eines ihrer Hauptverbreitungsgebiete nennt. Mit ihren flammend roten Blütenständen gilt sie bei Kennern zu Recht als der schönste Strauch der Tropen. In ihrer Farbenpracht stehen dem allerdings die einheimischen Orchideenarten, Heliconien, die Königin der Nacht, Hibisken, Flamingo-Blumen sowie importierte Oleander oder Bougainvilleen kaum nach.

Eine der eigenartigsten Vegetationsformen der Tropen stellen die **Mangroven** dar. Als Pioniere unter den Bäumen ist es ihnen gelungen, im Einflussbereich von Salzwasser zu gedeihen, wo sie mit ihren Stelzwurzeln in Flussmündungen oder Lagunen undurchdringliche Dickichte bilden. In dieser schwer zu besiedelnden Zone zwischen Meer und Festland mussten die Mangroven eine spezifische Strategie des Überlebens und der Fortpflanzung entwickeln: Da der Samen bereits an der Mutterpflanze keimt, spricht man hier von einer „Lebendgeburt" (Viviparie). Gegen Überdosen an Salz schützen sie sich durch Wasser speichernde Blätter (Succulenten), die im Bedarfsfall Süßwasser an die Zellen abgeben. Die durch Mangroven gebildeten Biotope zeichnen sich durch einen großen **Artenreichtum tierischen Lebens** aus, wobei viele Kreaturen (u. a. verschiedene Krabbenarten und Schlammspringer) eine ähnliche amphibische Überlebenskunst an den Tag legen. Mangrovensümpfe sind längst nicht auf allen Inseln der Kleinen Antillen anzutreffen. Die größten Areale gibt es auf Trinidad, aber auch auf Guadeloupe (vor allem auf Grande-Terre, aber auch im Nordosten von Basse-Terre), Martinique, Dominica und St. Vincent.

Bäume im Salzwasser

Eine völlig andere Vegetationsform bilden die **Kakteen**, die in trockenen (ariden) Gebieten durchaus auch Baumhöhe erreichen können. Sie kommen vor allem auf den Inseln unter dem Wind vor, deren Wüsten- und Savannenklima nur Dornbüsche zulässt, und wo sie zwischen Agaven und vielen Kakteenarten als Kugel-, Säulen- und Kandelaberkakteen wachsen.

Von eingeführten Nutzpflanzen wie dem Brotfruchtbaum war schon die Rede. Doch gab und gibt es auch heimische **Nutzpflanzen**, die bereits lange vor der Zeit der Europäer von den westindischen Ureinwohnern kultiviert wurden. Dazu gehören Maniok, Ananas, Guave, Cashewnuss, Paprika, Peperoni und natürlich Tabak. Nicht vergessen werden dürfen die vielen Gewächse, die man medizinisch nutzen konnte. Viele davon sind noch heute Bestandteile pharmazeutischer oder kosmetischer Artikel, wie z. B. Aloe Vera.

Früchte und Gemüse

Außerdem eingeführt wurden u. a. Zitrusfrüchte, Muskat, Kaffee, Kakao, Vanille, Nelken, Piment und Zimt, die auf vielen Antilleninseln ideale Wachstumsbedingungen fanden. Reis baut man mit Erfolg auf Trinidad an. Unter den importierten Nutzpflanzen verdienen die Banane und das Zuckerrohr eine besondere Erwähnung.

Reichlich „Abfall": die dicken Schalen der Kokosnuss

Hinweis

Wenig angenehm ist der **Manzanillo-Baum** (auch: Manzinella-Baum, *manchineel appletree*), ein hochgiftiges Wolfsmilchgewächs, dessen Früchte schon die ersten Konquistadoren „Apfel des Todes" nannten. Aber nicht nur die Früchte, die tatsächlich wie kleine grüne Äpfel aussehen, sind gefährlich (von Verätzungen der Haut bis hin zu Lebensgefahr!), sondern auch die Rinde und die Blätter. Sogar Regentropfen, die von seinen Blättern fallen, können noch Verbrennungen hervorrufen. Auf Guadeloupe kommt die Baumart nur an einem kleinen Küstenabschnitt im Norden von Basse-Terre vor, der auffällig gekennzeichnet ist.

Die Banane

Exportartikel Bananen ...

In der Karibik gibt es mehrere Obst-, Gemüse- und Zierbananen, von denen aber keine Einzige heimisch ist. Nach dem Ende des Zuckerbooms – vor allem in den 1970er- und 1980er-Jahren – wurden Bananen oft als Ersatzpflanzen angebaut, obwohl sie viel empfindlicher sind und ganze Plantagen regelmäßig Hurrikans zum Opfer fallen. Die Volkswirtschaft mehrerer Zwergstaaten ist inzwischen existentiell mit der Kultivierung von Bananen verknüpft. Man erkennt die Staudenpflanzen an ihren meterhohen Blättern (die leicht einreißen können) und den violett-roten Blütenspitzen. Neben diesen bildet sich der Fruchtstand in Form eines Bündels aus.

Dem Besucher von Guadeloupe werden zwangsläufig beim Vorbeifahren an sattgrünen Bananenplantagen blaue Plastiktüten auffallen, die über die Bananenstauden gestülpt sind. Diese sind keineswegs bereits die Verpackung für die Verschiffung nach Übersee. Vielmehr sollen die blauen Plastiksäcke über den Stauden Parasiten abhalten und das Sonnenlicht abschwächen. Sie sorgen für eine gleichmäßige Temperatur, damit nicht schon die äußeren Früchte zur vollen Größe heranreifen, während die inneren noch in der Wachstumsphase sind. Zunächst wurde versucht, mit durchsichtigen Tüten

Blaue Säcke umhüllen die Bananenstauden

die Stauden vor Parasiten zu schützen, doch damit wurde die Sonneneinstrahlung verstärkt und die Bananen „verbrannten“ regelrecht. So wurden die blauen Säcke eingeführt, die den Pflanzen zu ihrer richtigen Reife verhelfen und vor Insekten schützen.

Das Zuckerrohr

Keine andere Nutzpflanze hat die meisten Antilleninseln bis auf den heutigen Tag so geprägt wie **Zuckerrohr**. Was die Pflanze in der Vergangenheit so wichtig machte, war die Tatsache, dass sie **sehr biegsam und widerstandsfähig** ist und es schon eines sehr schlimmen Hurrikans bedurfte, um sie ernsthaft zu gefährden. Sie blüht ab den frühen Wintermonaten, wenn man überall die zierlichen, silbergrauen Federbüschel über dem kräftigen Grün sieht.

... und Zucker

Die bis zu **5 Meter hohen Pflanzen** werden ab Dezember geerntet, d.h. die Halme werden abgeschlagen und von den Blättern befreit. Diese Prozedur hat sich bis heute nur wenig verändert: Immer noch müssen bis zu 70 % der Blätter in Handarbeit abgetrennt werden – abenteuerliche Gestalten mit Macheten sind ein alltäglicher Anblick in der Karibik. Nach der Ernte erfordert die Zuckerkultur keine neue Aussaat, denn über den abgeschlagenen Halmen wachsen die neuen sofort wieder nach. Dieses System funktioniert drei Jahre lang. Dadurch sind insgesamt **vier Ernten** aus einer Pflanze möglich. Dann ist der Boden ausgelaugt, das Feld muss umgepflügt und mit Mineralien angereichert werden. Für ein Jahr wird der Boden für eine andere Pflanzenart genutzt, bevor der Prozess wieder von vorn beginnen kann. Dazu setzt man die ca. 20–30 Zentimeter langen Ableger in die frisch umgepflügten Felder ein, wo sie nach 15–17 Monaten erntereif sind. Das abgeerntete Zuckerrohr wird zu den Fabriken transportiert, was früher von Sklaven sowie von Ochsen- und Eselsgespannen (auf Barbados sogar von Kamelkarawanen) besorgt wurde und später mit eigens angelegten Eisenbahnen. Heute verrichten Traktoren und Lastwagen diese Arbeit. In den Fabriken wird das Rohr so lange durch verschiedene Walzen und Pressen geschickt, bis es keinen Saft mehr abgibt. Das ausgepresste Zuckerrohr wird dann getrocknet, damit es als Brennmaterial für die Öfen dienen kann, in denen der Saft aufgekocht wird. Früher wurde der Sirup auf 500° C erhitzt, bis er kristallisierte.

Heute wird der Vorgang beschleunigt, indem man den **eingedickten Zuckersaft** zentrifugiert, wobei die braunen Zukkerkristalle an den Rändern kle-

Zuckerrohr ist der wichtigste Wirtschaftsfaktor auf Marie-Galante

ben bleiben, während unten das letzte Abfallprodukt des Prozesses herausläuft: die Melasse. Diese kann in einem weiteren Arbeitsgang zu Rum destilliert werden.

Tiere

Auf Grund ihrer Insellage besitzt Guadeloupe naturgemäß eine nicht so vielfältige Tierwelt wie das Festland. Trotzdem ist auch die Fauna – u. a. weil sich viele Arten spezialisiert haben und nur auf bestimmten Inseln anzutreffen (endemisch) sind – genau wie die Flora interessant und sorgt für manch seltene Überraschung.

Nutztiere und Schädlinge

Säugetiere hatten kaum eine Chance, die isoliert liegende Inselwelt zu bevölkern, wenn sie nicht schwimmen oder fliegen konnten. Letzteres konnten die Fledermäuse, die deshalb als artenreichste unter den Säugetieren in der ursprünglichen Fauna vorkommen. Einfacher war es im Fall von Trinidad und Tobago, da die beiden Inseln noch vor 9.000 Jahren durch eine Landbrücke mit dem südamerikanischen Kontinent verbunden waren und sich deshalb auch dessen Tierwelt teilten – einschließlich Affen, Jaguare, Ozelots, Fischottern, Moschusschweinen und Gürteltieren. Diese Tiere freilich sind heutzutage von den Menschen ausgerottet. Und auch die noch existierenden Ameisenbären, Tigerkatzen, Waschbären und Brüllaffen sind akut vom Aussterben bedroht. Häufiger sieht man das Pflanzen fressende Nagetier Aguti sowie Ferkelratten und Baumratten.

In den Sümpfen Guadeloupes wehrt sich der putzige **Waschbär** (*raccoon*), der sich von Fischen, Krebsen und Schnecken ernährt, hartnäckig gegen seine Vernichtung, hoffentlich mit Erfolg, denn immerhin ist er das größte wild lebende Säugetier der Insel.

Die meisten Säugetiere sind jedoch – aus unterschiedlichen Gründen – importiert worden. **Schweine** beispielsweise wurden schon früh auf den Schiffen **als lebender Proviant** mitgeführt und auf den kleinen Eilanden ausgesetzt, wo sie bei nächster Ge-

Leguan auf der Hoteltreppe

legenheit leicht eingefangen werden konnten. Diese Frischfleisch-Lieferanten vermehrten sich teilweise prächtig. Als die Engländer zum ersten Mal nach Barbados kamen, fanden sie die Insel voller verwilderter Schweine – allesamt Nachkommen jener wenigen Rüsseltiere, die die Portugiesen dort ausgesetzt hatten. Ähnlich verhält es sich mit den Ziegen, deren Fleisch gerne gegessen wurde. Trotz einer Ähnlichkeit haben die Schwarzbauchschafe (*blackbelly sheep*) nichts mit Ziegen zu tun, sondern sind eine ursprünglich aus Afrika stammende Schafart. Diese Rasse hat keine Wolle und wurde nur zur Fleischgewinnung gezüchtet, sie ist nicht nur ideal für das Tropenklima, sondern zudem sehr widerstandsfähig, genügsam und vermehrungsfreudig. Auch andere Nutztiere wurden mit solchem Erfolg angesiedelt. So hat sich auch das indische Buckelrind (Zebu) an die neue karibische Umgebung gewöhnt und ist seinerseits dafür verantwortlich, dass sich der Kuhreiher (Ibis) auf den Antillen niederließ.

Affen, von den einheimischen Arten auf Trinidad und Tobago einmal abgesehen, kamen an Bord der Sklavenschiffe aus Afrika oder Südeuropa. Vor allem auf Barbados hatten sich zeitweilig die **Kapuzineräffchen** (*cebus capucinus*) stark vermehrt, weil sie in den Frucht- und Obstplantagen reichhaltig Nahrung fanden.

Auf manchen Inseln trifft man auch die asiatische **Schleichkatze**, den **Mungo** (engl.: *mongoose*; lat.: *herpestis griseus*) an. Er wurde importiert, um die giftigen Schlangen in den Zuckerrohrplantagen zu bekämpfen, was auch bis zu deren Ausrottung gelang. Anschließend, bis heute, machten die Mungos Jagd auf Ratten, richten aber auch unter Geflügel Schaden an. Hühner, Enten und Gänse brachte man als Fleisch-, Feder- und Eierlieferanten in die Karibik, wobei auf den Herrenhöfen von Barbados die Gänse auch die Funktion von Wachhunden erfüllten.

Reptilien und Lurche

Zahlreicher als die Säugetiere sind **Reptilien und Amphibien** mit einheimischen Arten vertreten. Dazu zählen verschiedene Leguan-, Schildkröten-, Schlangen-, Eidechsen- und Geckoarten, während Krokodile oder Kaimane auf den Kleinen Antillen nicht vorkommen. Die kleinen, grünen Anolis-Eidechsen sieht man überall, besonders häufig aber auf dem trockenen Kalkboden der ABC-Inseln. Hier ist auch der große, grüne Leguan zu Hause, dessen Bestand allerdings immer mehr abnimmt, da er als wohlschmeckender Bestandteil einer lokalen Suppe in die Kochtöpfe wandert. Schlangen gibt es auf einigen Inseln, aber nicht auf Guadeloupe.

Endemische Arten

Hinweis

Zu den Schildkröten auf Guadeloupe
Seit 1991 sind alle Schildkrötenarten und ihre Eier auf Guadeloupe per Gesetz geschützt, d.h. es ist verboten sie zu fangen, zu transportieren oder zu verkaufen. Ihre Zahl wird immer kleiner im Meer rund um die karibischen Inseln, wohin die verbleibenden Schildkröten (noch) immer wieder zurückkehren, um ihre Eier im Sand zu verscharren. Auf Marie-Galante weisen große Schilder die entsprechenden Strandstellen aus und auf das angemessene Verhalten hin. Zudem wird unbedingt empfohlen, die Schildkröten bei ihrer Eiablage bei einer geführten Tour zu beobachten, um die Tiere nicht zu stören. Der Preis für die Teilnahme ist in der Regel nur eine geringe Aufwandentschädigung.

Meeresschildkröte auf dem Weg ins Meer

Doch leider gibt es noch immer illegale Verkäufer von Schildkröten (frz.: les tortues) oder auch kleine Lokale, wo deren Fleisch oder eine Eispeise auf der Tageskarte steht. Diese bitte nicht annehmen! Wenn Sie z. B. Eier oder junge Schildkröten finden, kontaktieren Sie sofort den **Parc national de la Guadeloupe** in Sainte-Claude oder in Baie-Mahault (☏ 05 90 99 23 52, www.tortuesmarinesguadeloupe.org) für den Bereich um die Grand Cul-de-sac.

Zoologische Besonderheit

Besondere Erwähnung verdienen die **Pfeiffrösche**, die mit nur 2,5 Zentimeter Länge zwar schwer zu sehen, dafür aber unüberhörbar sind. Mit Einbruch der Dunkelheit beginnt ihr **allabendliches Konzert**, das als „große Nachtmusik" so manchen Hotelgast zur Verzweiflung bringt. Die kleinen Frösche quaken nicht, sondern pfeifen, um Insekten anzulocken. Als zoologische Besonderheit muss sich der ***Whistling Frog*** (engl.: *whistle* = pfeifen) nicht erst über den Umweg der Kaulquappe entwickeln, sondern schlüpft bereits voll ausgebildet aus dem Ei. So klein der Pfeiffrosch ist, so groß ist sein artverwandter Kollege, das sogenannte *Mountain Chicken*. Diese auf der Nachbarinsel Dominica vorkommende Großfroschart erreicht eine Größe von 20 Zentimeter, wobei die langen Sprungbeine noch nicht einmal mitgerechnet sind. Wie der Name (Berghühnchen) andeutet, leben die Mountain Chicken im gebirgigen Inselinneren und werden als Delikatesse geschätzt.

Vögel

Die Vogelwelt präsentiert sich in der Karibik mit einer großen und bunten **Artenvielfalt**. Die Vögel hatten keine Schwierigkeit, selbst die entlegensten Außenposten der Inselwelt zu erreichen, sich hier heimisch zu machen und z. T. neue, endemische Arten zu entwickeln. Außerdem werden die idealen Überwinterungsmöglichkeiten von einer großen Zahl an Zugvögeln aus Nordamerika genutzt. Der Fauna der Neuen Welt zuzuordnen sind Kolibris (*hummingbirds*) und Papageien (*parrots*), die es in mehreren, ebenfalls z. T. endemischen Arten gibt. Greifvögel kommen wegen des Mangels an Beutetieren kaum vor, allerdings sind auf Trinidad die Truthahngeier (*turkey vulture*) und andere Geier heimisch. Auf den Feldern sieht man sehr häufig Kuhreiher (*cattle egrets*), die Wasserbüffel und Rinder von Ungeziefer befreien.

Farbenprächtige Vögel

Ganz massiv treten auf Grund der Insellage natürlich **Wasservögel** auf. Wo es Mangrovenwälder mit ihrem typischen Wurzelgeflecht gibt, haben zahlreiche Arten wie z. B. Reiher oder Krabbenfischer, Strandläufer und Enten ideale Nistplätze gefunden. Im seichten Wasser anzutreffen ist der Rotreiher (reddish egret), ein Stelzvogel mit

Süßes Zuckerwasser lockt nicht nur Kolibris an

kobaltblauen Beinen und rosa Schnabel. Während Pelikane auf vielen Inseln gesehen werden können, ist der Rotschnabel-Tropenvogel (*redbilled tropic bird*) weitaus seltener. Den wunderschönen Seevogel erkennt man an den ungewöhnlich langen Schwanzfedern, die ihn lange Zeit zur begehrten Jagdbeute des Menschen machte.

Ebenfalls recht selten ist der Prachtfregattvogel (*magnificent man-o'war-bird*), der mit seinen schmalen, weit ausladenden Flügeln (Spannweite bis 2,20 m) ein herrliches Bild abgibt. Als „Schmarotzer" verfolgt er gerne andere Seevögel, um ihnen die Beute abzujagen. Deswegen haben die Prachtfregattvögel ihre Brutstätten gerne in der Nähe von Tölpelkolonien.

Insekten

Ein wahres Eldorado ist die Tropenwelt für alle möglichen Formen von Insekten, die hier nicht nur in großer Zahl, sondern auch erstaunlich dimensioniert auftauchen. Obwohl mancher Tourist angesichts äußerst großer Spinnen, Käfer und Kakerlaken erschrecken mag, sind diese Tiere meist ganz harmlos. Staaten bildende Insekten kommen auch außerhalb der Regenwälder vor, und Ameisenstraßen oder Termitennester sieht man überall. Unangenehm können Moskitos und sandflies werden. Moskitos belästigen die Menschen in der Dämmerung und nach Einbruch der Dunkelheit, weshalb fast alle Hotelzimmer Mückengitter in den Fenstern haben. Grund zur Freude und eine wahre Augenweide sind demgegenüber die großen, bunten Schmetterlinge.

Jede Menge Insekten

Unterwasserwelt

Für Schnorchler und Taucher, für Angler und Hochseefischer sind sicher die Abermillionen von kleinen und großen, farbenprächtigen und unscheinbaren, gefährlichen und harmlosen Geschöpfen in der **Welt unter Wasser** am interessantesten: Ein äußerst interessantes und artenreiches Biotop stellen dabei die Mangrovendickichte dar, deren Brackwasser voller Jungfische und Larven ist. Neben dem merkwürdigen Schlammspringer wachsen hier auch Krabben und Langusten heran, bevor sie an Land krabbeln oder ins Riff übersiedeln. Auch eine wohlschmeckende Auster (franz.: *les palétuviers*), die nur auf den Antillen heimisch ist, siedelt ebenfalls an den Mangrovenwurzeln.

Korallen: Kleintiere und Biotop

Oft sind dem Ufersaum Korallenriffe vorgelagert, die die hohen Brecher des Ozeans (und mit ihnen gefährliche Raubfische) abhalten und die Küstengewässer in seichte, warme Lagunen verwandeln. Da auch die **Koralle** ein Kleintier ist, gehört diesem Bereich sogar ein charakteristischer und landschaftsbildender Teil der Antillen an: Nur mit Staunen kann der Tourist bei Tauchgängen oder vom Glasbodenboot aus dieses **Wunderwerk der Natur** betrachten und sehen, welch fantastische Formenvielfalt Korallen bilden können. Ähnlich wie die Seeanemonen sind sie sehr einfach strukturierte, schlauchartige Lebewesen. Ihre Hauptbestandteile sind Außen- und Innenhaut, der Schlund und der Darm. Sie ernähren sich von Kleinstlebewesen, die durch Berührung mit ihrem Schlund (Tentakel) gelähmt werden. Durch das Ausscheiden von Kalk bilden diese Tiere eine Art Skelett, mit dem sie auf dem Meeresboden bzw. Riff aufsitzen, das gleichzeitig die Basis für andere Korallen darstellt. Wenn Millionen und Abermillionen von abgestorbenen Korallen sich Schicht um Schicht aufgebaut haben, ist ein Korallenriff entstanden. An dessen Aufbau sind jedoch auch Schwämme, Röhrenwürmer und Seeanemonen beteiligt, die das ganze System zusammenhalten.

Die Voraussetzung für das Entstehen einer Korallenkolonie sind sauerstoff- und nährstoffreiches sowie mindestens 20° C warmes Wasser, eine geringe Meerestiefe mit ausreichend Licht, eine vorbeiziehende Strömung und klares Wasser mit mehr als 2,5 % Salzgehalt. Dieses **hochempfindliche System** wird zerstört, wenn eine der genannten Voraussetzungen nicht mehr gegeben ist. Und mit der Koralle verschwindet dann auch der Lebensraum für die vielen, häufig farbenprächtigen Fische, die bei ihnen Schutz vor Feinden suchen oder sich von ihnen ernähren. Zu den bizarrsten Fischen gehören Gaukler, Doktorfisch, Igelfisch, Königsdrücker, Trompetenfisch, Kugelfisch und Papageifisch. Außer den Fischschwärmen bevölkern Seeigel, Einsiedlerkrebse, Schnecken, Muscheln, Langusten und Muränen diese fantastische Unterwasserwelt. Außerhalb der Riffe beginnt das offene Meer, wo etliche Arten an Großfischen und Säugetieren beheimatet sind. Dort ist das Revier der Barakudas, Haie, Walhaie, Marline und Thunfische, von denen aber für den Badegast keine Gefahr ausgeht. Selbst Wale und Tümmler fühlen sich in den karibischen Gewässern wohl.

Hirnkoralle

Bei diesem Fischreichtum ist klar, dass Hochseeangeln zu einem beliebten Sport wurde. Geangelt und verspeist werden übrigens auch *dolphins*, womit jedoch nicht Delfine, sondern die Fischart gemeint ist (deswegen der freundliche Hinweis auf einigen Speisekarten: „It's not a Flipper").

Karibisches Kaleidoskop – Gesellschaft, Kunst und Kultur

Bevölkerung

Die **indianischen Ureinwohner**, die auf Guadeloupe lebten, als Christoph Kolumbus 1493 auf Basse-Terre landete, wurden durch Morde, Epidemien und Alkohol nahezu ausgerottet. Auch die **Spanier**, die ersten europäischen Kolonisatoren, haben kaum Spuren im Erscheinungsbild der Inselbewohner hinterlassen.

Stattdessen ist die **Gesamtbevölkerung** der Kleinen Antillen mehrheitlich auf den Sklavenhandel zurückzuführen, der ab 1524 einsetzte. So wie spätestens ab der zweiten Hälfte des 17. Jh. die Anzahl der Sklaven die der Sklavenhalter bei weitem überstieg, stellen heute die Nachkommen der Sklaven, die **Afrokariben**, den überwiegenden Teil der Bevölkerung. Dabei gibt es aber große Unterschiede im „Vermischungsgrad" zwischen Schwarzen und Weißen – Unterschiede, die auf die spezifische koloniale Vergangenheit zurückzuführen sind. So bildet die Bevölkerung mit ihren Nuancen und Farbschattierungen ein wahrhaftiges Mosaik: Inder, Blanc-Matignons, Schwarze, Békés, Rastafaries und Weiße, jüngst auch Chinesen, Japaner Libanesen und Syrer mischen sich mit anderen Kulturen, assimilierten sich oder grenzten sich ab im Laufe der Geschichte Guadeloupes.

Nachfahren der Sklaven und Kolonisten

Die große Mehrheit, rund 90 %, bilden heute die **Afrokariben**. Der Großteil ihrer Vorfahren kam als Sklaven auf die Insel. Die Französische Revolution 1794 brachte die erste Aufhebung der Sklaverei, bevor Napoleon sie 1802 wieder einführte. Als 1848 die Sklaverei endgültig aufgehoben wurde, blieben viele Sklaven auf der

Beliebtes Ausflugsziel: kühle Wasserbecken im Regenwald

Am Hafen von Saint François sind die Hautfarben unter den Fischern gemischt

Insel. 87.000 wurden später französische Bürger. Heute ist der 27. Mai auf Guadeloupe ein Feiertag zur Erinnerung an die grausame Zeit der Sklavenhaltung und ihre Abschaffung.

Die **Weißen** bilden mit 5 % die zweitgrößte Gruppe und die restlichen 5 % setzten sich aus Indern, Libanesen, Chinesen und Syrern zusammen. Dabei muss innerhalb der weißen Gruppe noch einmal differenziert werden in die Nachkommen der kolonialen Oberschicht, die wiederum in die wohlhabenden *Grands-Blancs* und in die verarmten Siedler, die *Petit-Blancs,* unterschieden werden. Zudem gibt es noch die **Blanc-Matignos** in den Grands-Fonds auf Grande-Terre. Sie ist eine große, mehrere Hundert Mitglieder umfassende Familie, die auf Léonard Matignon zurückgeht, der im 17. Jh. nach Guadeloupe kam. Um die Homogenität der Gruppe zu wahren, wird streng darauf geachtet, dass nur innerhalb der Familie geheiratet wird. Die meisten von ihnen sind Landbesitzer und haben sich auf Kaffee und Baumwolle spezialisiert.

Weiße Minderheit

Die **Békés** sind die Nachfahren der ersten Kolonialisten, die ungefähr 30 Familien umfasst. Auf Martinique sind sie zahlreicher als auf Guadeloupe, da ihnen hier zu Revolutionszeiten die Guillotine drohte und sie auf die Nachbarinsel flohen. Sie sind sich ihrer aristokratischen Herkunft sehr bewusst und pflegen ihre Traditionen nach strengen Regeln. Wer sich nicht daran hält, wird aus der Gesellschaft ausgeschlossen. Während ihre Domäne früher der Anbau von Zuckerrohr und Bananen war, betätigen sie sich im Zuge wirtschaftlicher Zwänge auch im Sekundärsektor.

Eine weitere Gruppe Weißer sind die „**Métros**" (**Métropolitains**), die Franzosen, die aus der europäischen Metropole kommen. Viele von ihnen sind integriert, leben seit vielen Jahren hier. Auf der Insel sagt man, dass die, die bis zu drei Jahren hier leben, auf der Durchreise sind. Ab fünf Jahren Aufenthalt gibt es eine ernsthafte Chance, in die Gemeinschaft aufgenommen zu werden.

Auf den Îles des Saintes fallen die **Saintois** mit ihren langen, lockigen Haaren auf, die auf ihre keltische Herkunft zurückgehen sollen. Sie stammen zumeist aus der Bretagne und der Normandie und haben die dort typischen blauen Augen und blonden Haare beibehalten. Sie sind wie ihre Vorfahren Fischer und pflegen ihre nordfranzösische Herkunft.

Die **Désiradiens** auf La Désirade sind auch heute noch ein Geheimnis umwobene Bevölkerungsgruppe. Sie haben tragische Zeiten erlebt, als die Insel zu einer Leprastation eingerichtet wurde. Noch heute ist eine der Besonderheiten ihrer Bewohner ihre isolierte Lebensweise. Durch die Migration unterschiedlichster Menschen aus allen Himmelsrichtungen zeichnet sich die Insel durch eine besonders gemischte Einwohnerschaft aus, die lernen musste und gelernt hat, zusammen zu arbeiten und zu leben.

Nur 5% des Landes sind besiedelt

In Guadeloupe liegt die Bevölkerungsdichte mit 246 Einw./km² deutlich unter dem französischen Durchschnitt. Das liegt daran, dass sich dort wegen der gebirgigen Struktur und einem großen Nationalpark nur 5 % der Landesfläche zur Besiedlung eignen – mit anderen Worten: Überall da, wo Menschen bauen und leben können, tun sie es auch, und zwar in ziemlich beengten Verhältnissen. Trotzdem ist es berechtigt, hinsichtlich der gesamten Einwohnerzahl von einem gewissen Grad an Überbevölkerung zu sprechen.

Das **Bevölkerungswachstum** liegt bei über 1,5 %. Mehr als die Hälfte der Bevölkerung ist unter 20 Jahre alt. Sozialer Sprengstoff liegt darin, dass die meisten neugeborenen Kinder außerehelich zur Welt kommen. Wieder einmal liefert die Geschichte nicht den einzigen, aber einen wichtigen Grund für diese Tatsache: Die weißen Kolonialherren untersagten den Sklaven enge Bindungen. Gleichzeitig jedoch waren sie an zahlreichen Neugeborenen (und damit zukünftigen Sklaven) interessiert ...

Soziale Lage

Konfliktpotenzial

Auf den Französischen Antillen wird der Eindruck nicht selten von Villen und Parabolantennen geprägt. Aber auch dort, wie vor allem auf den selbstständigen Inselstaaten, fallen starke soziale Gegensätze ins Auge. Hauptproblem ist die weit verbreitete **Arbeitslosigkeit**.

Guadeloupes Sozialsystem mit französischem Arbeitsrecht, Krankenversicherung und Kindergeld wurde 1996 dem des französischen Mutterlandes angepasst. Nach dem Generalstreik von 2009 fand auch eine Angleichung der Mindestlöhne im privaten Sektor an das europäische Niveau statt. Das wirtschaftliche Zentrum Pointe-à-Pitre verfügt über eine Universitätsklinik und sieben weitere allgemeine Krankenhäuser. Im Be-

Für karibische Verhältnisse geht es den Menschen auf Guadeloupe gut

reich von Bildung und Wissenschaft greift Guadeloupe auf die Strukturen des französischen Schulsystems zurück, bei dem zwischen sechs und 16 Jahren Schulpflicht besteht. Der Besuch staatlicher Schulen ist kostenfrei. Die *Université des Antilles et de la Guyane* (UAG) hat Standorte in Französisch-Guayana sowie auf Martinique und Guadeloupe und bietet das Studium von Jura, Wirtschaft, Naturwissenschaften, Medizin, Sport und Geisteswissenschaften an. Zudem gibt es zwei Lehrerbildungsanstalten.

Religionen

Mit der Ausrottung der indianischen Ureinwohner verschwand auch deren **Mythologie und Religion** von den Antillen. Jeder heute anzutreffende Glaube ist also ein „importierter", der im Normalfall aus Afrika, Indien oder Europa stammt.

Gottesdienste sind in der Regel gut besucht

Auf Guadeloupe ist der Katholizismus praktisch überall präsent, wie allein schon optisch durch die Kirchen in den Gemeinden und die beiden Kathedralen in Pointe-à-Pitre und Basse-Terre deutlich wird. Wenn in den Abendstunden zum Gottesdienst gerufen wird, füllen sich die Gotteshäuser oft bis auf den letzten Platz. Etwa 94 % der Bevölkerung gehören der römisch-katholischen Kirche an. 3 % sind Hindus und Anhänger afrikanischer Naturreligionen, 1,7 % sind Zeugen Jehovas, 1 % ist protestantisch.

Christentum

Aufgrund der Mehrheit der Katholiken sind deren Riten am präsentesten. Während zum Beispiel am Samstagvormittag in Basse-Terre die Einkaufstraßen rund um die Kathedrale vor Menschen überquellen, sind am Nachmittag alle Läden geschlossen. In ihren besten Kleidern, frisch und kunstvoll frisiert und mit glänzendem Schmuck behangen, begeben sich die Gläubigen in die Kirche. Findet eine Beerdigung statt, trifft sich das ganze Dorf zum Trauerzug und zu Ostern werden die Gräber mit einem Meer von Kerzen zum Leuchten gebracht. Jeder Feiertag ist Anlass für Prozessionen und Wallfahrten und wird pompös mit allen Familienmitgliedern gefeiert.

Nicht nur die schwarzen Sklaven brachten die Religion ihrer Vorfahren in die Karibik, sondern auch die indischen Vertragsarbeiter, die nach der Sklavenbefreiung auf den Plantagen schufteten. Je nach Herkunft in Indien waren diese entweder **Hindus oder Muslime**.

Französisch und Créole

Französisch ist **Landessprache** im Département Guadeloupe und wird nicht nur in den Chefetagen von Wirtschaft, Handel und Politik benutzt, sondern auch die lokale Bevölkerung spricht ein gut verständliches Französisch. Es lohnt sich also, alte Schulkenntnisse aufzufrischen. Im Tourismusbereich und grade bei den Jüngeren ist es auch immer mehr möglich, sich auf Englisch zu verständigen.

Créole als Umgangssprache

Untereinander unterhalten sich die Einheimischen oft auf **Créole** (**Kreol**). Viele halten das Créole für eine Art primitives Französisch, das in einigen abgelegenen Orten dieser Welt von wenigen Menschen gesprochen wird und irgendwann einmal aussterben wird. Das ist falsch! Créole ist eine durchaus gebräuchliche Umgangssprache nicht nur in der Karibik, sondern auch auf den Inseln des Indischen Ozeans. Insgesamt sind es wohl **7 bis 10 Millionen Menschen**, die Créole reden, viele davon sprechen es als einzige Sprache.

Der historische Hintergrund des Créole ist die französische Kolonialzeit, als die aus allen Teilen Afrikas in die Karibik verfrachteten Sklaven nur eine Möglichkeit hatten, sich mit ihren Herren oder untereinander zu verständigen: das Erlernen eines Grundbestandes an Französisch. Dabei flossen allerdings nicht nur viele afrikanische Elemente mit ein, sondern das Französische wurde auch im Vokabular, in der Aussprache und in der Grammatik abgeändert (zumeist vereinfacht). Außerdem kamen im Lauf der Zeit **neue Ausdrücke** aus anderen Sprachen hinzu (Spanisch, Englisch), oder das kreolische Wort blieb bestehen, während sich das französische Vorbild veränderte. Da sich zudem Artikel, Pronomen, Pluralformen und Satzstellung vom Französischen erheblich unterscheiden, muss man sagen, dass das Créole kein Dialekt, sondern eine **eigenständige Sprache** ist. Interessanterweise können sich Kreolen aus Guadeloupe mit Kreolen aus Mauritius, La Réunion und den Seychellen im Indischen Ozean unterhalten, obwohl beide Sprachen unabhängig voneinander entstanden und unterschiedlichen Einflüssen ausgesetzt waren.

Literatur

Es ist erstaunlich, dass die Kleinen Antillen trotz ihrer geringen Größe und nur kurzen literarischen Tradition nicht nur eine **Vielzahl begabter Autoren**, sondern auch mehrere Literaturnobelpreisträger hervorgebracht haben. Und sie konnten nicht nur in ihren Heimatländern Erfolge aufweisen, sondern wurden auch in mehrere Sprachen, u. a. ins Deutsche, übersetzt.

Dabei wurden nach dem Untergang der indianischen Kultur auf dem Gebiet der Literatur, Architektur oder Malerei zunächst nur europäische Vorbilder kopiert. Im Lauf der Zeit vermengten sich jedoch die unterschiedlichsten Einflüsse und bildeten teilweise eine eigenständige Formensprache.

Die Antillen als literarische Landschaft

Kaum eins der literarischen Talente lebt allerdings noch auf den Inseln der Kleinen Antillen. Bereits in jungen Jahren zog es die Schriftsteller in die großen Metropolen, auf der Suche nach Arbeit und Anerkennung: So auch der auf Guadeloupe geborene **Saint-John Perse** (1887–1975), der bereits mit zwölf Jahren fortging, um in Paris, Peking und ab 1940 in den USA zu leben. Dass sich Perse, der eigentlich Lyriker war, mit seiner Heimat dennoch verbunden fühlte, beweisen seine epischen „Eloges" (1910), mit denen er der Karibik ein literarisches Denkmal setzte: Er erhielt 1960 den **Nobelpreis für Literatur**.

Nach diesen Anfängen erlebten die Inseln ab den 1930er-Jahren einen regelrechten Schreibrausch. Die junge antillianische Literatur entstand mit der sogenannte „**Négritude-Bewegung**". Deren Begründer war der 1913 auf Martinique geborene **Aimé Césaire**, zusammen mit Léon-Gontran Damas (Guayana) und Léopold Senghor (Senegal). Ihr Programm, das sie während gemeinsamer Jahre in Paris ausarbeiteten, war die Rückbesinnung auf die afrikanische Kultur und die kritische Auseinandersetzung mit Kolonialismus und Neokolonialismus. Anders als Perse, ging der mehrfach preisgekrönte Césaire später nach Martinique zurück, wo er als Bürgermeister von Fort-de-France und Präsident der *Parti Progressiste Martiniquais* eine wichtige politische Aufgabe übernahm. Sein besonderes Interesse an Geschichte und Zeitgeschichte kommt in Werktiteln wie „Zurück ins Land der Geburt" und „Über den Kolonialismus" zum Ausdruck.

Das Musée Saint-John Perse beinhaltet Erinnerungsstücke an den Schriftsteller

Nach einem Leben in Guadeloupe, Afrika und Frankreich lebt die Professorin und Schriftstellerin **Maryse Condé** (1937) heute hauptsächlich in den Vereinigten Staaten, wo sie an der Columbia Universität unterrichtet. Für ihren bekanntesten Roman „Segu – Die Mauern aus Lehm" (1984) erhielt sie 1988 den LiBeratur-Preis. Bekannt ist sie in Guadeloupe auch als Präsidentin des *Comité pour la mémoire de l'esclavage* (Komitee für das Gedenken an die Sklaverei) geworden. Auf ihre Initiative hin wurde unter dem französischen Präsidenten Jacques Chirac der Feiertag zum Gedenken an die Sklaverei auf Guadeloupe erstmals im Jahre 2006 eingeführt.

Die **jüngeren Autoren** nehmen häufig Césaire oder lateinamerikanische Schriftsteller (besonders García Márquez) zum Vorbild, um politisch ambitioniert und literarisch erfolgreich Stellung zu beziehen. Populär wurde vor allem Joseph Zobel aus Martinique mit seinem Roman „Die Straße der Negerhütten" (*La Rue Cases-Nègres*). Das 1950 erschienene Werk schildert die Lebensverhältnisse auf seiner Heimatinsel während der 1930er-Jahre; dem deutschen Publikum wurde es hauptsächlich durch jene Verfilmung nahegebracht, die 1983 in Venedig mit dem Silbernen Löwen ausgezeichnet wurde.

Literaturnobelpreisträger der Inseln

Der bedeutendste Literat der Gegenwart ist immer noch **Derek Walcott**. Der 1930 auf St. Lucia geborene Schriftsteller bekam 1992 den **Nobelpreis für Literatur** nach der Veröffentlichung seines Gedichtbandes „Omeros" (1990): Damit hatten die Kleinen Antillen ihren zweiten Nobelpreisträger. Stationen seines Lebenswegs waren das Studium in Jamaika sowie Journalistentätigkeit und Gründung eines Theaters auf Trinidad. Nach großen Erfolgen mit Theaterstücken und Gedichtbänden, die ihm in der englischsprachigen Welt den Beinamen „karibischer Homer" einbrachten, ging Walcott in die USA, wo er an der Universität von Boston Dramaturgie lehrt.

Die Kleinen Antillen können sich auch rühmen, den ersten Literatur-Nobelpreisträger des 21. Jh. hervorgebracht zu haben. Der aus Trinidad stammende V. S. Naipaul zählt mittlerweile zum britischen Kultur- Establishment. Die Königliche Schwedische Akademie würdigte den englischsprachigen Schriftsteller 2001 als „literarischen Weltumsegler", dessen Werke die „Gegenwart verdrängter Geschichte" sichtbar machen. Getrieben von der Suche nach den Wurzeln des modernen Menschen, führten ihn seine Reisen in die indische Heimat seiner Eltern, nach Afrika, Südamerika, auf die Antillen und in den Orient. Der literarische Durchbruch gelang Naipaul 1971, als er für „Sag mir, wer mein Feind ist" den renommierten britischen Booker-Preis erhielt. Der 1990 zum Ritter geschlagene Naipaul verarbeitete in „Ein Haus für Mr. Biswas" (1961) die schmerzvollen Erfahrungen der postkolonialen Geschichte. Das langsame Zusammenbrechen der alten kolonialen Herrschaftskultur bei gleichzeitiger fortschreitender Europäisierung beschreibt er in das „Das Rätsel der Ankunft" (1987).

Architektur

Angesichts der viel beschriebenen Hurrikans und Kolonialkriege könnte man meinen, die Kleinen Antillen böten keine besonderen architektonischen Attraktionen. Jedoch:

Alle, die diesbezüglich Interesse haben, werden **ein Eldorado** finden und eine gute Ausbeute an Fotos von ästhetischen und liebevoll gepflegten Bauwerken mit nach Hause nehmen.

Kolonialarchitektur der Franzosen

Frankreich hat sein Schutzbedürfnis und seinen Machtanspruch in imponierenden Festungsbauten dargestellt, von denen viele später von den Briten übernommen und umgebaut worden sind. Der wichtigste Beitrag der Franzosen zur antillianischen Baukunst ist die Entwicklung der **kreolischen Architektur**. Ihre schönsten Beispiele sind in den Plantagenhäusern, Villen und reichen Bürgerhäusern, den Habitations, zu finden, sie beeinflusste aber genauso die Bauweise der übrigen Bevölkerung. Charakteristisch ist das Material, nämlich weiß oder bunt gestrichenes (Edel-)Holz und eine verschwenderische Vielfalt in der ornamentalen Dekoration. So sieht man auf den Dachfirsten verzierte Leisten, filigrane Dachreiter und hölzerne Gitterwerke, das Gleiche unterhalb der Dächer, an Türen und an Fenstern. Die größeren Plantagenhäuser der alten Zuckerbarone haben fast alle eine herrliche, oft zweistöckige Veranda, baldachinverzierte Fenster und Freitreppen mit schmiedeeisernen Brüstungen. Viele sind außerdem von einem schönen Park umgeben und dienen als Museum.

Kreolische Baukunst

Die offen gehaltenen Abdachungen schützen gleichermaßen vor Sonne und Regen und gestatten daneben eine ungehinderte Luftzufuhr. Diese „kreolische Architektur" hat Einzug auf fast allen Inseln gehalten, auch auf den britisch beeinflussten. Kirchen und repräsentative öffentliche Gebäude (Präfekturen, Justizpaläste, Mairies) sprechen meistens die Sprache des Empire und der Neogotik.

Das traditionelle Hause, **la Case** genannt, ist wesentlich schlichter. Es hat eine quadratische Grundfläche mit Seitenwänden aus Holz von 3 bis 6 Metern und ist mit mehreren Türen versehen, die durch Lamellenfensterläden aus Holz verschlossen werden konnten. In der Regel ist es mit einem spitzen Wellblechdach versehen, damit der Regen hinunterlaufen kann. Meistens ist ein Case im Besitz ihrer Bewohner. Es kommt aber häufig vor, dass das Land rings herum dazu gemietet wurde.

Schmiedeeiserne Brüstungen wie hier in Pointe-à-Pitre sind typisch für die französische Kolonialarchitektur

Das Case entspricht dem **Grundelement** des später zur großen Habitation ausgebauten Hauses der Plantagenbesitzer, der be-

Ein traditionelles Case in der Rue Bébian in Basse-Terre

rühmten *maison créole*. Die ersten Kolonialisten hatten sich die Bauweise von den Indianern abgeschaut. Damals wurde das Dach mit Palmen- oder Zuckerrohrblättern gedeckt, die Wände bestanden aus getrockneten und geflochtenen Stielen und die tragenden Holzbalken waren zumeist aus Palmenholz. Später wurden weitere Cases hinzugefügt, z. B. für die Küche oder die Toilette. Die Hütten für die Sklaven wurden um das immer opulenter werde Haus der Großbürger angesiedelt. Nach der Abschaffung der Sklaverei konnten diese dank des kreolischen Gartens, der in der Regel ein Case umgab, ihre Existenz sichern. Der wichtigste Bestandteil darin war neben medizinischen Kräutern, einer Bananenstaude und anderen Früchten der Brotfruchtbaum mit seinen Brotfrüchten, Nahrungsgrundlage „der Armen und der Schweine", wie es in der Literatur heißt.

Indianerhütte als Vorbild

Bildende Kunst

Beeindruckende originär karibische Kunst findet man in den **Steinritzungen** (Petroglyphen) **oder Felsmalereien**, die die verschiedenen prähistorischen Indianerstämme hinterlassen haben. Das Spektrum der Darstellungen reicht von bloßen Ornamenten und geometrischen Anordnungen über fratzenähnliche Gestalten, die Götter darstellen könnten. Ohne dass man ihr genaues Alter bestimmen könnte, überzeugen sie auch heute noch durch Klarheit der Umrisse, sichere Wahl der Farben und durchdachte Kompositionen. Beispiele dafür kann man auf den meisten Inseln der Karibik antreffen, oft allerdings versteckt und nicht touristisch erschlossen. Einen großen Komplex findet man in der Region von **Trois-Rivières** auf Basse-Terre.

Steinzeichnungen der Indianer

In der Kolonialzeit schmückten einige Künstler Kirchen und Herrensitze mit Skulpturen, Reliefs und Malereien aus, die dem Zeitgeschmack entsprachen und sich an eu-

Graffiti-Kunst prägt das Stadtbild von Basse-Terre

ropäischen Vorbildern orientierten. Zumeist wurde Kunst jedoch direkt aus den **Mutterländern** importiert. Auch heutzutage ist von Originalität in der Bildenden Kunst nicht viel zu bemerken. Zwar gibt es – gerade in den touristischen Hochburgen – eine Vielzahl von Galerien, wo aber hauptsächlich Landschaftsmalereien, karibische Portraits, selten auch Dekorativ-Abstraktes gezeigt werden. Einflussinstanzen sind sowohl Paul Gauguin, der sich 1887 für fünf Monate auf Martinique aufhielt, als auch der französische Impressionist Camille Pissarro, der auf St. Thomas (Charlotte Amalie) geboren wurde. Nicht zu verkennen ist ebenfalls der Einfluss der **naiven Malerei**, wie sie vor allem aus Haiti bekannt ist.

Mit Graffitis drücken sich junge Künstler aus

Musik – Calypso, Karneval und Steelbands

Wenn von einem „karibischen Kaleidoskop" die Rede ist, gehören die Themen Musik und Karneval wie selbstverständlich dazu – sind sie es doch, die das landläufige Bild vom überschwänglichen Lebensrhythmus der Antillen geprägt haben. Wer **Musikalität** und **karnevalistische Lebensfreude** auf den Inseln erwartet, wird nicht enttäuscht werden – vielleicht aber wird er außerhalb der Hotels eine andere Art von Musik und Tanz erleben, als sie immer noch als inoffizielles Wahrzeichen der Karibik gilt. Sicher, der Calypso wird noch gesungen, die Steelbands treten noch auf, und Limbo-Tänzer gibt es allenthalben zu sehen. Den Musikgeschmack der jungen Leute trifft diese Art von Folklore aber längst nicht mehr.

Reggae, **Rap** und vor allem **Soca** sind die Trends, denen eine ganze Generation anhängt. Während Reggae aus Jamaika stammt und, zusammen mit der Rasta-Bewegung, auch auf den Kleinen Antillen Einzug in alle Bevölkerungsschichten und Altersgruppen gehalten hat, ist Rap eine US-amerikanische Richtung. Beiden gemeinsam sind der Ursprung aus einer unterprivilegierten Schicht und eine Botschaft, die viel mit sozialer Anklage und schwarzem Selbstbewusstsein zu tun hat.

Originär karibisch hingegen ist **Soca**. Wie viele andere musikalische Stilrichtungen, nahm Soca in Trinidad seinen Ausgang und hat sich schnell über Barbados bis nach Jamaika verbreitet. Soca ist die Abkürzung für „Soul Calypso", also eine modifizierte, modernere Form des alten Calypso, dessen Melodie durch Schlagzeug, Bläsersätze und E-Gitarren bestimmt wird, und dessen Texte sehr direkt oder wenigstens sehr zweideutig sein können.

Moderne karibische Volksmusik

Die unbestrittenen Großmeister des Soca sind die Bandmitglieder der aus Guadeloupe stammenden **Gruppe „Kassav"**, die seit Anfang der 1980er-Jahre die Musikrichtung auch in Amerika und Europa populär gemacht haben. Allerdings verkörpern sie wiederum eine eigene Art des Soca, nämlich den **„Zouk"**, der im französisch-karibischen Dialekt *Créole* gesungen wird. Heutzutage gibt es jedenfalls keine Party, keine Disko und keinen Musiksender auf den Antillen, der nicht wenigstens einige Stücke im englischen Soca oder kreolischen Zouk spielt.

Letzten Endes ist aber auch Soca nur eine – wenn auch besonders moderne – Form einer karibischen Volksmusik, deren Wurzeln in der Zeit der Sklaverei zu suchen sind und die aus dem Zusammentreffen der rhythmischen afrikanischen Chorgesänge mit der Musikauffassung der europäischen Sklavenhalter (Briten, Holländer, Franzosen, Dänen, Schweden) entstand. Während in Nordamerika eine ähnliche Konstellation zum Jazz und weiter zum Blues, Rock 'n' Roll und zum modernen Rock führte, entstand in Westindien eine ganz eigene musikalische Ausdrucksweise, die eine ebenso vielfältige Entwicklung nahm und unterschiedliche Stilarten hervorbrachte wie jene, außerdem auch immer wieder vom Jazz, Blues, Rock usw. zusätzlich befruchtet wurde. Dazu fand diese Musik – weit mehr als alle anderen Formen karibischer Kunst und Kultur – relativ schnell Verbreitung über die räumlichen Grenzen Westindiens hinaus.

Der ***gwoka***, eine Musikrichtung, die auf Guadeloupe geboren wurde, symbolisiert einzig die Geschichte, die das Schicksal eines Teils der Bevölkerung geprägt hat. Ihre Wurzeln hat der Stil in der Sklaverei und ihren Liedern und Tänzen und den Tönen der Trommeln, den *tambours*. Es ist nicht leicht, die Wurzeln dieser Musik zu finden, ist sie doch an bestimmte Regionen der Insel gebunden gewesen und zwar dort, wo Äcker bearbeitet wurden, insbesondere im Zuckerrohranbau. Der *gwoka* verankerte sich auf den Plantagen, auf den *z'habitations*. Wann immer eine Pause erlaubt war, flüchteten sich die Sklaven in den Gesang und damit in eine Welt, in der sie ihr Leid artikulieren konnten. Lange wurde diese Musikrichtung von einem Großteil der Bevölkerung entweder durch Ignoranz oder wegen zu großer Erinnerung an die Sklavenzeit nicht beachtet.

Gwoka entstand auf Guadeloupe

Erst in den 1950er-Jahren gab es eine erste öffentliche Kenntnisnahme des *gwoka*. Bis in die 1960er-Jahre verboten, war der Trommler Vélo stark für die Popularisierung verantwortlich. Seine mit Trommeln zelebrierten Trauerfeiern hatten einen Kartharsis-ähnlichen Effekt bei den Einheimischen, sodass *gwoka* von der „*musique à vie neg*" zu einem Teil der Kultur von Guadeloupe wurde. Guy Konkèt und Gérard Loquel sind zwei weitere Legenden dieses Musikstils. Sie texteten in den 1970er-Jahren, schrieben neue Arrangements und machten so aus den zuvor nur oral überlieferten Stücken schriftliche Partituren.

Lange Zeit war für die Sklaven Musik und Tanz die einzige Möglichkeit, ihre Traditionen zu bewahren und ihrer Religiosität Ausdruck zu verleihen. Die weißen Herren versuchten zwar, alles Heidnische daran auszurotten, bildeten ihrerseits aber Sklavenorchester, die zur Freude und Belustigung kolonialer Gesellschaften zum Tanz aufspielen mussten. Auf diese Weise kamen afrikanische und europäische Ideen zusammen, und eine neue Musik entstand, die besonders nach der Sklavenbefreiung in ihrer Kreativität und Ausdrucksstärke geradezu explodierte: Der **Calypso** war geboren.

Der Calypso ist typisch karibisch

Das Wesen des Calypso sind **improvisierte Gesänge** in kreolischer Sprache, die Ereignisse oder Situationen zum Inhalt haben und diese in spöttischer Weise darstellen. Bei der Sklavenarbeit verhöhnten Gruppen von Zuckerrohrschneidern mit einem Vorsänger die Bemühungen der konkurrierenden Gruppen oder machten sich über ihre Herren lustig. Ähnlich verfuhr man später bei den Karnevalsumzügen, als Politiker, Geistliche, lokale Berühmtheiten oder aktuelle Geschehnisse durch die Dichtung aus dem Stegreif des Calypso kommentiert wurden. Auf diese Weise hatte der Gesang auch eine **kommunikative Funktion**, indem sich alle Zuhörer (die im Normalfall nicht lesen konnten oder keine Zeitungen besaßen) über das Zeitgeschehen informieren konnten.

Steelbands und Karneval

Eine Veränderung trat ein, als 1899 auf Trinidad erstmals ein Calypso auf Englisch gesungen wurde und die Trommeln, die den Gesang anfänglich nur begleiteten, von den Briten verboten wurden und durch andere Instrumente ersetzt werden mussten. Der durch Gitarren, Rasseln, Rhythmusstöcke und Xylophone melodischer gewordene Calypso erregte nun auch die Aufmerksamkeit der Weißen. Vor allem nach dem Ersten Weltkrieg kam eine echte Calypso-Welle auf Nordamerika zu, in den USA u. a. gefördert von Bing Crosby und ermöglicht durch die neuen Medien Rundfunk und Schallplatte. 1944 brachten die Andrew Sisters ihr „Rum and Coca Cola" heraus, und kaum zehn Jahre später betrat Harry Belafonte („Dayoh-Day-Oh") die Bühne. Mit ihm kam der ganz große **internationale Durchbruch** der Calypso-Musik, und im Zuge dieses Booms gelang es auch vielen anderen karibischen Gruppen, populär zu werden und Hits zu landen. Heutzutage hat Calypso noch seine Bedeutung, nicht zuletzt beim Karneval, ist allerdings mehr und mehr zur Radiomusik und zur Touristenunterhaltung geworden.

info

Karneval auf Guadeloupe

Wie Musik und Tanz, ist auch der Karneval ein **Resultat historischer Prozesse**, bei denen die Sklaverei eine große Rolle spielte – und beide, **Musik und Karneval**, sind nicht voneinander zu trennen. Der Karneval selbst kam auf die Antillen durch katholische Europäer, die vor der Fastenzeit noch einmal ausgiebig feiern wollten. Die afrikanischen Sklaven wiederum kannten Umzüge und Masken ebenso aus eigenen religiösen Riten. Nach der Sklavenbefreiung verwandelte die

info

schwarze Bevölkerung den Karneval von einem europäisch-vornehmen Bankett-Geschehen in ein **brodelndes Straßenfest**, das in zynischer oder ironischer Weise die Mächtigen verspottete, ebenso gut aber allgemein menschliche Schwächen und den Kampf der Geschlechter zum Thema nahm.

Beim Karneval

Auf Guadeloupe wird der Karneval in Bezug zu Ostern gefeiert, beginnt am Sonntag nach Epiphanias und endet am Aschermittwoch. Tag und Nacht wird in dieser Zeit durchgefeiert, Boutiquen sind voll von Kostümen jeglicher Art und Farbe, die Garderobe reicht von romantisch bis modern, von sexy bis naiv. Der Phantasie sind keine Grenzen gesetzt, jeder spielt seine Rolle, sucht sich sein persönliches Publikum. Doch auch hier ist der Karneval nicht nur ein verrücktes Fest und eine willkommende Abwechslung. Die Maskierung lässt die Einheimischen für kurze Zeit die Unterschiede zwischen den Bevölkerungsgruppen vergessen. Stattdessen herrscht in den Straßen ein Gefühl der Zusammengehörigkeit.

Mitte Januar fällt die Wahl des jährlichen Karneval-Songs, der einer Art **Hymne** gleicht. Er wird während der gesamten Zeit im Radio und Fernsehen rauf und runter gespielt. In der Regel handelt es sich um einen bekannten Titel, dessen Text umgeschrieben und mit anzüglichen Anspielungen versehen wird. Nach einem Jahr des Wartens, einem Vierteljahr Vorbereitung, einem Monat mit Wettbewerben zur Miss Carneval folgt eine Woche Feiern und volkstümlicher Jubel: Während des Karnevals arbeitet keiner auf Guadeloupe; die drei Festtage haben jeder eine festgelegte Farbe, die sich in der Verkleidung der Einheimischen wiederfindet.

Essen und Trinken

Kulinarische Vielfalt

Im touristischen Zentrum Le Gosier gibt es sowohl Fastfood-Ketten als auch Restaurants mit internationaler, gehobener Küche. Nur diese zu besuchen wäre jedoch mehr als schade, denn gerade auf kulinarischem Gebiet hat Guadeloupe einiges Schmackhaftes zu bieten, was es so nirgendwo sonst gibt und das zu wesentlich günstigeren Preisen. Es ist berechtigt, die Karibik als „**kulinarischen Schmelztiegel**" zu

Tropische Früchte und Gemüse: ein Genuss für Augen und Gaumen

bezeichnen, aber auch jede einzelne Insel – und dem steht Guadeloupe in nichts nach – kann mit ihren eigenen Vorlieben und Spezialitäten wuchern. Die „karibische Küche" kann es daher kaum geben – oder ebenen doch: Sie ist ein Schmelztiegel der vielfältigen lokalen Spezialitäten jeder einzelnen Inselwelt – beim Essen wie beim Trinken.

Speisen

Köstliche Fischgerichte …

Das Verführerische an den nationalen Gerichten kann man beim samstäglichen Bummel über einen beliebigen Markt Guadeloupes mit Händen greifen, sehen und riechen: Da steigen einem prickelnd die Aromen der Würzmischungen in die Nase, da sieht man **Fische und Meeresfrüchte** aller Größen und Farben, da sind bekannte und unbekannte Früchte oder Gemüsesorten zu regelrechten Pyramiden aufgetürmt.

… und wohlriechende Gewürze

Gewürzt wird auf Guadeloupe – wie überall in heißen Ländern – recht ordentlich: mit Muskat, Anis, Thymian, Zimt, Nelken, Pfeffer, Knoblauch, Chili, Piment oder Ingwer. Dabei wird das Essen aber nie so scharf wie in Süd- oder Südostasien zubereitet. Typisch für Guadeloupe ist das Gewürz ***colombo***, eine milde Currymischung, die sowohl für Fisch- wie auch für Fleischgerichte verwendet wird. Und da Guadeloupe ein Inselparadies ist, müssen **Fische und Meeresfrüchte** als kulinarische Spezialitäten an erster Stelle genannt werden.

Ob Kabeljau, Hummer, Meeresschnecken, Garnelen aus Salz- und Süßwasser, Krabben – immer darf man sich auf fangfrische und exquisite Gaumenfreuden einstellen. Eine besondere Spezialität ist die Meeres- bzw. Trompetenschnecke, die auf Créole *lambi* genannt wird (im Spanischen *concha*, im Englischen *conch*) und als Frikassee exzellent ist.

Hinsichtlich Wild-, Geflügel-, Ziegen-, Schweine- und Rindfleisch sind die Inseln Guadeloupes Selbstversorger und haben somit eine lange Tradition in der Zubereitung.

Meistens werden in den örtlichen Restaurants Fleischgerichte mit Huhn angeboten, die zart und schmackhaft à la Créole gekocht oder auf dem offenen Feuer gegrillt werden. Als Vorspeise fehlen auf keiner Speisekarte ***acras***, kleine frittierte Fischbällchen aus Kabeljau. Oder auch ***boudins***, eine Art Blutwurst in der Form kurzer, dicker Würste.

Eine Vielfalt an Beilagen

Als Beilagen werden gerne Reis (ein Erbe der indischen Küche), Süßkartoffeln (batata oder kassava) und Gemüse serviert – z. B. Kochbananen, Brotfrucht, Okra und *igname*, ein Gemüse in Form einer Wurzelknolle, die in 80 verschiedenen Sorten vorkommt und als eine der Hauptgemüsearten der antillischen Küche dient. Als Dessert und erfrischende Strandkost bietet die unglaubliche Vielfalt an Früchten und Obst für jeden Geschmack mehr als genug, die auch gerne als Sorbets serviert werden.

Die fahrende Imbissbude, der Bokit und das Sorbet aux Cocos

info

Zu einer Besonderheit Guadeloupes zählen die fahrenden Imbissbuden, die mit Einbruch der Dunkelheit zentrale Punkte an der Uferpromenade (Basse-Terre), den Place de la Victoire (Pointe-à-Pitre) oder andere Orte am Wegesrand ansteuern, den Generator anschließen und ihre hochklappbaren Ladenklappen ihrer zu kompletten Küchen umgebauten Lieferwagen öffnen. In Spitzenzeiten am Wochenende sind bis zu einem halben Dutzend Köche in solch einem Imbiss am Werke. Bestellt wird von den Einheimischen der ***Bokit***, eine Art Fladenbrot, das wahlweise mit zerkleinertem Kabeljau, Hühnchen, Ei und Salat plus Soße gefüllt wird. Das Ganze ist wohlschmeckend, sättigend und kostet rund zwei Euro. Viele Imbisse haben zudem an ihren Wagen einen Räucherschrank gestellt, in dem auf offenem Feuer frischer Fisch oder Hähnchen gegrillt wird – meistens perfekt gewürzt und sehr zart.

Und auch für den Nachtisch ist in der Regel gesorgt. Dort wo die Imbisswagen Station machen, bauen meist auch die Süßwarenhändler ihre Stände auf. Neben Naschkram wird die Sorbetiére gedreht und frisches Kokosnuss-Sorbet hergestellt. Probieren ist ein Muss!

Aus der rollenden Imbissbude: frittierte Bokits mit Fleisch- oder Fischfüllung

Getränke

Erfrischende Fruchtsäfte ...

Die vielen karibischen **Früchte** sind es auch, die den Cocktails, Obstsäften und anderen nicht-alkoholischen Getränken Frische und vollen Geschmack verleihen. Wenn Sie Säfte im Supermarkt kaufen, dann sollten Sie die lokalen Säfte von Caresse Antillaise, Royal oder Mont Pelé wählen. Köstlich ist vor allem der Saft von Coroja. Alle anderen Säfte werden aus Frankreich importiert.

Tagsüber empfiehlt es sich aber vor allem reichlich **Wasser** zu trinken. Die ungewohnte Hitze und klimatisierte Räume verlangen dem Körper viel Feuchtigkeit ab. Die lokalen Marken von Trinkwasser sind Capès Dolé und Matouba. Auch im Restaurant wird in der Regel dieses heimische Wasser serviert. Leitungswasser in einer offenen Karaffe, wie in Frankreich oft üblich, ist auf Guadeloupe nicht zu empfehlen, da es reichlich mit Chlor versehen ist, das ihm einen ungewohnten Geschmack verleiht.

... und lokales Bier

Wenn **Bier** zu den Mahlzeiten, nach Feierabend oder auf Festen getrunken wird, dann nicht zu knapp und in der Regel ein karibisches Corsaire. Immer öfter sieht man jedoch die Einheimischen ein Bier der Marke La Gwada trinken, das auf Guadeloupe gebraut wird.

Rum hingegen ist nicht einfach ein alkoholisches Getränk, Rum ist eine Kultur – auf Guadeloupe wie auch auf allen anderen Inseln der Antillen. Ein Nationalgetränk, das berauscht, wenn man zu viel trinkt und Entspannung verschafft, wenn man Maß halten kann. Das hochprozentige Getränk gibt es auf den Inseln an jeder Straßenecke zu kaufen und es ist außerordentlich beliebt, sodass man in Abwandlung eines Sprichworts durchaus behaupten kann: „Rum ist in der kleinsten Hütte".

Rum-Genuss

Dabei ist die *dégustation* von Rum eine Wissenschaft für sich, benötigt eine eingehende Initiierung, vergleichbar mit der Beschäftigung mit Cognac oder guten Weinen – so behaupten jedenfalls die Kenner. Tatsächlich ist die Liste der verschiedenen Marken für die kleine Inselwelt beachtlich. Es gibt alte Rumsorten, die wahre Schätze sind und nichts mehr mit dem Rum zu tun haben, mit denen man Bananen flambiert.

Wichtig zu kennen ist dabei der **Unterschied zwischen weißem und altem Rum**. Die Palette von altem Rum steht der von bestimmtem Cognac in nichts nach. Wer gerne einen **Digestif** trinkt, sollte einen Rum wählen, der älter als 12 Jahre alt ist. Je älter der Rum, desto weicher, milder wird er und entfaltet ein größeres Aroma.

Hinweis

Für Uneingeweihte sei noch erwähnt, dass es zwei Sorten von Rum gibt. **Industriell** in einer Zuckerfabrik weltweit hergestellte, indem die bei der Zuckerproduktion abfallende Melasse destilliert wird und die **production agricole** wie auf den französischen Antillen, sprich auf Guadeloupe, Marie-Galante und Martinique, bei der der Rum durch Destillation des Produkts der Fermentation von frischem Zuckersaft gewonnen wird.

Kenner bestätigen, dass alle *rhum agricoles* ausgezeichnet sind. Von daher ist es schwierig, eine bestimmte Destillerie herauszuheben. Wer Rum mag, sollte daher auf jeden

Fall selbst mehre Marken ausprobieren und Unterschiede herausschmecken. Bei einer Rundreise trifft man zwangsläufig auf verschiedene Geschmackssorten, denn jeder Inselteil serviert nur den Rum aus der nächstgelegenen **Destillerie der eigenen Kommune**. So ist es fast unmöglich einen Rum von Grande-Terre auf Basse-Terre zu bekommen und umgekehrt. Mit Sicherheit lässt sich sagen, dass Liebhaber von Rum auf Guadeloupe in keinem Fall eine schlechte Wahl treffen können.

Wichtig ist noch zu erwähnen, dass ein Rum nicht einfach so zu sich genommen wird. Jedes Glas hat seine **Bestimmung** je nach Tageszeit.

décollage	(= Start)	nach dem Aufwachen, am Morgen
feu	(= Feuer)	gegen 11 Uhr
lave gorge	(= Mundspülung)	der Aperitif
la partante	(= zum Gehen)	der Letzte
le ti-sec		Glas Rum pur mit einem Glas Wasser zum Hinterherspülen

Was den **Cocktail** (*Punch*) angeht, so gehören zu den Klassikern auf Guadeluope mindestens der *Ti-Punch* und der *Planteur*:

Rum-Cocktail

- **Ti-Punch** (kreolisches Wort für frz. *petit Punch*, also kleiner Cocktail): Weißer Rum, Rohrzuckersirup, ein Spalte Limette ... er ist der Bekannteste von allen Cocktails und Kenner trinken ihn auf jeden Fall ohne Eis.
- **Planteur**: Rum, Zuckersirup, Saft, Gewürze und Eis. Sehr erfrischend und je nach Mischung von Saft und Gewürzen im Geschmack immer etwas anders. In der Regel wird Ananas- und Orangensaft plus ein wenig Pampelmuse gemischt, wobei die Fruchtsäfte mindestens die doppelte Menge des Rums ausmachen sollten. Dazu kommen noch viel gestoßenes Eis (oder Eiswürfel), ein Spritzer Angostura-Bitter, eine Prise Muskatnuss (oder Zimt) und vielleicht auch eine Maraschino-Kirsche oder Bananen- bzw. Orangenstücke.

Entstehung des Rums

info

Rum ist ein Destillat der bitter schmeckenden Melasse, die als Abfallprodukt beim Auspressen des Zuckerrohrs entsteht. Die zähflüssige Melasse wird von den Zuckerfabriken in großen Tankwagen zu den Destillerien gefahren und dort mit einer Gärhefe versehen und in große offene Becken gegossen. Bereits nach wenigen Tagen setzt die Gärung ein und ein Alkoholgehalt von fünf bis sechs Prozent ist erreicht. Diese immer noch dicke Flüssigkeit wird nun mit Wasser verdünnt (= je besser das Wasser, desto besser später die Rum-Qualität) und destilliert. Das Produkt ist der junge, noch weiße Rum, der z. T. schon in Flaschen abgefüllt wird und später beim *Planteur* Verwendung findet. Der Rest des weißen Rums wird in Eichenfässern gelagert. Da diese innen ausgebrannt sind und Zusatzstoffe hinzugefügt werden (z. B. Karamell), bekommt das Getränk im Lauf der Zeit sein volles Aroma und seine bräunliche Färbung. Nach einer Lagerzeit von mindestens zwei Jahren kann der braune Rum erstmals auf Flaschen gezogen werden. Ein guter Rum braucht jedoch schon fünf Jahre und ein ausgezeichneter mehr als zehn Jahre – erst dann erhält er das Gütesiegel VSOR (*very special old rum*). Dieses Getränk ist natürlich für Cocktails zu schade, es sollte ausschließlich pur genossen werden.

2. GUADELOUPE ALS REISEZIEL

Allgemeine Reisetipps für Guadeloupe und seine Inseln von A bis Z

Hinweis

In den Allgemeinen Reisetipps für Guadeloupe und seine Inseln finden Sie – alphabetisch geordnet – allgemeine reisepraktische Informationen für die Vorbereitung der Reise auf die französischen Karibikinseln. Die Reisepraktischen Informationen zu den einzelnen Regionen bzw. Orten finden Sie im Kapitel 3 „Unterwegs auf Guadeloupe" jeweils im Anschluss an die Routenbeschreibung. Dort sind Adressen von Unterkünften, Restaurants, Fährverbindungen und den Informationsstellen genannt.

Wichtige Telefonnummern auf einen Blick

Regionale Telefonvorwahl	☎ 05 90
Internationale Vorwahl	☎ 00590 (590)
Diplomatische Vertretung	☎ 05 90 82 373
Ambulanz/Krankenwagen (SAMU)	☎ 15
Hospital (Pointe-à-Pitre)	☎ 05 90 89 10 10
Polizei (Notruf/Gendarmerie)	☎ 17 oder 82 00 89
Feuerwehr	☎ 18
See-Notdienst	☎ 05 90 71 92 92
Touristeninformation	☎ 05 90 82 09 30 (Pointe-à-Pitre), ☎ 05 90 81 24 83 (Basse-Terre)
Flughafen – Abflug/Ankunft	☎ 05 90 90 34 34/90 32 32

Inhaltsverzeichnis

An- und Weiterreise

Per Flugzeug

Guadeloupe wird von mehreren Gesellschaften direkt von Frankreich aus angeflogen und ist ihrerseits Drehscheibe für den innerkaribischen Luftverkehr. Die Flugdauer beträgt 8 Stunden. Nach Paris gelangt man aus zahlreichen deutschen Flughäfen, allerdings zum Flughafen Charles-de-Gaulles.

! Achtung

Aus Deutschland, Österreich und der Schweiz kommt man in Paris am **Flughafen Charles-de-Gaulle** (CDG) an, nach Pointe-à-Pitre starten die Flieger allerdings von **Orly**. Daher muss man in Paris mindestens drei Stunden und 15 € (meistens im Ticket-Preis enthalten) für den **Bustransfer** vom Flughafen Charles-de-Gaulle nach Paris-Orly einrechnen. Ist der Transferpreis im Ticketpreis enthalten, erhält man die Tickets beim Einchecken am Schalter. Die Shuttle-Busse brauchen außerhalb der Hauptverkehrszeiten über die Autobahn eine Stunde nach Orly bzw. Charles-de-Gaulle. In der Rush-Hour steht der Bus allerdings wie alle anderen Fahrzeuge im Stau. Zu den Zeiten kann man auf den Schienenverkehr zurückgreifen, muss dafür allerdings über die Innenstadt fahren. **Infos**: www.aeroportsdeparis.fr, www.car-air france.com.

Air France: Fliegt von Paris-Orly täglich ein- bis zweimal direkt zum internationalen Flughafen Pointe-à-Pitre.

Kontakt und Buchung: www.airfrance.de, ☏ +49 (0)69 29 99 37 72. Für den gleichen Flugpreis ist ein Gabelflug möglich, mit Hinflug nach Pointe-à-Pitre und Rückflug ab Fort-de-

Traumziel Karibik: Segelboote vor der Ilet de Gosier

France (Martinique). Auf der Internetseite lassen sich unter dem Link Flugangebote und Specials die günstigsten Preise ermitteln.

Air Caraïbes: Regelmäßige Flüge von Paris-Orly nach Pointe-à-Pitre, www.aircaraibes.com. **Zentrale Reservierungsnummer**: ☏ 08 20 83 58 35 (gebührenpflichtig), Airline-Schalter in Orly in der Nähe der Porte C, tägl. 6.30–14.30 Uhr und am **Flughafen Pointe-à-Pitre**, Agence de Jarry, im Gebäude von Hertz, Angle rue Ferdinand Forest et Bd. de Houelbourg, Z.I. Jarry, 97122 Baie-Mahault, geöff. Mo–Do von 8.30 bis 17, Fr 8.30 bis 13 Uhr, ☏ s. o., venteptp@aircaraibes.com.

Corsair International überquert einmal täglich den Atlantik, in der Hauptsaison an einigen Tagen in der Woche auch zweimal. Zudem bietet Corsair ein Netzwerk an regionalen Fluglinien, die Anschlüsse an den Transatlantikflug bieten.
Kontakt: ☏ +33 1 70 39 22 10 (aus Frankreich und innerhalb von Guadeloupe auch: 39 17 (0,34 €/min), 🖷 05 90 47 34 55 72, www.corsairfly.com

Die Flüge von Frankreich nach Guadeloupe sind **Inlandsflüge**, bieten also keine zollfreie Einkaufsmöglichkeit. Dafür benötigt man aber nur einen gültigen Personalausweis für die Einreise (Mitnahme des Reisepasses dennoch empfehlenswert, plant man den Besuch weiterer Karibikinseln ein Muss).

Hinweis

Die meisten Airlines bieten vor dem Einchecken am Schalter einen **Online-Check-in** an, bei dem man die Platzwahl vornehmen kann.
Dafür benötigt man die Ticketnummer. Früheste Möglichkeit der Online-Registrierung ist 30 Stunden vor Abflug. Spätester Zeitpunkt ist direkt vor der Gepäckaufgabe am Flughafen, dann kann es allerdings mit zusammenhängenden Plätzen schwierig werden. Wenn es im Hotel einen Internetzugang gibt, lohnt es sich, die Registrierung einen Tag vor Abflug durchzuführen. Wer dabei Schwierigkeiten hat, findet erfahrungsgemäß hilfsbereites Personal am Ticketschalter.

Rückbestätigungen der Flüge sind heute in der Regel nicht mehr erforderlich. Trotzdem ist es empfehlenswert, vorher im Internet die Abflugzeit noch mal zu prüfen. Bei Anschlussflügen zu anderen Inseln innerhalb der Karibik am besten beim Ticket-Kauf vor Ort nach der Handhabung des jeweiligen Inselstaates erkundigen.

Eine Gebühr bei **Ausreise** mit dem Flugzeug ist im Département Guadeloupe nicht zu zahlen, die Gebühren sind bereits im Flugpreis des Transatlantikfluges enthalten. Bei der Aus- und Weiterreise innerhalb der Kleinen Antillen muss man das Rückflugticket nach Europa bereithalten.

Der **internationale Flughafen Pointe-á-Pitre** (auch **Pôle Caraïbes** oder **Aéroport Le Raizet** genannt) liegt in der Gemeinde Les Abymes, ca. 5 km im Norden von Pointe-à-Pitre. Er verfügt über internationalen Standard mit allen üblichen Einrichtungen einschließlich eines großen Mietwagen-Counters und etlichen Duty-Free-Läden. Die anderen Inseln des Archipels Guadeloupe verfügen über einen Flugplatz, der die Landung mindestens einer kleinen Chartermaschine ermöglicht.
Infos zu aktuellen Flügen von/nach Guadeloupe: **Aéroport International Guadeloupe Pôle Caraïbes**, 97139 Les Abymes, www.guadeloupe.aeroport.fr.

Per Schiff

Neben zahlreichen Kreuzfahrtschiffen (s. S. 104) steuert die Fährlinie **L'Express des Iles** im karibischen Raum regelmäßig Guadeloupe und die Nachbarinseln Martinique, Dominica und St. Lucia an. Tickets können vor dem Einchecken am Ticketschalter direkt am Fährhafen von Bergevin gekauft werden:

L'Express des Iles, Gare Maritime de Bergevin, Pointe-à-Pitre, ☏ 05 90 83 12 45, 🖷 05 90 91 11 05, www.express-des-iles.com, oder über die Vertretung in Deutschland **Tropical Consult**, ☏ 0711 50 53 53 1, kirsten.boucard@tropical-consult.de, www.tropical-consult.de.

J (Jeans for Freedom), Gare Maritime de Bergevin, Pointe-à-Pitre, www.jeansforfreedom.com. Die Fährgesellschaft, erkennbar an ihren blauen Fährschiffen mit einem gelben „J" an der Seite, bietet Ticketkauf im Internet an. Eine Fahrt von Martinique nach Guadeloupe oder umgekehrt kostet 79 €.

Das Prozedere einer Fährfahrt innerhalb des Départements Guadeloupe ist unkompliziert. Bei einem Ausflug zur Nachbarinsel Dominica handelt es sich hingegen um eine **internationale Fahrt**. Hier muss wie bei einem internationalen Flug das Gepäck beim Check-In-Schalter aufgegeben werden, man benötigt einen Reisepass und ein Ticket. Das Handgepäck wird vor Betreten der Fähre wie bei einem internationalen Flug gecheckt. Die üblichen Gegenstände wie Messer und Scheren müssen daher im Großgepäck verstaut werden. Getränke in Plastikflaschen sind erlaubt. Bei der **Ausreise** mit der Fähre kann eine Gebühr anfallen. Am besten rechtzeitig bei der Fährgesellschaft erkundigen, ob diese bereits im Ticketpreis enthalten ist.

Jugendliche am Strand von Marie-Galante

Per Flugzeug und Schiff

Es besteht auch die Möglichkeit, die Reise mit Flugzeug und Schiff anzutreten. Eine Möglichkeit ist, Hin- und Rückflug nach Miami buchen und von dort aus weiter mit einem Kreuzfahrtschiff fahren. Miami ist die internationale Drehscheibe für Kreuzfahrtschiffe. Von hier aus gibt es regelmäßige Verbindungen in die Karibik. Von den Kleinen Antillen werden jedoch von Miami aus vor allem die nördlichen Inseln angelaufen (s. S. 104)

Frachtschiff

Wer Zeit, Lust und einen Hauch Pioniergeist hat, kann auch heute noch mit dem Frachtschiff oder den einst so legendären „Bananendampfern" den Atlantik in Richtung Karibik überqueren. Dabei muss man auf Kabinenkomfort keineswegs verzichten. Die wenigen Kabinenplätze sind jedoch oftmals schon weit im Voraus ausgebucht. Auch sind „Rundreisen" eher zu bekommen als One-way-Passagen. Anbieter sind z. B.:

Globoship, www.globoship.ch
Reisen weltweit, www.frachtschiff-reisen.net
Frachtschiffreisen Pfeiffer, www.frachtschiffreisen-pfeiffer.de

Verbindungen zwischen den Inseln von Guadeloupe

Regelmäßige Schiffsverbindungen verbinden Grande-Terre und Basse-Terre mit den anderen Inseln der Inselgruppen (siehe Reisepraktische Informationen der einzelnen Reiseabschnitte ab S. 129).

Per Flugzeug

Air Caraibes Express (www.aircaribes.com): regelmäßige Flüge nach Fort-de-France (Martinique).
Air Antilles Express (Sitz: Guadeloupe, www.airantilles.com): regelmäßige Flüge von Pointe-à-Pitre nach Fort-de-France (Martinique), St. Martin und St. Barthelémy wie auch nach Antigua.
Liat (Sitz: Antigua, www.liatairline.com): Täglich Flüge von Guadeloupe aus nach Martinique und zu den englisch- und niederländischsprachigen Antillen-Inseln.

Per Schiff

Zwischen Grande-Terre und Basse-Terre und den umliegenden Inseln gibt es gute Fährverbindungen. In der Nebensaison werden diese allerdings stark reduziert, sodass in der Zeit individuell nachgefragt werden muss. Nach Marie-Galante und zu den Saintes fahren Schnellfähren regelmäßig vom Fährhafen Bergevin in Pointe-à-Pitre. Die kürzeste Verbindung zu den Saintes startet aber von Trois-Rivières. Auch von Saint-François fahren Fähren zu den Saintes, nach Marie-Galante und nach La Désirade.

Fährverbindungen nach …

… La Désirade

Für einen Tagesausflug nach La Désirade legen die Fähren in **Saint-François** vom **Port Maritime** (nicht an der Marina!) in der Regel morgens gegen 8 Uhr ab und kehren um

Mit einem Motorboot ist man schnell auf den Saintes

16.30 Uhr zurück. Die Fahrpläne ändern sich allerdings monatlich, je nach Saison, Wetter und Bedarf der Fährgesellschaft. Die Zeiten müssen vor Ort erfragt werden, da sie weder im Internet noch auf einer Tafel bei den Ticketschaltern stehen bzw. sich schnell ändern. Siehe auch „Reisepraktische Hinweise zu …“ ab S. 129.

Fährgesellschaften

Babou One, Saint-François, ☏ 05 90 47 50 31, 06 90 26 60 69, www.babouone.fr. Abfahrt von Saint-François tägl. 8 Uhr und 16.45 Uhr außer Dez.–April; Abfahrt von La Désirade tägl. 6.15 Uhr und 15.45 Uhr (außer Dez.–April); Hin- und Rückfahrt ca. 26 €.

Les Bateliers de l'Archipel, Port Maritime, Saint-François, ☏ 05 90 22 26 31 und 06 90 50 05 10, bietet Fahrten mit der „Archipel 1“ (285 Plätze) bzw. der „Iguana Beach“ (195 Plätze) nach Marie-Galante, Les Saintes, Îles de la Petite-Terre und La Désirade; vekehrt das ganze Jahr. Preis für Hin- und Rückfahrt nach/von La Désirade ca. 28 €.

… Marie-Galante

Die Fähre ist das gängige Transportmittel, um nach Marie-Galante zu gelangen und zwar vom **Gare Maritime de Bergevin** in **Pointe-à-Pitre** und von Saint-François bzw. auch von Sainte-Anne in der Hochsaison. Mit Schnellfähren dauert die Überfahrt 45 min. Tickets kann man in Pointe-à-Pitre bei den Ticket-Schaltern am Gare Maritime de Bergevin kaufen. Auf Marie-Galante haben die Schalter am **Gare Maritime de Grand-Bourg** mindestens eine Stunde vor Abfahrt geöffnet (☏ 05 90 97 77 82), in **Saint-François** liegen die Verkaufsstände der Fähragenturen direkt am Anleger.

Das Ecomuseum Murat auf Marie-Galante

Fährgesellschaften
J (Jeans for Freedom) Gare Maritime de Bergevin, Pointe-à-Pitre, www.jeansforfreedom.com. Das Markenzeichen der Fährgesellschaft sind die blauen Fährschiffe mit einem gelben „J" an der Seite. Die Fährgesellschaft bietet Ticketkauf im Internet und zu Einheitspreisen: Hin- und Rückfahrt von Pointe-à-Pitre nach Les Saintes für 23 € und für 79 € für die Fahrt von Guadeloupe (Pointe-à-Pitre) nach Martinique (Achtung: nach Saint Pierre und nicht nach Fort-de-France!) Zudem gibt es im Internet unter dem Link „Nouveaux Horizons" günstige Angebote für Tagestouren nach Dominica, Antigua, Sainte Lucia und Marie-Galante.
L'Express des Iles, Gare Maritime de Bergevin, Pointe-à-Pitre, ☏ 05 90 91 52 15, 🖷 05 90 91 11 05, www.express-des-iles.com. Abfahrt von Pointe-à-Pitre nach Grand-Bourg. Von Saint-Louis gibt es in der Hochsaison auch Direktverbindungen zu den Saintes-Inseln.
Comatrile, ☏ 05 90 22 26 31, Fahrten in der Hochsaison von Saint-François/Sainte-Anne nach Marie-Galante. Unterschiedliche Abfahrtstage- und zeiten. 45 min Überfahrt.

... Les Saintes
Es gibt tägliche Fährverbindungen vom Fährhafen in Trois-Rivières zu den Les Saintes: Terre-de-Haut/Les Saintes (ca. 20 min je nach Wetterlage), Ticketschalter am Parkplatz vom Fährhafen, ca. 100 m vom Anleger entfernt. Kurioserweise legen alle drei Fährgesellschaften fast gleichzeitig ab und fahren die ganze Strecke hintereinander her.

Parken: Direkt neben den Ticketschaltern bietet ein Parkplatz (2 € pro Tag) die Möglichkeit, den Mietwagen abzustellen. In der Hauptsaison werden die Plätze jedoch schon am frühen Morgen eng.

Tipp

Für eine Tagestour die Tickets schon am Vortag kaufen, früh morgens das Auto abstellen und einen Kaffee in einer der Bars auf dem Weg zum Fährhafen nehmen.

Fährgesellschaften
Compagnies Deher, ☏ 05 90 92 06 39 und 05 90 99 50 68, www.ctmdeher.com. Abfahrt tgl. zwischen 9 und 16.30 Uhr, In der Hauptsaison auch So 17.30 Uhr. Preise Hin- und Rückfahrt Erwachsene: 27 €. Die Schiffe heißen „Guadeloupe" und „Antoinette".
Val'Ferry, ☏ 05 90 91 45 15 und 05 90 57 45 74, www.valferry.fr. Zwei Fahrten tägl. von Trois-Rivière nach Terre-de-Haut (30 min) und Terre-des-Bas (50 min) tägl. 9 und 17 Uhr. Rückfahrt tägl. 16.15 Uhr, 15 €.

Ärzte und Apotheken

Auf Guadeloupe entspricht die medizinische Versorgung europäischem Standard. Es gibt auf der Insel mehrere Krankenhäuser und ambulante Dienste. Die Verständigung ist in der Regel auf Englisch möglich. In den Hotels gibt es Infos zur nächstgelegenen Arztpraxis oder einem Krankenhaus in der Nähe.

Krankenhaus von Pointe-à-Pitre: ☏ 05 90 89 10 10
Notarzt (SAMU) ☏ 05 90 89 10 10 / 05 90 89 10 79

Alle größeren Orte verfügen über eine **Apotheke,** die dem französischen Standard entspricht.

Auskunft

Informationen **vor der Abreise** über die Insel, Unterkünfte, Flüge etc. gibt es bei folgenden Infostellen:

Offizielles Fremdenverkehrsbüro von Guadeloupe …

… für den deutschsprachigen Raum:
Die Inseln von Guadeloupe – Postfach 140212, 70072 Stuttgart, ☏ 0711-5053511, 🖷 0711-5053512, info@guadeloupe-inseln.com; www.lesilesdeguadeloupe.com (französisch), die Adresse der deutschen Version lautet: www.guadeloupe-inseln.com.

… auf den Inseln des Départements Guadeloupe:
Die Adressen der einzelnen Büros des **Fremdenverkehrsamtes von Guadeloupe** (frz.: *Office du Tourisme, Syndicats d'Initiative*) auf Basse-Terre, Grande-Terre, La Désirade, Marie-Galante und den Saintes lauten:

Fremdenverkehrsamt Pointe-à-Pitre (Office Départemental du Tourisme de la Guadeloupe – Zentrale), 5 Square de la Banque, Place de la Victoire/Quai Perrinon, 97110 Pointe-à-Pitre, ☏ 05 90 82 09 30 www.lesilesdeguadeloupe.com,

Office du Tourisme de la Basse-Terre (am Marktplatz der Inselhauptstadt): im Maison du Port, ☏ 05 90 81 24 83, E-Mail: otb@outremer.com. Weitere Büros des Fremdenverkehrsamtes, die Syndicats d'Initiative, gibt es im Flughafen (☏ 05 90 21 11 77) und in jedem größeren Ort.

Office du Tourisme de Marie-Galante: Rue du Fort – B. P. 15, Grand Bourg, ☏ 05 90 97 56 51, 🖷 05 97 56 54, www.ot-mariegalante.com.

Office du Tourisme de la Désirade: La Capitainerie, ☏ 05 90 84 61 39 und 06 90 64 14 54, nathaliebordy@gmail.com

Office du Tourisme des Saintes: Rue Jean-Calot, direkt am Fähranleger mit Ticketverkauf für die Fähre nach Terre-de-Bas, ☏ 05 90 99 58 60, Öffnungszeiten: jeden Vormittag bei Ankunft einer Fähre, außer So., www.lessaintes.fr.

Auch das für ganz Frankreich zuständige Fremdenverkehrsamt **Atout France**, das dem zuständigen Ministerium in Paris untersteht, bietet Informationen auf Deutsch im Internet unter de.rendezvousenfrance.com und in Paris vor Ort: 79/81, rue de Clichy, 75009 Paris ☏ 00 33 1 42 96 70 00

Nützliche Internetadressen
Allgemeine Reiseinformationen zu Guadeloupe
Arbeitsgemeinschaft Karibik: www.karibik.de
Auswärtiges Amt für Länderinformationen und Reisewarnungen: www.auswaertigesamt.de
Bernhard-Nocht-Institut für Tropenmedizin in Hamburg: www.bni-hamburg.de
Centrum für Reisemedizin in Düsseldorf: www.crm.de
Französisches Fremdenverkehrsamt: in.rendezvousenfrance.com
Französisches Fremdenverkehrsamt in der Schweiz: ch.rendezvousenfrance.com
Fremdenverkehrsamt Guadeloupe: www.guadeloupe-inseln.com; www.lesilesdeguadeloupe.com
Weltgesundheitsorganisation (WHO): www.who.int
Fluggesellschaften und -häfen
Air France: www.airfrance.de
Air Antilles: www.airantilles.com
Air Caraïbes: www.aircaraibes.com
LIAT: www.liatairline.com
Corsair: www.corsairfly.com
Flughafen Paris Charles-de-Gaulle und Paris-Orly: www.aeroportsdeparis.fr/ADP/fr-fr/Passagers/accueil
Bustransfer zwischen den Flughäfen in Paris: www.lescarairfrance.com
Kartenmaterial
www.geocenter.de
Übernachtungen/Inselinfos/Sport
www.lesilesdeguadeloupe.com
www.guadeloupe.fr
www.guadeloupe-antilles.com
www.cr-guadeloupe.fr
www.atout-guadeloupe.com
www.guadeloupe-fr.com
www.antilles-info-tourisme.com
www.caribbeantravel.com
www.caribbeanhotelassociation.com
www.expedia.de
www.booking.com
Übersetzungshilfe
dict.leo.org/

Auto fahren

siehe Stichwort „Verkehrsmittel"

Behinderte

Flugzeuge und Kreuzfahrtschiffe sind zum größten Teil auf die Bedürfnisse der Behinderten eingestellt. Somit gibt es auf dem Transportweg bis nach Guadeloupe normalerweise keine Probleme. Vor Ort wird es hingegen schwieriger. Es gibt nur wenige Hotels, die behindertengerecht ausgestattet sind. Zudem sind für Rollstuhlfahrer in den Orten kaum Gehwege vorhanden oder mit sehr hohen Bordsteinkanten versehen. Allerdings besteht eine sehr große Hilfsbereitschaft der Menschen auf den Inseln, die Behinderten zu unterstützen. Im **Hotel La Créole Beach** (www.creolebeach.com, s. S. 197) sind alle Zimmer und Einrichtungen im Erdgeschoss für Rollstuhlfahrer ausgerichtet. Doch auch immer mehr weisen Vermieter privater Unterkünfte auf rollstuhlgerecht ausgestattete Zimmer hin.

Diplomatische Vertretungen

Guadeloupe wird von den französischen Botschaften vertreten.

Deutschland
Botschaft von Frankreich mit Konsular-Abteilung, Pariser Platz 5, 10117 Berlin, ☏ 030-590039000, www.botschaft-frankreich.de

Österreich
Botschaft von Frankreich, Technikerstraße 2, 1040 Wien, ☏ 01-502750, www.ambafrance-at.org

Schweiz
Botschaft von Frankreich, Schlosshaldenstr. 46, 3006 Bern, ☏ 031-3592111, www.amba france-ch.org.

Deutsche Vertretung auf Guadeloupe: Ein deutsches Honorarkonsulat befindet sich in Baie-Mahault (Guadeloupe), c/o ETS Claude Blandin, Immeuble entre Deux Mers, Zac Moudong Sud, 97122 Baie-Mahault, ☏ 05 90 38 93 93, E-Mail: mahault@hk-diplo.de.
Schweizer und **Österreicher** werden durch ihre Botschaften in Paris vertreten.
Schweizer Botschaft Paris: Ambassade de Suisse, 142, rue de Grenelle, 75007 Paris, ☏ 0033 1 49 55 67 00, 🖷 0033 1 49 55 67 67 und 0033 1 49 55 67 59 (Visa), www.eda.admin.ch/paris
Konsularabteilung der Österreichischen Botschaft in Paris: Section Consulaire de l'Ambassade d'Autriche à Paris, 17 Avenue de Villars, F-75007 Paris, ☏ 0033 1 40 63 30 90, 🖷 0033 1 45 55 63 65, E-Mail paris-ob@bmeia.gv.at, www.bmeia.gv.at/botschaft/paris

Einkaufen

Die Einkaufsmöglichkeiten sind auf den einzelnen Inseln sehr unterschiedlich. Guadeloupe verfügt mit Pointe-à-Pitre über das wirtschaftliche Zentrum mit den meisten Supermärkten (wie in Frankreich). Diese liegen in den Gewerbegebieten entlang der Nationalstraße rund um den größten Ort auf Grande-Terre.

Terre-de-Haut lädt zum Shoppen ein

Aber auch im Zentrum von Pointe-à-Pitre gibt es viele Geschäfte, die in den engen Gassen dicht beieinander liegen. Eine Fußgängerzone rund um den Markt lädt zum Shoppen ein. Das Gleiche gilt für die Inselhauptstadt Basse-Terre, die auch über einen lebhaften Markt mit Marktgebäude und vielen Händlern ringsherum verfügt. Ein Besuch lohnt hier vor allem Samstagvormittag. Selbstversorger finden aber auch in jedem kleinen Ort einen Supermarkt, der über die nötigen Lebensmittel verfügt. Oft haben die kleinen Läden auch am Sonntag geöffnet.

Für Souvenirs wird man auf Märkten fündig

Auf **Les Saintes** haben sich eine Reihe kleinerer Boutiquen und Galerien auf Terre-de-Haut angesiedelt, die hübsch gestrichen sind und zum Bummeln einladen. **Marie-Galante** bietet in Grand-Bourg die meisten Geschäfte, den größten Markt auf der Insel und auch kleine Souvenirläden. Auf **La Désirade** kann man die Geschäfte an einer Hand abzählen, doch mangelt es auch hier an nichts. In Beauséjour liegen Supermarkt, Tankstelle und Bäcker zwischen Hafen und Kirche. Lokale Produkte wie Oliven-Punch oder Kajou-Sirup oder auch mit natürlichem Indigo gefärbte Produkte werden hier direkt bei den Einheimischen gekauft. Persönliche Wegbeschreibungen und Inselplan gibt es beim Touristenbüro am Hafen.

Einreise

Für die Einreise auf die Französischen Antillen aus Deutschland und Frankreich genügt für Bürger der Europäischen Union ein gültiger Personalausweis oder Reisepass, da Guadeloupe Mitglied der Europäischen Union ist.

Inselhopper seien darauf hingewiesen, dass fast alle Flüge zwischen den Inseln der Kleinen Antillen internationale Flüge sind. Durch die international geltenden Sicherheitsbestimmungen muss man sich bei jedem Flug auf eine **intensive Sicherheitskontrolle** gefasst machen. Auch Souvenirs wie spitze Muscheln sollte man nicht ins Handgepäck nehmen. Sie landen ohne Wimpernzucken im Papierkorb.

Essen und Trinken

Die Restaurants auf Guadeloupe bieten eine große Auswahl kreolischer Gerichte an. Ob kreolische, chinesische, taiwanesische, indische, afrikanische oder französische Einflüsse, die Gerichte basieren auf frischen heimischen Zutaten: Fisch, Meeresfrüchte, tropische Früchte und Gemüse, scharfe und aromatische Gewürze, Huhn, Lamm etc. Die Qualität der Speisen befindet sich dabei bei den Hotel-Restaurants aber vor allem auch bei kleinen Restaurants auf hohem Niveau. Das ist nicht zuletzt auf die Frische der heimischen Produkte zurückzuführen. Darüber hinaus gibt es auch viele Lokalitäten, die gehobene französische Küche auf ihrer Speisekarte haben und dafür auch entsprechend höhere Preise nehmen. Hier macht sich der Einfluss des Mutterlandes bemerkbar.

Heimische **Inselspezialitäten** sind dort vor allem Meeresfrüchte und Fisch wie z. B. der Taschenkrebs (*Crabes farcis*), das Haifischragout (*Ragout de Requin*), Meeresschneckenragout (*Frikassée de Lambi*), frittierte Fischbällchen (*Accras*), Süßwasserkrabben (*Ouassou*) und in scharfer Soße eingelegter Fisch oder die klassische Languste (*Langouste*). Als Nachtisch lieben die Einheimischen ihr Kokosnuss-Sorbet (*Sorbet aux Coco*).

Die Gerichte sind, je nach Lokalität, zwischen preisgünstig (Snack-Bar) und moderat (Pizzeria, Taverne, Restaurant/Bar, Fastfood) bis hin zu teuer und sehr teuer (z. B. exquisite Restaurants von Sterne-Hotels). In einem gehobenen Restaurant kostet ein Hauptgericht 20 bis 30 €, in einem mittleren 12 bis 25 € und in einem einfachen 8 bis 15 €. Vergessen darf man dabei nicht, dass man dabei meistens frisch gefangenen Fisch in hoher Qualität serviert bekommt. In einer deutschen Stadt wie Hamburg wären diese Gerichte nur in Sterne-Restaurants zu erheblich höheren Preisen zu bekommen.

Eine regionale Spezialität: Gebackene Bananen

Am preiswertesten sind Menüs, die mittags und abends angeboten werden, bzw. die *Plats du jour* (Tagesgerichte); à la Carte zu bestellen ist am teuersten. Außerdem gibt es auch in fast jedem Hotel die Möglichkeit, im eigenen Restaurant zu speisen. Zu beachten ist, dass viele Restaurants nur mittags bzw. abends nur an bestimmten Tagen oder nach Voranmeldung (vor allem in der Nebensaison) ihre Küche öffnen. Wo die Restaurant-Dichte gering ist, wie z. B. an der südlichen Westküste von Basse-Terre, bieten einige Vermieter von Privatunterkünften auf Bestellung den Service „Abendessen zum Mitnehmen".

Kleine Langusten – eine Spezialität bei Gisèle und Philippe auf Terre-de-Haut

Strandrestaurants

Essen im Restaurant mit Blick auf das Meer gehört zu Guadeloupe wie das Schwimmen im Meer. Dabei gibt es einige Perlen zu entdecken. Ein Beispiel ist das **Karacoli** am Strand von Grande Anse bei Deshaies im Nordwesten von Guadeloupe. Durch seine einmalige Lage direkt am wunderschönen goldfarbenen Sandstrand mit Blick auf das karibische Meer und seine exzellente karibische Küche mit französischen und indischen Einflüssen in typisch kreolischem Ambiente ist es ein besonderer Tipp in der insularen Restaurantszene.

Ein Menü dort klingt folgendermaßen:
Vorspeise: *Chiquetaille et avocat* – Zerpflückter Stockfisch mit Avocado
Hauptspeise: *Langoustes grillées dans une sauce à la mangue avec bananes grillées dans leur peau* – Gegrillte Langusten an Marcujasauce mit in der Schale gegrillten Kochbananen
Nachspeise: *Îles flottantes coco* – Eischnee-Inselchen in Kokoscreme

Imbisse

Die zahlreichen Snack-Bars bieten zudem die Möglichkeit, karibische Gerichte wie z. B. Huhn oder Lamm in Kokosnusssoße mit Ingwer und Zitronengras relativ preiswert zu kosten. Dazu gehören auch die **fahrenden Imbissbuden** (s. S. 79), die mit Einbruch der Dunkelheit an zentralen Punkten wie der Uferpromenade in Basse-Terre, der Place de la Victoire in Pointe-à-Pitre oder einfach am Wegesrand stehen und *Bokits* backen, eine Art Fladenbrot, das wahlweise mit zerkleinertem Kabeljau, Hühnchen, Ei und Salat plus Soße gefüllt wird. Kosten: rund 2 €. Viele Imbisse haben zudem an ihren Wagen einen Räucherschrank gestellt, in dem auf offenem Feuer frischer Fisch oder Hähnchen gegrillt wird – meistens perfekt gewürzt und sehr zart.

Herrlich erfrischend: Milch von frischen Kokosnüssen

Getränke

Rum ist das Nationalgetränk Guadeloupes und seiner Inseln. Von den Hunderten verschiedenen Sorten in der gesamten Karibik werden viele auf Guadeloupe und hier wiederum die meisten auf Marie-Galante hergestellt. Für Cocktails (Ti-Punch, Planteurs) wird hauptsächlich der noch junge, weiße Rum verwendet, während alter, dunkler Rum wie ein guter Whisky getrunken wird.

An **Bier** wird das heimische Corsaire getrunken. Beliebt ist auch das in Trinidad hergestellte leichte Bier Carib. Immer häufiger wird auch das auf Guadeloupe gebraute Gwada getrunken. Bei nichtalkoholischen Getränken empfiehlt sich, die **Fruchtsäfte** aus tropischen Früchten zu probieren.

Exkursionen

Einige Veranstalter bieten geführte Ausflüge zu den Hauptsehenswürdigkeiten per Bus oder kombinierte Bus-/Segeltouren an. Leider sind die meisten Reiseführungen auf Französisch. Touren mit deutschsprachigen Führern bieten die deutschen Reiseveranstalter an.

Badevergnügen der Einheimischen in den Bergen

Angesichts kurzer Entfernungen, guter Ausschilderungen und des gut ausgebauten Straßensystems ist ein **Mietwagen** für eine eigene Inselexkursion sehr empfehlenswert (s. S. 117). Auch das Bussystem funktioniert gut.

Es lohnt sich, Zeit für mindestens eine Wanderung einzuplanen. Der **Nationalpark Guadeloupe**, der mit „Ti-Racoon" (Waschbär) wirbt, bietet an die 300 Kilometer markierte Wanderwege (*traces*) durch die tropische Fauna und Flora auf Basse-Terre. Auf Grande-Terre gibt es Wandertouren durch den Mangrovenwald oder entlang der Atlantikküste. Mehr Infos siehe unter dem Stichwort „Wandern", S. 121.

Feste und Feiertage

Weihnachten, Silvester, wie auch die großen christlichen religiösen Feste – Allerheiligen (Toussaint), Ostern (Pâques), Pfingsten (Pentecôte), Christi Himmelfahrt(Ascension), Mariä Himmelfahrt (Assomption) – und die Nationafeiertag – 1. Mai (Tag der Arbeit/Fête du Travail), 8. Mai (Kriegsende/Fête de la Victoire 1945), 14. Juli (französischer Nationalfeiertag/Fête nationale de la Guadeloupe), 11. November (Gedenktag zum Ende des 1. Weltkrieges/Armistice 1918) – sind auf Guadeloupe und seinen Inseln **die gleichen wie in Frankreich**.

Zudem hat Guadeloupe noch **fünf weitere Feiertage**:
Karneval (Carneval/Vaval): Wie auf den meisten Antilleninseln ist auch auf Guadeloupe der Karneval (vaval) das größte festliche Ereignis. Die Saison beginnt hier schon Anfang Januar (Dreikönigs-Sonntag) und dauert bis Aschermittwoch. Es gibt zwei offizielle Feiertage am Aschermittwoch und dem vorangehenden Veilchen-Dienstag (*mardi gras*).

Allerheiligen werden die Gräber nachts mit Lichtern erhellt

Dann ist der Verkehr lahm gelegt. Tanzwettbewerbe, Kostümbälle und Umzüge finden in jeder Ortschaft statt. Der Samstag zuvor ist auch ein Feiertag, dann defilieren die Kinder durch die Straßen. Bereits ab Anfang Januar finden jedes Wochenende Präsentationen der einzelnen Karnevalsgruppen statt.
27. Mai: Befreiung von der Sklaverei. An diesem Tag finden Ausstellungen, politische Diskussionen und Konzerte statt.
2. November: Allerheiligen am 1. November schließt sich auf Guadeloupe noch ein zweiter Feiertag an, an dem die Gräber gesäubert werden und Zwiesprache mit den Verstorbenen gehalten wird.

Hinzu kommen **lokale Festivitäten** wie Anfang November die Eröffnung der **Hahnenkampfsaison**, der Beginn der Karneval-Saison Anfang Januar, das **GwoKa-Festival** in Sainte-Anne Anfang Juli.

Ebenfalls bunt geht es auf den **Fischerfesten** (Fêtes des Marins Pêcheurs) zu, die auf La Désirade und den Saintes-Inseln an Mariä Himmelfahrt am 15./16. August gefeiert werden.

Ein farbenfrohes Fest ist in Pointe-à-Pitre am **10. August** (Sankt Laurentius) bzw. am darauffolgenden Sonntag: das **Festival der Köchinnen** (Fête des Cuisinières). An diesem Tag findet ein großer Gottesdienst in der Kathedrale statt, bei dem allerlei Wurststücke, Gebäck und andere Leckereien in den Körben der farbenfroh gekleideten Köchinnen gesegnet werden.

Und schließlich gibt es die **Tour Cycliste de la Guadeloupe**, das lokale Radrennen während der ersten beiden Augustwochen, die am Tag des Namenspatrons stattfinden.

Fotografieren und Filmen

An guten Motiven für eine reiche Foto- oder Filmausbeute herrscht auf Guadeloupe und seinen Inseln kein Mangel. Umso wichtiger ist es, genügend Akkus, Speicherkarten und das Aufladekabel dabeizuhaben. Es empfiehlt sich die Mitnahme eines **Adapters**, da die Steckdosen auf Guadeloupe wie im übrigen Frankreich mit einem Metallstift versehen sind. Bei älteren dicken Steckern fehlt meist das entsprechende Loch, damit ein Kontakt zustande kommt. Flache Stecker passen problemlos in jede Steckdose.

Wegen der starken Sonnenstrahlung sollte ein **UV-Filter** nicht fehlen. Trotz oder gerade wegen der vielen Sonnenstunden in der Karibik gibt es dort weniger günstige Momente für Filmaufnahmen als in Mitteleuropa. Die kurze Morgen- und Abenddämmerung von nur 15 bis 20 Minuten lassen die Sonne sehr früh am Tag und sehr lange steil und senkrecht am Himmel stehen. Dadurch fehlt den Motiven eine gute seitliche **Beleuchtung**.

Wer aber immer schon mit dem Gedanken gespielt hat, sich eine **Unterwasserkamera** zu kaufen, der sollte vor dem Karibik-Urlaub nicht länger zögern: Klares Wasser, in allen Farben schimmernde Korallen und bunt durcheinander gewürfelte Fischbestände warten in der Unterwasserwelt. Sie bieten Motive für einzigartige Aufnahmen.

Zum Fotografieren s. auch die Hinweise unter „Verhalten im Alltag“, S. 117.

Sonne und Wolken – eine Herausforderung beim Fotografieren

Gesundheit / Impfungen

Zum Thema Krankenversicherung s. Stichpunkt Versicherung.

Für Guadeloupe und seine Inseln gibt es für aus Europa kommende Touristen keine **Impfpflicht**. Es empfiehlt sich jedoch, sich gegen Tetanus (Wundstarrkrampf), Diphtherie (Infektionskrankheit) und Hepatitis A/B (Lebererkrankungen) impfen zu lassen. Vor allem, wenn man sich nicht nur in der unmittelbaren Umgebung des Hotels aufhält, sondern auf z. B. Wanderungen Land und Leute näher kennen lernen möchte. Mehr Infos zu den einzelnen Impfungen gibt es beim **Bernhard-Nocht-Institut für Tropenmedizin**, Bernhard-Nocht-Str. 74, 20359 Hamburg, ☏ 040-42818-0, www.bni-hamburg.de.

Eine Gelbfieber-Impfbescheinigung wird von Reisenden (älter als ein Jahr) gefordert, die sich bei Einreise in den letzten 6 Tagen in einem Gelbfieber-Infektionsgebiet befunden haben. Diese Bescheinigung ist nicht nötig, wenn man sich im Gelbfiebergebiet nur im Transitraum aufgehalten hat, ebenso benötigen Transitpassagiere, die aus Guadeloupe mit demselben Flugzeug weiterfliegen, keine Gelbfieberimpfung.

Hinweis

Auf Guadeloupe und seinen Inseln hat das Leitungswasser Trinkwasserqualität. In Hotels stehen oft Thermoskannen mit Leitungswasser bereit. Wer einen empfindlichen Magen hat und schon bei leichten Umstellungen sensibel reagiert, kann alternativ Wasserflaschen im Supermarkt kaufen. Davon sollten Sie für unterwegs auch immer welche dabei haben. Denn in den Tropen braucht der Körper viel Flüssigkeit!

Infektionskrankheiten

Die Chancen, an Gelbsucht, Wundstarrkrampf; Typhus oder Diphtherie zu erkranken, sind geringer als auf anderen Antillen-Inseln oder in vielen anderen tropischen Ländern. Zum Schutz vor **Bilharziose** sollte das Baden in stehenden Gewässern unterlassen werden.

Durchfallerkrankungen

Die meisten Durchfallerkrankungen entstehen durch unzureichende Trinkwasser- und Lebensmittelhygiene. Ein paar Grundregeln helfen, sie zu vermeiden: Wenn möglich, Wasser aus verschlossenen Flaschen trinken. Das Wasser auf Guadeloupe wird zwar gechlort und hat Trinkwasserqualität. Dennoch können sehr sensible Mägen darauf reagieren. Die angebotene Milch auf Guadeloupe ist pasteurisiert und kann ebenso wie Obst, Gemüse, Fleisch, Milchprodukte, Geflügel und Meeresfrüchte verzehrt werden.

HIV-Infektion

Da Prostitution und Drogenkonsum (noch) nicht die Ausmaße etwa von Jamaika oder der Dominikanischen Republik erreicht haben, ist die Gefahr einer Ansteckung auf Guadeloupe geringer. Dennoch, wie auch zu Hause, sollte Safer Sex zur Selbstverständlichkeit gehören.

Klimaumstellung

Um den Urlaub richtig genießen zu können, sollte man sich etwas Zeit geben, sich an das neue Klima mit **bis zu 40 Grad Temperaturunterschied** zu unserem Winter anzupassen. Der Wechsel von schweißtreibender Außentemperatur und „polarer Kaltluft" in Hotels, Restaurants und Büros führt leicht zu einer hartnäckigen Erkältung, ein dünner Pulli ist da von Vorteil. Einige Unterkünfte sind so geschickt gebaut, dass der Nordostpassat eine Klimaanlage überflüssig macht – die dann als „Extra" in der Unterkunftsbeschreibung fehlt bzw. als Pluspunkt für den Öko-Tourismus vermerkt wird.

Sonne

Sonnenbrand bekommt man selbst bei bewölktem Himmel oder im Schatten. In der Karibik wird generell mind. ein Lichtschutzfaktor 30 empfohlen, die pralle Mittagssonne zwischen 12 und 15 Uhr sollte man unbedingt meiden. Zum Schnorcheln ist ein T-Shirt und wasserfeste Sonnencreme der beste Schutz. Beim Segeln können sogar dünne Handschuhe und geschlossene Segelschuhe gegen Sonnenbrände auf dem Hand- und Fußrücken nützlich sein.

Pflanzen

Ebenfalls von oben droht eine Gefahr der ganz besonderen Art: die **Kokosnuss**!
Kokosnusspalmen sehen in der Regel am Strand zwar fantastisch aus, sich direkt darunter zu legen kann allerdings für eine böse Überraschung sorgen. Die Früchte neigen zu unangekündigten Flügen senkrecht nach unten. Wegen der beträchtlichen Höhe, aus der die Kokosnüsse fallen, können gerade spielende Kinder regelrecht erschlagen werden. Auf gar keinen Fall sollte man einen Kinderwagen unter diesen Pflanzen abstellen.

Weit gefährlicher (glücklicherweise aber auch sehr selten) ist der **Manzanillo-Baum**. Diese „Apfelbäume" kommen an einem kleinen Strandabschnitt im Norden von Basse-Terre vor, wo sie oft durch einen roten Farbanstrich markiert sind. Die Früchte sind giftig, wenn sie gegessen werden, und auch das bloße Berühren von Rinde oder Blättern kann zu Gesundheitsschäden führen.

Mücken

Fast überall in der Karibik sind unter den Tieren die Mücken (Moskitos) die ärgsten Urlaubsverderber. Sie belästigen einen in der Dämmerung und nach Einbruch der Dunkelheit. Die Moskitos auf Guadeloupe tragen **keine Malaria-Erreger** in sich. Eine Malaria-Prophylaxe ist daher nicht notwendig.

Was es allerdings gibt, ist **Dengue-Fieber** (vor allem zwischen Juli und November), eine von Mücken übertragene Virusinfektion, und erstmals in der Karibik der ebenfalls von Mücken übertragende **Chikungunya-Virus**, der sonst nur für den asiatischen und afrikanischen Raum verzeichnet wurde. Die Symptome sind ähnlich wie bei einer Grippe und gehen auch in der Regel von alleine zurück. Für Säuglinge und ältere Menschen können die Virusinfektionen jedoch gefährlich werden. Wichtig ist in jedem Fall, viel zu trinken. Da es keine Impfung gibt, wird **Prophylaxe mit ausreichendem Mückenschutz** empfohlen. So helfen zum Schutz vor den Plagegeistern beim abendlichen Bummel lange Kleidung, entsprechende Cremes oder Sprays mit dem Wirkstoff Diethyltoluamid (DEET). Für die Innenräume bieten Hotels oftmals Rauchspiralen (bzw. deren elektrische Varianten) an. Die natürlichste Mückenbekämpfung sind allerdings Moskitos verspeisende Tiere wie Geckos – also nicht aus dem Zimmer verjagen. Unter dem Aspekt sind vielleicht auch eher die Quakkonzerte der Frösche vorm Fenster zu ertragen...

Sandflöhe und andere Tiere

Unangenehm sind auch Bisse von den häufig am Strand vorkommenden Sandflöhen (*des chiques f.*), die vor allem am Nachmittag und abends besonders aktiv sind. Neben speziellen Schutzmitteln hilft oft auch schon der Wechsel vom Sand auf einen Liegestuhl. Auch nasse Haut mögen die Sandflöhe nicht. Im Inselinnern gibt es oftmals einige Furcht erregend aussehende Spinnen, die allerdings meist harmlos sind.

Im Meer ist die Begegnung mit Haien äußerst selten, da sie meist von Korallenriffen abgehalten werden und sich nur selten in die flachen Küstengewässer verirren. Der Vorzug der Korallen ist gleichzeitig jedoch auch eine Verletzungsquelle für Schwimmer und Schnorchler. Die scharfen Ecken und Kanten der Korallenbänke und -riffe führen oft zu schlimmen Schnittwunden oder Schürfverletzungen. Weit verbreitet sind Seeigel, deren glasartige, scharfe Stacheln schmerzhafte Wunden hervorrufen und nicht leicht zu entfernen sind (im Zweifelsfall Badeschuhe tragen). Taucher sollten sich vor Attacken von Muränen in Acht nehmen!

Traumkulissen für die Flitterwochen

Information

s. Stichpunkt Auskunft

Inselhüpfen im Archipel Guadeloupe

Das Besondere am Département Guadeloupe ist, im Vergleich zu den meisten Nachbarinselstaaten, dass es sich um einen Archipel handelt, der auf kleinem Raum Inselhüpfen innerhalb des gleichen Départements möglich macht. Von Insel zu Insel gelangt am besten mit der Fähre, da hier regelmäßige Verbindungen das ganze Jahr über bestehen.

Siehe unter dem Stichwort „Anreise" „Fährverbindungen nach ...", Seite 87.

Kartenmaterial

Da das Reisegebiet vor allem aus kleineren Inseln mit einem sehr übersichtlichen Straßensystemen besteht, reichen die in diesem Reisehandbuch abgebildeten Landkarten und Stadtpläne zusammen mit den Broschüren und Karten der Fremdenverkehrsämter für den üblichen Inselbesuch völlig aus.

Wer allerdings auf eigene Faust, etwa als Wanderer oder Segler, die Karibik bereist, braucht genauere See- und Detailkarten. Für **Wanderungen** rund um den Vulkan Soufrière empfiehlt sich die Karte „IGN – TOP 25 – Topographische Landkarte 4605 GT: Basse Terre (1:25.000), ISBN / Artikelnummer ign25_4605GT, Institut Géographique National (IGN)"
Für **Segler** gibt es die Imray Seekarte Guadeloupe Karibik – Guadeloupe, Maßstab: 1:150.000 (WGS 84), Edition 2006 Der Plan enthält: Pointe-à-Pitre inkl. Anfahrten, Anse Deshaies, Gosier, Port Louis, Saint-François mit Marina de la Grande Saline, Marine de Rivière Sens, Îles de la Petite Terre.

Kinder

Guadeloupe ist für Kinder jeden Alters eine wunderbare Urlaubs-Destination. Angenehmes Klima, warmes Meer, seichte Strände, kühle Tropenwälder, klare Gebirgsbäche, Wasserfälle, keine in anderen tropischen bzw. Entwicklungsländern vorkommende Krankheiten – für Kinder ist Guadeloupe **ein Paradies**. So kommt es auch, dass in den französischen Schulferien das Inselbild vor allem von Familien geprägt ist.

Auch was die Flugzeit von acht bis zehn Stunden und die Zeitumstellung betrifft, verkraften die Kleinen das in der Regel ohne Probleme und haben sich spätestens nach einer Woche vollständig dem neuen Zeitrhythmus angepasst. Nach dem Hinflug sollte man sich darauf einstellen, dass die Kinder abends früh müde sind und den Tag mit Sonnenaufgang beginnen.

Insgesamt sind die karibischen Inseln sehr kinderfreundlich. Es gibt nur wenige Hotels, die ausdrücklich keine Kinder als Gäste wünschen, da sie ihren Schwerpunkt auf eine ruhige Atmo-

Gefahrloses Baden schätzen Familien in Sainte-Anne

sphäre gelegt haben. Die meisten Unterkünfte sind auf Kinder eingestellt und bieten Kinderbett, -stühle, Spielzeug, Kinderclubs etc. an.

Die Verständigung ist für Kinder meist kein Problem. Obwohl Deutsch nur in seltenen Fällen gesprochen wird, kommen die Kleinen in der Regel schnell auf Grund ihrer Mimik, mit Handzeichen oder gemeinsamen Aktivitäten klar. Die größeren Kinder können spielend ihr Schulfranzösisch aufbessern.

Wegen der oft abwechslungsreichen Landschaft gibt es für Kinder auch während einer Autofahrt immer etwas zu schauen. Die Strände sind geradezu ideal zum Spielen. Die Forts in Basse-Terre, Pointe-à-Pitre und Terre-de-Haut bieten Raum für Piratengeschichten und Vulkan und Regenwald großartige Naturerlebnisse.

Da Kinder sensibler auf Bakterien reagieren, sollten sie nur in Flaschen abgefülltes Wasser trinken. Wegen des feuchtschwülen Klimas brauchen Kinder mindestens zwei Liter Flüssigkeit am Tag. Zudem sollten Sonnenschutzmittel und Kopfbedeckung eine Selbstverständlichkeit sein. Auch bei bedecktem Himmel ist die Sonnenintensität sehr hoch. Wer ein Babyphone mitnimmt, sollte an den Adapter denken.

Kleidung

Dicke Pullover und Jacken kann man getrost zu Hause lassen. Dagegen gehören legere, lockere Kleidung aus Naturfasern, T-Shirts, Kleider, Röcke, Shorts, Badesachen und Sonnenhut ins Gepäck. Für den Aufenthalt in einem exklusiven Resort/Hotel sollte man für abends noch etwas feinere Garderobe einpacken. Wer sein Glück im Spielcasino in Le Gosier versuchen möchte darf Jackett und Krawatte bzw. Kleid nicht vergessen. Ansonsten sind für den Abend lange Hosen und Hemden mit langen Ärmeln nützlich, weil sie ein guter Insektenschutz sind. Die Temperaturen sind nach Sonnenuntergang jedoch noch immer sehr warm.

Wer in einem der Nationalparks eine Wanderung durch den Regenwald machen möchte, sollte einen leichten Pullover und Regenkleidung mitnehmen. Tropische Regenschauer und schattige Wege können plötzlich einen Temperatursturz verursachen.

Kreuzfahrten

So vielfältig wie die Eindrücke auf einer Kreuzfahrt sind, so umfangreich sind auch die Angebote der Veranstalter einer Tour in der Karibik: Auf dem nahezu unüberschaubaren Markt tummeln sich die größten Passagierschiffe der Welt neben kleinen, luxuriösen Yachten. Schiffe, auf denen vor allem Amüsements und Glücksspiele betrieben werden, teilen sich die Hafenplätze mit sogenannten „Studien"-Kreuzfahrtschiffen. Schließlich sind in der Karibik auch Großsegler anzutreffen. Die Windjammer bieten, ausgerüstet mit modernster, computergesteuerter Technik, unter vollaufgereckten Segeln einen spektakulären Anblick. Wenn so ein Großsegler unter vollen Segeln Guadeloupe ansteuert, lohnt es sich einen näheren Blick darauf zu werfen. Zudem bietet es ein wunderbares Fotomotiv. Auch wenn ein modernes Kreuzfahrtschiff anlegt, ist das immer ein Erlebnis. Hoch überragt die „schwimmende Kleinstadt" die Innenstadt von Pointe-à-Pitre. Kleinbusse warten auf die Tagesbesucher und am Hafen wird geschäftig Nachschub geladen. Wer sich das Spektakel aus der Nähe anschauen möchte, sollte zu Fuß unterwegs sein.

Welche Tour auf welchem Schiff?

Die Antwort auf diese Frage hängt mindestens genauso vom Geldbeutel wie vom Temperament und vom Interesse an den Zielhäfen ab. Die Kosten einer Karibik-Kreuzfahrt hängen von vielen Faktoren ab: Dauer und Termin der Reise, gewählte Kabinen-Kategorie, Kategorie des Schiffes, Trinkgelder, Flug oder Anschlussprogramm usw.

Die aktuellen Preise, Routen-Pläne, Fahrtzeiten etc. erfragt man am besten im Reisebüro, da diese mehrere Schiffe verschiedener Reedereien im Programm haben.

Einen ersten Überblick kann man sich auf **Kreuzfahrt-Portalen** wie www.shipedia.eu verschaffen. Einen kritischen Blick auf Angebot und Preise hat sich auch der „Cruise Report" zur Aufgabe gemacht, hier sind viele Linien mit Zielen aufgeführt: www.cruisereport.com.

AIDA (www.aida.de) bietet mit der **AIDAdiva** mehrere Routen durch die Inselwelt der Kleinen Antillen mit Halt in Pointe-à-Pitre mit und ohne Atlantiküberquerung.

Auf Sport und Unterhaltung legt die **Costa Luminosa** der Reederei Costa Kreuzfahrten (www.costakreuzfahrten.de) ihren Schwerpunkt. Lichtelemente und ein elegantes Design auf den Decks schaffen eine großzügige Atmosphäre. Ein umfangreiches sportliches und gastronomisches Angebot wie auch das Unterhaltungsprogramm, Kinderbetreuung und Wellnessanwendungen lassen kaum einen Wunsch offen.

Schön (und leider auch sehr teuer) sind große Segelschiffe, die Seefahrtromantik vergangener Tage mit modernstem Hightech verknüpfen. Fast lautlos kreuzen Großyachten mit klangvollen Namen wie die Sea Cloud (www.seacloud.com) durch das Karibische Meer und prägen das Landschaftsbild. In der aktuellen Saison segeln die Sea Cloud und die Sea Cloud II u. a. auch mehrmals zu den Îles des Saintes und steuern mit der Bucht von Terre-de-Haut eine der schönsten Buchten der karibischen Inselwelt an.

Mit dem prächtigen Segelboot **Star Clipper** (www.starclippers.com) geht es mehrmals in der Saison sieben Tage und Nächte zu den Leeward Inseln. Start und Endpunkt der Route ist Sint Maarten. Diese führt nach Nevis, Dominica, Îles des Saintes, Guadeloupe, Antigua und Saint-Barth. Auf dem 115,5 m langen und 15 m breiten Viermaster mit einer Segelfläche von 3.365 m^2 mangelt es dabei den maximal 170 Passagieren und 70 Personen Besatzung an nichts. Zwei Pools, ein Restaurant, zwei Bars, eine Bibliothek, eine Krankenschwester, ein Ausflugsbüro, ein Spa wie auch eine Wassersportplattform mit bequemem Zugang zu Wassersport und Tauchgängen stehen den Gästen zur Verfügung.

Auch die niederländische **Sy Kairós**, nach dem griechischen Gott des „günstigen Augenblicks“ benannt, und **Chronos** (www.sailing-classics.com) bieten bei guten Winden Segelerlebnis pur in der Karibik. Die Törns mit dem klassischen Segelschoner sind eine Mischung aus Segel-, Kultur- und Landschaftserlebnis einschließlich Erholung, Wandern und Baden. Der Zeitplan richtet sich nach den Winden, denn auf volle Segel wird Wert gelegt. Bis zu 20 Knoten können erreicht und damit zwischen 3 bis 4 Stunden am Tag gesegelt werden. Aktives Mitsegeln ist sogar möglich. Die Kairós und die Chronos bieten in der laufenden Saison verschiedene Routen durch die Inselwelt der Karibik.

Kriminalität

Guadeloupe und seine Inseln sind im Vergleich zu den Großen Antillen sowie Mittel- und Südamerika aber auch im Vergleich zu Südfrankreich sehr sicher. In den Ballungsgebieten von Point-à-Pitre und Basse-Terre gibt es zwar häufiger Diebstähle zu vermelden, als in den kleineren Orten, wo die Atmosphäre sehr entspannt ist, doch auch dort gibt es keine aggressive und kriminelle Stimmung. Das Gefühl von Sicherheit beherrscht das Leben vor allem auf den Inseln La Désirade, wo Autotüren nicht abgeschlossen werden, der Schlüssel stecken bleibt und die Kriminalitätsrate gleich Null ist. Aber auch auf Marie-Galante oder Les Saintes wird man nicht von dem Gefühl beschlichen, besonders achtsam sein zu müssen.

Trotzdem gilt auch hier die Faustregel, in der Öffentlichkeit bescheiden aufzutreten, keinen übertriebenen Schmuck zu tragen, die Zimmer- oder Hotelsafes nutzen, den Mietwagen abzuschließen und Wertgegenstände nicht offen oder unbeaufsichtigt herumliegen zu lassen. Werden diese Punkte berücksichtigt, kann man sich auf Guadeloupe sehr wohl fühlen (vgl. auch Stichwort „Verhalten im Alltag“, S. 117).

Medien

Am Flughafen von Pointe-à-Pitre sind internationale Zeitungen sowie einige internationale Magazine zu bekommen. Die lokale Tageszeitung ist die „France-Antilles" (www.guadeloupe.franceantilles.fr). Es gibt zahlreiche lokale Radiosender, die auch internationale Nachrichten bringen. Einige senden ihr Programm temporär in Créole. Vielerorts werden französische Infosender wie z. B. FranceInter mit Interesse gehört – mit halbstündlichen Staumeldungen aus Paris oder Marseille. Das TV-Programm wird via Satellit mit süd- und nordamerikanischen Sendern, aber auch mit französischen Kanälen versorgt.

Nachtleben

Auf Guadeloupe gibt es eine kleine Anzahl von **Nachtclubs**, **Pianobars** und **Diskotheken**, die sich jedoch meistens in oder in der Nähe der Hotel- und Kasinoanlagen befinden wie auf Grande-Terre in Le Gosier. Die Einheimischen bevorzugen hingegen, ihr Nachtleben im privaten Kreis oder am Strand auszuleben. Da es bereits um 18 Uhr dunkel wird, beginnt das „Nachtleben" auch entsprechend früh und meistens mit der ganzen Familie. Spontan werden Lautsprecher am Strand aufgestellt, der Grill angezündet und im Wasser und außerhalb des Wassers wird getanzt. Sehr schöne Szenarien sind im alten Ortskern von Le Gosier am der Plage de la Datcha zu beobachten. In Pointe-à-Pitre spielen an der Place de la Victoire oft spontan Musikgruppen, treffen sich die Einheimischen zum Abendessen am Imbissstand. Touristen sollten die menschenleeren Nebenstraßen meiden und direkt am Platz parken. In Basse-Terre lohnt ein Spaziergang an der Uferpromenade, wo an der lang gestreckten Uferpromenade Jung und Alt, Schwarz und Weiß mit Einbruch der Dunkelheit Essen, flanieren, Fahrrad fahren, Joggen etc.

Notruf

Polizei	17
Feuerwehr	18
Krankenwagen	15

Öffnungszeiten

Die Kernzeiten der Geschäfte sind von Mo–Fr von 9 Uhr bis 12.30 Uhr und von 14.30–18 Uhr, Sa bis 13 Uhr geöffnet. Die Supermärkte und Einkaufszentren sind, außer So, bis 20 Uhr geöffnet. Viele Bäckereien und kleinere Lebensmittelläden haben auch am Sonntagvormittag geöffnet.

Banken: Mo–Fr 8–12 und 14–16 Uhr, manchmal auch Samstagvormittag geöffnet. In den Sommerferien durchgehend von 8–15 Uhr.
Postämter: Mo–Fr 8–18 und Sa 8–12 Uhr.

Post

Die Postleitzahl für Pointe-à-Pitre lautet 97110, für Basse-Terre 97100. Postämter sind in jedem größeren Ort vorhanden. Die beiden Hauptpoststellen befinden sich in Pointe-à-Pitre (Boulevard Hanne) und Basse-Terre (Rue Baudot).

An die Daheimgebliebenen eine Karte aus der Karibik zu schicken, lohnt sich nicht nur wegen der schönen Postkartenmotive. Auch die **Briefmarken sind absolut sehenswert**. Mit wunderschönen Motiven der vielfältigen Fauna und Flora der Karibik warten die Postämter der einzelnen Inseln auf.

Preisniveau

Auf den Französischen Antillen liegen in der Hotellerie und Gastronomie die Preise seit Einführung des Euro im europäischen Durchschnitt. Verglichen mit den Preisen in einer deutschen Großstadt wie Hamburg ist die Verpflegung zum Teil günstiger. Für ein Mittelklasse-Hotel muss man mit 90 € pro Tag und Person rechnen. Bei Früchten, Fisch, Rum und anderen örtlichen Produkten, die auf dem Markt angeboten werden, sind die Preise eher günstig. Der Durchschnittspreis für eine Tasse Kaffee, ein Bier oder eine Cola beträgt 3 €.

Reiseagenturen

Besonders empfehlen können wir für **individuelle Buchungen** von Übernachtungen, Mietwagen und Flügen inklusive telefonischer Betreuung vor Ort die deutschsprachige Reiseagentur **Tropical Reisen** (☏ 0711-5053531, 🖷 0711-5053532, info@tropical-reisen.de, www.tropical-reisen.de). Der Veranstalter hat Unterkünfte jeder Preisklasse, vom kleinen Studio in Strandnähe bis zur Luxusvilla im Angebot, auch von privat. Zudem werden Ausflüge über die Insel angeboten, auch Fährtickets kann man buchen.

Caribjet, ☏ +44 20 8581 2320 u. +1 473 439 44440, www.caribjet.com, stellt u. a. Island-Hopping-Trips zusammen.
Aventoura, Rehlingstraße 17, 79100 Freiburg, ☏ 0761/21699-0, www.aventoura.de. Der Veranstalter hat attraktive Gruppenreisen im Angebot: z. B. Vielfältiges Guadeloupe (14 Tage), Segeltour Dominica und Guadeloupe (8 Tage) oder Karibik active mit Kajak- und Trekkingtouren.
atambo Tours, ☏ 069-74220986, www.atambo-tours.de, info@atambo-tours.de. Zusammenstellung individueller Karibik-Reisen, mit besonderem Augenmerk auf nachhaltigem Reisen.
Coeur des Îles, Flughafen Pointe-à-Pitre, ☏ 05 90 21 71 74, www.coeurdesiles.travel.

Reisezeit

s. auch S. 50

Die Gefahr, in einen Hurrikan zu geraten, ist zwischen August und Oktober zwar gegeben, aber für den einzelnen doch so gering, dass sich keiner davon abhalten lassen sollte, seinen

Urlaub in diese Zeit zu legen. Daraus ergibt sich, dass als **Reisezeit das ganze Jahr** in Frage kommt. Dabei ist es im Winter klimatisch für Europäer angenehmer, da das Klima trocken und warm ist und nicht so feucht wie zu den anderen Jahreszeiten. Doch auch dann ist die Chance, durchgängig feuchtschwüle oder verregnete Ferien zu erleben, äußerst gering. Allerdings ist mit mindestens einem täglichen Regenschauer zu rechnen. Die ideale Reisezeit ist jedoch nicht nur eine Frage des Wetters. Denn wenn es in unseren Breiten grau, kalt und unangenehm feucht wird, lockt Guadeloupe mit seiner Bilderbuchseite. Aus diesem Grund sind um Weihnachten herum und im Januar nicht nur die Preise am höchsten, sondern auch die Inseln am vollsten. Das bedeutet allerdings noch immer nicht, dass die Strände überlaufen sind. Vor allem auf den kleinen Inseln rund um den Schmetterling findet sich immer ein ruhiger Platz.

Segeln

Die Karibik das „**schönste Segelrevier der Welt**" zu nennen ist mit Sicherheit nicht übertrieben. Das ganzjährig gute Klima, zauberhafte Landschaften, türkisblaues Wasser, die kulturellen Eindrücke und der ständig wehende Nordostpassat lassen nicht nur die Seglerherzen höher schlagen. Vor allem rund um die Inseln der Saintes mit der wunderschönen und geschützten Bucht von Terre-de-Haut zeigt sich Guadeloupe von seiner schönsten Seite. Nicht zuletzt die mit Yachten jeder Größe gefüllten Marinas zeigen, dass der Zauber dieser karibischen Inselwelt auf die Skipper ungebrochen wirkt.

Die Anse de Bourg ist bei Seglern sehr beliebt

Viele der Segelschiffe sind Charter-Boote, d. h. sie können gemietet werden – mit oder ohne Besatzung. Wer sich aber selbst hinter das Steuerruder stellen will, muss sehr gute nautische Fähigkeiten und den entsprechenden Segelschein besitzen. Denn obwohl man im Bereich des Départements Guadeloupes immer das nächste Ziel vor Augen hat, sind **Atlantik** und die **Karibische See nicht ohne Gefahren**. Besonders die Brandung des Atlantiks, aber auch die Dünung des karibischen Meeres kann zur Herausforderung werden, auf eine plötzliche Änderung der Windverhältnisse oder – im schlimmsten Fall – auf einen Hurrikan muss man vorbereitet sein.

Wer eine Erkundungsfahrt auf See ohne organisierten „Rummel" machen will, kann vor Ort an den Marinas kleinere **Segelboote mit oder ohne Besatzung** mieten. Oder man spricht einfach einen vertrauenswürdigen Skipper an und fragt, ob er einen gegen Entgelt mitnimmt. Der Vorteil ist, dass man dann keinen Segelschein benötigt.

Hinweis

Yachthäfen und Ankerplätze (Auswahl)
- Anse-à-la-Barque • Basse-Terre • Anse Deshaies • Ste-Marie • Rivière Sous-Marin Grande-Terre
- Grand Cul-de-Sac Marin • Pointe-à-Pitre • Bas-du-Fort Marin • Le Petit Havre
- Sainte-Anne
- Saint-François

Saint-Louis, Grand-Bourg (Marie-Galante)
Terre-de-Haut (Saintes)
Beausejour (La Désirade)

Wer ein Schiff für längere Zeit chartern will, sollte dies möglichst frühzeitig und vom Heimatland aus arrangieren. Gute Möglichkeiten, mit entsprechenden Anbietern in Kontakt zu kommen, sind Fachzeitschriften. Auf den großen Segler-Messen wie die „boot" in Düsseldorf oder die „Hanseboot" in Hamburg sind die Veranstalter sogar meistens selbst vertreten. Eine Auswahl von Charter-Booten bietet eines der größten amerikanischen Yacht-Charter-Unternehmen, das auch in Deutschland vertreten ist:
Moorings Deutschland, Theodor-Heuss-Straße, 61118 Bad Vilbel, ☏ 06101-5579150, www.moorings.de.
Weitere Auskünfte gibt auch der **Verein Deutscher Yacht-Charterunternehmer** e.V., Hudestrasse 24, 23569 Lübeck, ☏ 04362-5012891, www.vdc.de.

Wer selbst nicht segeln möchte, kann ein Boot mit **Crew** chartern. Oder man packt gleich selbst an Bord als zahlendes Crew-Mitglied mit an. Die Kosten variieren je nach Kojenplatz, Schiffstyp und Anzahl der Crew. Anreise und Bordkassenanteil für Essen, Hafengebühren, Treibstoff etc. sind bei den Preisen meist nicht mitgerechnet). Auch hier sollten entsprechende Arrangements möglichst weit im Voraus getroffen werden.
Infos unter anderem unter: www.handgegenkoje.de, www.pro-sailing.de, www.mitsegeln.de, www.mitsegler-gesucht.de

Tagesausflüge mit Segelboot oder Wasser-Scooter bieten
King Papyrus, 147 Les Boutiques du Moulin, Marina Bas du Fort, ☏ 05 90 9092, 98, (u. a. Mangroven-Tour), kingpapyrus.com/

Le Nautilus, Plage de Malendure, Bouillante, ☏ 0590-988908, www.lesnautilus.com. Fahrten mit dem Glasbodenboot.
Atmosphere, Hôtel Créole Beach, Le Gosier, ☏ 0690 494728, www.atmosphere-antilles.com. Vermietung von Wassersportgerät, u.a. Scooter.
Paradox Croisières, Marina de Saint-François, ☏ 0590-884173, Katamaran-Touren zwischen den Inseln, www.paradoxe-croisieres.com.

Weitere Infos zum Segeln unter www.voile-en-guadeloupe.com, www.voiletraditionnelle guadeloupe.org, cnbt.free.fr/.

Souvenirs

An lokalen Souvenirs bieten sich besonders Flechtwaren, Textilien, Gemälde sowie Kunsthandwerk aus Holz und Metall an. Auch Rum, Kaffee, Vanille und Gewürze sind beliebte Mitbringsel.

Daneben versteht sich Guadeloupe als „Schaufenster Europas in der Karibik", sodass man teilweise relativ günstig französische Markenartikel kaufen kann, wie Kosmetika und Parfum, Seidentücher, Kristall, Porzellan, Tabak und Spirituosen (Cognac, Champagner). Viele Geschäfte sind in Pointe-à-Pitre am Hafen und in den Seitenstraßen der Place de la Victoire konzentriert. s. auch Stichpunkt „Einkaufen" S. 92.

Farbenfrohe Strandtücher am Plage de Malendure

Sport

Guadeloupe bietet auf sportlichem Gebiet (fast) alles, was die Franzosen vom französischen Festland gewohnt sind. Hinzu kommen allerdings weitere Höhepunkte wie die Aktivitäten rund um den Vulkan Soufrière, im tropischen Regenwald und in karibischen Unterwasserwelten. Ob Sie nun in Saint François windsurfen, in Le Moule Wellen reiten oder in Malendure tauchen möchten, auf Marie-Galante **Kite-Surfen** wollen – über die großen Hotels oder Spezialanbieter kann man Wassersport nach Lust und Laune treiben.

Der Strand von Feuillière – der Tipp für Kite-Surfer

Die Sportmöglichkeiten auf den Inseln sind sehr vielfältig und werden von Jahr zu Jahr umfangreicher. Sowohl für Anfänger wie auch Fortgeschrittene oder sogar für Extremsportler wird ein breites Spektrum geboten. Neben Tennis, Reiten, Wasserski, Schnorcheln, Kanu- und Kajakfahren, Surfen, Kite-Surfen, Wellenreiten, Schwimmen, Golf, Cricket, Boule-Spielen, Pferderennen, Hochseeangeln, Fahrradfahren bzw. Mountainbiken werden vor allem die Sportarten Tauchen und Segeln auf den Inseln großgeschrieben. Die **Unterwasserwelten** von Guadeloupe bieten sowohl für Anfänger wie auch für Fortgeschrittene ebenfalls faszinierende Erlebnisse.

Das Revier des Départements Guadeloupes stellt für **Segler** eines der attraktivsten Ziele dar (s. Stichwort „Segeln", S. 108).

Surfen/Wellenreiten/Kite-Surfen

Surfspots im Norden sind vor allem Baie du Moule und Port-Louis, im Süden Petit-Havre, La Caravelle und Sainte-Anne.

Centre UCPA: Sportzentrum auf den **Îles des Saintes** in der Bucht von Marigot bietet ein breites Wassersportangebot wie auch einfache Unterkünfte. Besonders bei jungen Franzosen ist es sehr beliebt. Kontakt: Chemin rural dit de Marigot, ☏ +33 969 325 095, www.ucpa-vacances.com.

Arawak Surf Club Ècole de Voile: Der Surf-Club in Le Moule auf Grande-Terre bietet Ausflüge zu den Surf-Spots für Windsurfen und Wellenreiten auf **Grande-Terre** und **Basse-Terre**. Material kann vor Ort ausgeliehen werden. Boisvin, ☏ 05 90 23 60 68 und 05 90 35 97 50, www.arawak-surf.gp.

No Comply Surf School: Für Anfänger bietet die Surfschule in St. François Wellenreit-Kurse in kleinen Gruppen. Die Spots werden je nach Wind- und Wellensituation ausgewählt. Kontakt: Olivier, ☏ 0690-579747, www.guadeloupe-surf.com.

Supin'Gwada, Spezialist für Stand-Up-Paddling (SUP), wobei man sich auf einem Surfbrett stehend mit einem Paddel fortbewegt. Port de pêche, Le Moule, ☏ 06 90 00 66 13, www.supingwada.com.

Ein Geheimtipp für **Kite-Surfer** ist Marie-Galante. Am wunderschönen Strand La Feuillière südlich von Capesterre hat sich eine kleine Kite-Surfer-Gemeinde etabliert.

Golf, Tennis, Fallschirmspringen

Golfer haben die besten Möglichkeiten auf dem internationalen 18-Loch-Golfplatz (53 ha) in Saint-François. Er liegt gleich neben der Marina, ☏ 05 90 88 41 87, tgl. 7.10–18.30 Uhr.

Über Tennisplätze verfügen fast alle größeren Hotels auf Grande-Terre (Pointe de la Verdure, Tennisclub in der Marina und im Centre Lambert Lamby in Bas-du-Fort). Die Einheimischen spielen gerne nach Sonnenuntergang im Scheinwerferlicht.

Fallschirmsprünge werden am Flughafen von Saint-François angeboten.

Kajak

In Le Gosier und Sainte-Anne gibt es Möglichkeiten, Kajaks auszuleihen und die Inselwelt vom Wasser aus zu beobachten, z. B. bei **Molem Gliss**, **Club de Canoë et Kayak du Moule** (www.kayak-moule.fr).

Auch bietet sich eine Kajak-Tour in der Lagune zwischen Sainte-Rose und Morne Rouge (zehn Kilometer) an. Die verschiedenen Ökosysteme wie die Mangrovensumpflandschaft und die Korallenriffe vor der winzigen Insel La Biche sind sehr besonders. Der Veranstalter ist: **Rando Passion**, Conodor, 97115 Sainte-Rose, Sainte-Rose, ☏ 05 90 28 98 73 und mobil 06 90 49 83 77, www.randopassion.fr.

Wellenreiter an der Grande-Anse auf Basse-Terre

Tauchen

Eines der schönsten Tauchgebiete ist sicherlich die **Ilets de Pigeon** (westlich von Basse-Terre, nahe von Malendure), wo Jacques Cousteau Teile seines Films „Die Welt der Stille" gedreht hat. Für Schnorchler gibt es die Möglichkeit, von Malendure aus das **Glasbodenboot** zu nehmen und zum Tauchgebiet hinauszufahren. Allerdings ist die Sicht wegen der verhältnismäßig großen Tiefe nicht so gut. Oftmals ist das Boot auch durch Kreuzfahrttouristen ausgebucht. Dennoch lohnt es sich, mit dem Schiff hinauszufahren, allein schon wegen der schönen Sicht vom Meer auf die Insel. Anbieter ist z. B. **Le Nautilus**, Plage de Malendure, Bouillante, ☏ 05 90 98 89 08, 🖷 05 90 98 34 35, www.lesnautilus.com, acht/vier Fahrten pro Tag in Hoch-/Nebensaison, Fahrtdauer: 1h 15 Min. mit Schnorchelmöglichkeit und Erfrischungsgetränk.

Tauchschulen gibt es einige entlang der Küste um die Ilets de Pigeon herum. Für Anfänger eignen sich besonders die Tauchschulen

Les Baillantes Tortues (deutschsprachig), 264 Port de Pêche Baillargent, Pointe Noire, ☏ 05 90 98 28 38/05 90 98 29 71 und 06 90 37 36 17, www.lesbaillantestortues.com.
Archipel Nautilus, Plage de Malendure, Bouillante, ☏ 05 90 98 93 93, www.archipel-plongee.fr.
Club de Plongée (Basse-Terre), Bord de Mer, Sainte Rose, ☏ 05 90 28 65 49, www.alavama.com.
Anse Caraibe Plongée, Plage Caraibe, Pointe Noire, ☏ 05 90 99 90 95, www.anse-caraibe-plongee-guadeloupe.org.
Les Heures Saines, Rocher de Malendure, ☏ 05 90 98 86 63, www.heures-saines.gp.

Wandern

Siehe Stichwort „Wandern", S. 121.

Sprache

Die Inselsprache ist Französisch, die Einheimischen untereinander verständigen sich oftmals in Créole.

Ohne wenigstens ein paar Brocken Französisch ist eine Unterhaltung auf Guadeloupe zwar schwierig, aber machbar. Immer mehr Einheimische sprechen Englisch und sind sehr hilfsbereit. Wenn Sie dann noch ein paar Sätze Französisch sprechen und sich bemühen, auf die Inselbewohner zuzugehen, kann schnell eine große Herzlichkeit entstehen. Drei Worte Créole sollte man sich in jedem Fall merken: „pa ni problem" (= kein Problem).

Strände

Sowohl Grande-Terre als auch Basse-Terre haben schöne Strandabschnitte mit Palmen, geschützte Buchten und typisch karibische Sandstränden. Einige Gemeinden (z. B. Le Gosier, Grand-Terre, oder Grand-Bourg, Marie-Galante) bieten an ihren Stränden Scheinwerferbeleuchtung u.a. fürs Nachtbaden, aber auch Tanzen, Joggen etc. an.

Auf Grande-Terre sind die Strände von Saint-François und Sainte-Anne am schönsten, während die z.T. künstlich aufgeschütteten Buchten von Le Gosier relativ schmal sind. Dafür ist der Sand wunderbar fein und sauber. Ganz im Norden bietet die Anse Bertrand einen breiten Sandstrand und mit der Plage Souffleur in Port-Louis eine weitere gute Bademöglichkeit.

Einsamer Traumstrand auf Marie-Galante

Auf Basse-Terre ist das Highlight des Badelebens die goldgelbe Sandbucht Grande Anse vor einer Palmenwaldkulisse. Aber auch die vulkansandigen, schwarzen Strände südlich von Trois-Rivières an der Grande Anse sind sehr schön und bieten wunderschöne Ausblicke auf die Îles des Saintes.

Allein schon für Strandbesuche lohnen Ausflüge nach La Désirade (Le Souffleur, Strand von Beausejour) und nach Marie-Galante (Plage de la Feuillière, Strand von Grand-Bourg, Plage d'Anse Canot etc.). Auf den Îles des Saintes zieht der Strand der Baie de Pontpierre viele Tagesbesucher an.

Strom

Die Stromspannung beträgt 220 Volt; die Steckdosen sind wie auf dem französischen Festland mit einem Metallstift versehen. Für moderne flache Stecker ist das kein Problem, für alte, dicke Stecker ohne Loch ist jedoch ein Adapter notwendig. Große Hotels verfügen zum Teil auch über ein gewisses Kontingent an Adaptern, bei kleineren kann man sich jedoch nicht darauf verlassen.

Telefonieren und Internet

Die internationale Vorwahl ist von Europa (außer Frankreich, von dort ist es ein Inlandsgespräch) nach Guadeloupe und zugehörigen Inseln: **00-590-xxx**.
Anschließend wählt man die Vorwahl 05 90 und danach die sechsstellige Rufnummer: 00 590 (0) 590 123456. Auch innerhalb Guadeloupes muss man jeweils die Vorwahl 05 90 wählen, d. h. erst den Code für die Region, die 05, und dann die Vorwahl 90 vor der sechsstelligen Telefonnummer: 05 90 12 34 56. Handynummern beginnen mit 06 90.

Auf Guadeloupe und den zugehörigen Inseln wählt man **nach Deutschland** 0049, **nach Österreich** 0043 und **in die Schweiz** 0041; danach jeweils die örtliche Vorwahl ohne die erste Null.

Wer **von Guadeloupe – oder auch von Paris – nach Martinique** telefonieren will, wählt 05 96 plus der sechsstelligen Nummer des dortigen Teilnehmers. Von der französischen Hauptstadt nach Guadeloupe wählt man entsprechend die 05 90.

Das Telefonieren mit dem **Handy** ist kein Problem. Es gelten i. d. R. die EU-Handy-Tarife des Mobilfunkanbieters.

Internet: Mittlerweile verfügen die meisten Hotels und Gästehäuser über Computer und Internetflatrates für ihre Gäste. Bei manchen Häusern muss man am Hotel-eigenen PC eine Gebühr bezahlen, kann aber mit einem Laptop und WLAN-Zugang kostenlos ins Netz.

Trinkgeld

Normalerweise ist überall auf Guadeloupe ein Trinkgeld (frz. *pourboire*) als „service charge" von 10–15 Prozent im Preis enthalten. Wenn man mit dem Service zufrieden war, ist es üblich, den Betrag aufzurunden und das Trinkgeld auf dem Tisch liegen zu lassen. Zimmerpersonal bekommt in der Regel 1 €. Gepäckträger bekommen das Gleiche pro Gepäckstück. Auch ist es üblich, Tourenführern ein Trinkgeld zu geben.

Ein traditionelles kreolisches Haus

Unterkunft

Allgemein ist die Hotellerie auf Guadeloupe auf einem **hohen Niveau**. Die Zimmer sind meist großzügig und nicht selten auch mit einer Küche/Küchenecke (*kitchenette*) ausgestattet. TV und Klimaanlage sind bei Drei-Sterne-Hotels selbstverständlich. Die meisten Hotels auf Guadeloupe sind in Le Gousier auf der Pointe de la Verdure angesiedelt. Auch wenn das Gebiet einsamer Inselromantik wiederspricht, so ist auch hier das Hotelaufgebot überschaubar und für eine unkomplizierte Unterkunft mit internationalem Standard durchaus empfehlenswert.

Wer sich durch gelegentliche Regentage bzw. Regenschauer nicht stören lässt, sollte im europäischen Sommer bzw. Herbst in die Karibik reisen und die Hauptsaison im Winter und insbesondere die Zeit um Weihnachten herum meiden. Dann sind die Preise am höchsten. Im Frühsommer, Sommer und Herbst hingegen gibt es Preisnachlässe von bis zu **30 Prozent**.

Information

Es gibt einige gute Hotels auf Guadeloupe, die meisten sind in **Le Gosier**, **Sainte-Anne** und **St. François** angesiedelt. Der Preis für ein normales DZ inklusive Frühstück ist in der oberen Mittelklasse einzustufen. Die in diesem Reise-Handbuch genannten Übernachtungsmöglichkeiten sind überwiegend Unterkünfte der Mittelklasse bis Luxus-Klasse. Die Auswahl der Übernachtungsmöglichkeiten ist nach persönlichen Recherchen vor Ort erstellt worden und erhebt keinen Anspruch auf Vollständigkeit. Ebenfalls soll mit ihr nicht die Meinung ausgedrückt werden, andere Hotels seien nicht akzeptabel.

Die dabei verwendete Klassifizierung durch €-Zeichen orientiert sich am offiziellen Preis für das Doppelzimmer für zwei Personen (ohne Steuern, sonstige Abgaben, Frühstück oder weitere Mahlzeiten – sofern nicht anders angegeben). Abweichungen zum tatsächlichen Zimmerpreis können sich durch die jeweilige Saison, Pauschalangebote oder eine veränderte Preispolitik des Leistungsträgers ergeben. Die Angaben dienen also nur als Richtlinie.

Übernachtungskategorien für ein Doppelzimmer für zwei Personen pro Tag

€€€€€	über € 120
€€€€	ca. 90–120 €
€€€	ca. 70–90 €
€€	ca. 45–70 €
€	unter 45 €

Resorts

Luxuriöse Hotelanlagen, in denen man eine große Anzahl an Freizeitangeboten und Sportmöglichkeiten wie eigene Tennis- und Golfanlagen vorfindet; Fitnesszentren, Tauch- und Windsurfschulen, Reitställe und diverse Wassersporteinrichtungen. **All-Inclusive-Hotels** spielen auf Guadeloupe keine große Rolle. Der französische Club Med bildet da eine Ausnahme.

Touristenhotels gehobener Klasse

bieten internationalen Standard einer modernen Anlage mit entsprechender Ausstattung. Vielfach verfügen die an der Küste gelegenen Hotels über Privatstrände oder separate Strandzugänge. Die Zimmer sind mit Bad, WC und Klimaanlage versehen. Bar, Restaurant, Swimmingpool, Tennisplätze, diverse Sporteinrichtungen zu Wasser und Land, Diskotheken, Tresore für Wertsachen, Animation und Security-Dienst gehören in der Regel zum Standard.

Tipp

Ferienhäuser

Die günstigere Alternative zum Hotelzimmer sind Ferienwohnungen bzw. -häuser (Bungalows) und Gastzimmer, die sogenannten „Gîtes ruraux“ und „Chambres d´hôtes“ von Gîtes de France, die sehr gut im Internet zu buchen sind:
Gîtes de France Guadeloupe, Place de La Victoire, B. P. 759, 97171 Pointe à Pitre, ☏ 05 90 91 64 33, 🖷 05 90 91 45 40, www.gitesdefrance-guadeloupe.com; Postadresse in Frankreich ist: La Maison des Gîtes de France et du Tourisme Vert, 40 Avenue de Flandre 75019 Paris, ☏ 0033 (0)1 49 70 75 75, www.gites-de-france.com.

Darüber hinaus gibt es viele gute **private Unterkünfte**. Oft sind sie wochenweise zu buchen, manche bieten aber auch Übernachtungen für eine geringere Aufenthaltsdauer. Alle Unterkünfte haben mindestens eine Kochecke, um ein Frühstück zuzubereiten. Die meisten verfügen über eine gut ausgestattete Küche auf einer überdachten Terrasse oder einem Balkon. Die Adressen finden Sie bei den regionalen Reisetipps im Anschluss an die Routenbeschreibungen im Kapitel 3 „Unterwegs auf Guadeloupe“

Verhalten im Alltag

Die Gewohnheiten und das Verhalten der Einwohner auf den Inseln des Départements Guadeloupes stehen trotz starker französischer Prägung immer noch im Zeichen des karibischen Lebensgefühls, das einen gewissen Gleichmut und eine Entspanntheit mit sich führt. Diese Atmosphäre ist einer der Gründe, weshalb die Karibik so anziehend und erholsam ist. Allerdings ändert sich diese Atmosphäre auch dann nicht, wenn man es plötzlich eilig hat. Also nicht ärgern, wenn es nicht flott genug geht, der Hotelmanager nicht erscheint oder der Taxifahrer nicht wartet. Wenn man sich auf den **Rhythmus der Insel-Bewohner** einlässt, klappt am Ende meist doch eine ganze Menge.

Gelegentlich neigen Touristen zu der Erwartung, dass sich die Einheimischen über ihr Erscheinen freuen und zudem noch dankbar sein müssen, dass sie Einnahmen bringen. Doch nicht zuletzt aufgrund einer schmerzvollen Vergangenheit haben sich die Einheimischen ihr Selbstbewusstsein hart erkämpfen müssen und reagieren auf arrogantes Verhalten sehr sensibel. Deshalb sollten die Besucher durch unauffälliges und respektvolles Verhalten unangenehme Situationen schon im Vorfeld entschärfen. Und oftmals hilft ein Lächeln und ein nettes „Bonjour" auf Guadeloupe. Und auch Humor oder ein Lächeln können Wunder wirken – selbst beim abweisenden Flughafenbeamten und beim mürrischsten Kellner!

Kleidung: Bei gleich bleibend angenehmer Wärme bietet es sich an, von morgens bis nachts in Badesachen herumzulaufen. Dennoch gelten auch auf Guadeloupe Anstandsregeln, die man **unbedingt beachten** sollte. Gerade hier legen die Menschen, und mögen sie noch so arm sein, großen Wert auf angemessene Kleidung – egal ob zu Hause, in ihren Siedlungen oder beim Kirchgang. Badekleidung trägt man nur dort, wofür sie gemacht wurde: am Strand.

Baden: Wer gerne hüllenlos braun wird, ist auf Guadeloupe eher fehl am Platz. FKK ist nur selten erlaubt. „Topless" am Strand zu liegen wird toleriert, ist aber vor allem bei den jüngeren Generationen aus der Mode gekommen.

Fotografieren: Wer Fotos von Einheimischen machen möchte, sollte immer vorher um Erlaubnis fragen!

Verkehrsmittel

Auto/Mietwagen

Hinweis

Die Straßen sind auf Guadeloupe in der Regel gut. Dennoch muss man gerade auf den Strecken außerhalb des Ballungszentrums um Pointe-à-Pitre gut aufpassen. Immer wieder lassen Unterspülungen oder einfach schlecht gemachte Asphaltierungen kreisrunde Löcher mit spitzen Kanten entstehen. Wer hier mit hohem Tempo reinfährt, riskiert Achsenbruch oder zumindest einen Platten.

„Scooter" nennen die Franzosen die Motorroller

Mit seinem dichten und guten Straßennetz von insgesamt knapp 2.000 Kilometer Länge bietet sich Guadeloupe für Selbstfahrer an. Die Verkehrsregeln entsprechen denen in Frankreich und Deutschland, wenn auch manche Fahrer ihr karibisches Temperament nicht verleugnen können. Vorsicht an Ortseinfahrten! Hier sorgen Bodenschwellen, um die Autofahrer in Ortschaften oder an gefährlichen Stellen abzubremsen, für eine Gefahrenquelle, da sie oftmals nicht gut markiert sind und den Mietwagen demolieren oder plötzliche Bremsmanöver sorgen.

Viele lokale und internationale Firmen bieten **Mietwagen, Jeeps und Mopeds** an. Fast alle Anbieter haben Büros an den Flughäfen oder in den größeren Hotels. Für einen Kleinwagen (Peugeot 206, Renault Clio) muss man mindestens mit 40 € pro Tag rechnen; am günstigsten sind Buchungen aus dem Ausland mindestens 48 Stunden im Voraus. Je länger man von vornherein den Mietwagen bucht, desto billiger wird er. Bei einer Verlängerung schlägt dann wieder der Tarif für die neue Mietdauer zu Buche.

Zum Mieten benötigt man einen Führerschein und eine Kreditkarte, von der die Kaution abgebucht wird. Wenn keine Mängel aufgetreten sind und die Transaktion geklappt hat, erscheint am Schluss die Summe wieder als Guthaben auf dem Konto. Anbieter sind:
Hertz, Flughafen Pointe-à-Pitre und Fährterminal in Pointe-à-Pitre sowie in Sainte-Anne, Saint-Francois, Le Gosier, Baie-Mahaut, Deshaies, Baillif sowie auf Marie-Galante, www.hertz antilles.com.
Budget, Flughafen Pointe-à-Pitre und Le Gosier, ☏ 05 90 21 46 57, www.budget-guade loupe.com.
Europcar, Flughafen Pointe-à-Pitre, Hotline ☏ 05 90 21 13 52, www.europcar-guade loupe.com.
Jumbo Car, Flughafen Pointe-à-Pitre, ☏ 05 90 91 55 66 u. 05 90 21 13 50, www.im-carai bes.com/jumbocar.
Sixt, Flughafen Pointe-à-Pitre, www.sixt.de/mietwagen/guadeloupe.

Motorradverleih

Dom Location, Rue Thimothé Gendrey Chauffour, 97139 Abymes, ☏ 05 90 88 76 08
Vespa Sun, Pointe-à-Pitre, ☏ 05 90 91 30 36

> **Hinweis**
>
> **Unfall**
> Ein Unfall kann auch bei größter Vorsicht immer passieren. Unabhängig davon, ob man selbst Schuld hat oder nicht, sollte man folgende Regeln beachten:
> - Höflich bleiben – auch wenn der Ärger groß ist.
> - Unfallstelle weiträumig absichern, damit nicht noch mehr passiert. Warnblinklichter einschalten und Warndreieck in entsprechendem Abstand zur Unfallstelle aufstellen.
> - Um Verletzte kümmern.
> - Telefon suchen und evtl. Krankenwagen und Polizei benachrichtigen!
> - Von Unfallbeteiligten Name, Anschrift, Kennzeichen und Fabrikat des Fahrzeugs notieren.
> - Unfallort und -zeit festhalten.
> - Auf keinen Fall ein Schuldeingeständnis unterschreiben.

Busse

Die modernen und bequemen Busse sind eine preiswerte Alternative zum Mietwagen. Hier bekommt man zudem garantiert und gratis viel Lokalkolorit. Die Busse verkehren von 5 bis 18 Uhr. Zentraler Knotenpunkt ist Pointe-à-Pitre mit seinen drei Überland-Busbahnhöfen **La Darse** (Quai Gatine) für Fahrten an die Südküste von Grande-Terre, **Mortenol** für die Nordküste von Grande-Terre und **Bergevin** für Basse-Terre. Die kommunalen Überlandbusse sind an ihrer orange-weißen oder grün-weißen Farbe erkennbar, in Pointe-à-Pitre fahren die gelb-grünen Busse der Firma TUPP.

Taxis

Am Flughafen, an vielen Hotels, Stränden und in Pointe-à-Pitre stehen ausreichend viele Taxis bereit. Die Preise sind gesetzlich festgelegt, die meisten Wagen haben Taxameter. Für eine längere Fahrt kann man den Preis vor Fahrtantritt verhandeln.Allerdings sprechen nur wenige Taxifahrer Englisch! Als Anhaltspunkt gilt: Ein Taxi von der Fähre in Pointe-à-Pitre nach Le Gosier kostet ca. 20 €, nach St. François ca. 50 €.

Zu Wasser

Von Bergevin, dem Fährhafen in Pointe-à-Pitre, gibt es viele komfortable und gut funktionierende Verbindungen mit Personenfähren, Katamaranen oder Motor-Schnellbooten nach Marie-Galante, La Désirade und den Saintes-Inseln.Außerdem verkehren die Schnellboote des L'Express des Iles zwischen Guadeloupe, Martinique und Dominica sowie weiteren Nachbarinseln. Die häufig wechselnden täglichen Abfahrtszeiten (meist morgens gegen 8 Uhr), Preise sowie Ausreisegebühren erfragen Sie am besten im örtlichen Fremdenverkehrsbüro oder am Hafen (siehe auch in Kapitel 3 „Unterwegs auf Guadeloupe"). Weitere Fähr-Anlegestellen sind auf Guadeloupe in Trois Rivières, Basse-Terre, Sainte-Anne und Saint-François.

Die wichtigsten **Fährgesellschaften**: s. Stichwort „Anreise", S. 84.

Verleihstation auf La Désirade

Fahrräder und Motorroller

Fahrrad fahren ist auf Guadeloupe ein Volkssport und hat seinen Höhepunkt Anfang August, wenn die professionelle Fahrradtour stattfindet. Trainiert wird das ganze Jahr, sodass sowohl auf der Traversée auf Basse-Terre als auch auf der Küstenstraße im Süden von Grande-Terre nach Feierabend und vor Sonnenuntergang viele Rennradfahrer zu beobachten sind.

Auf La Désirade, Marie-Galante und Terre-de-Haut dient das Fahrrad vor allem bei den Jugendlichen als Fortbewegungsmittel. Für Besucher gibt es auf allen drei Inseln Fahrradverleihe. Auf Terre-de-Haut ist das allgemeine Verkehrsmittel zudem der Motorroller. Hier säumen einige Rollerverleiher die Einkaufsstraße in „Le Bourg". Kosten: Pro Tag und Roller für zwei Personen 20 €.

Versicherung

Auf jeden Fall ist der **Abschluss einer Reisekrankenversicherung** zu empfehlen, die im Ernstfall auch den Rücktransport einschließt. Da Guadeloupe zur EU gehört, ist auch hier die europäische Krankenversicherungskarte (EHIC) Grundlage der Behandlung, diese muss aber dennoch vor Ort bezahlt werden. Mit dem vom Arzt ausgehändigten Behandlungsformular werden die Kosten (anteilig) von der deutschen oder französischen Krankenkasse erstattet. Nähere Informationen erhält man bei seiner Krankenkasse bzw. der privaten Krankenversicherung. Bei allen weiteren Versicherungen, wie z. B. eine Gepäckversicherung, sollte man genau die Konditionen lesen, da vieles ausgeschlossen wird. Bei einer teuren Reise ist zudem der Abschluss einer Reiserücktrittsversicherung zu erwägen.

Wandern

Guadeloupe eignet sich ganz besonders gut zum Wandern, sei es durch den Regenwald des Nationalparks oder hinauf zum bzw. rund um den Vulkan Soufrière. Mit mehr als einem Dutzend längerer und etlichen kürzeren ausgeschilderten Wanderwegen (ca. 300 Kilometer) hat Guadeloupe das beste Wanderrevier der Antillen.

Kühle Gebirgsflüsse laden beim Wandern zum Baden ein

Beim Wandern in tropischen Gebieten muss man vor allem in der Regenzeit mit starken Regengüssen rechnen. Regenschutzkleidung und warme Anziehsachen sollte man daher immer mitnehmen. In höher gelegenen Waldgebieten kann es zudem kühl werden. Auch ausreichend Trinkwasser und Sonnencreme sollte man nicht vergessen. Wichtig: bei der Tourenplanung beachten, dass es schon zwischen 17.30 und 18.30 Uhr dunkel wird und die Dämmerung nur sehr kurz ist!

Ausgangspunkt der meisten Wanderungen ist Saint Claude – auf dem Weg zwischen Basse-Terre und dem Massiv des Soufrière. Angeboten werden mehrtägige Wanderungen mit den Schwerpunkten des Vulkans Soufrière, Bodenkunde, Fauna und Flora.

Information

Nationalparks auf Basse-Terre: www.guadeloupe-parcnational.com.

Fremdenführervereinigung *Association des guides accompagnateurs de moyenne montagne*, **Vert Intense**, Eric Barret, Route de la Soufrière, Morne Houel, Saint Claude, ☏ 05 90 99 34 73, mobil: 06 90 993 473, www.vert-intense.com, bieten auch Mountainbike- und Kultur-Touren an.

Währung/Geld

Für das französische Überseegebiet, das Département d´Outre-Mer Guadeloupe, ist die offizielle Währung der Euro. Kreditkarten werden fast überall akzeptiert, zudem kann man auch mit der EC-Karte am Geldautomaten Geld abheben, denn man befindet sich in Frankreich!

Zeit

Allgemein gilt auf Guadeloupe und seinen Inseln die **Atlantic Standard Time**, d. h. MEZ minus fünf Stunden im Winter (12 Uhr mittags in Frankfurt entspricht 7 Uhr morgens in ***Pointe-à-Pitre***) bzw. minus sechs Stunden für die europäischen Länder während der Sommerzeit.

Zoll

Guadeloupe gehört zur EU, daher unterliegen Waren für den persönlichen Bedarf keinerlei Beschränkungen. Für Zigaretten sollte eine Grenze (ca. 800 Stück) ebenso eingehalten werden wie für Tabak (1 kg) und Alkohol (10 l Spirituosen).

Drogenbesitz (auch für den eigenen Gebrauch oder weicher Drogen) ist strafbar.

Das kostet Sie Guadeloupe und seine Inseln

Stand: Januar 2016

Auf den „Grünen Seiten" geben wir Preisbeispiele für den Urlaub auf Guadeloupe, damit man sich ein ungefähres Bild über die Kosten der Reise machen kann. Natürlich können die Angaben nicht mehr sein als eine vage Richtschnur. Außerdem sind die Preisunterschiede gerade bei den Unterkünften groß. Deshalb finden Sie in den „Reisepraktischen Informationen" kurze Angaben zum Preisniveau und eine Klassifizierung der Unterkünfte nach unterschiedlichen Preiskategorien. Für Guadeloupe und seine Inseln gilt, dass es um die Preisrelation von Waren und Dienstleistungen ähnlich wie im Mutterland Frankreich bestellt ist. Insgesamt liegt es jedoch ca. 10 % über dem Preisniveau des Festlands. In gehobenen Restaurants, die sich vor allem in den Luxus-Hotels befinden, ist ein Menü ein etwa so teures Vergnügen wie in einer europäischen Großstadt. In einfacheren Gaststätten, wo allerdings nicht minder gutes und frisches Essen serviert wird, liegt man bei einem Tagesgericht mit reichlich und schmackhaftem Fisch in der Regel weit unter den zu Hause gewohnten Preisen.

Anreise

Flug

Transatlantik-Direktflüge (Hin- und Rückflug): Wer auf Sonderangebote achtet oder den Flug zusammen mit anderen touristischen Leistungen als Paket bucht, kann oft deutlich unter dem offiziellen Tarif fliegen. Kurzfristig individuelle Flüge zu buchen ist hingegen wesentlich teurer bzw. wegen Ausbuchungen mitunter nicht möglich.

Einige „offizielle" Preisbeispiele mit Buchungsdatum Ende November 2015:

Air France	**ab Frankfurt/Main Flughafen**
	nach Pointe-à-Pitre (*inklusive Flughafentransfer*)
Februar 2016	ab € 780*
März 2016	ab € 824*
April 2016	ab € 740*
Oktober 2016	ab € 740*
November 2016	ab € 1.860*

** (Preise p. P., inkl. Einreise-, Ausreise- und Flugsicherheitsgebühren, Steuern, unverbindliche Preise, Stand 20. November 2015)*

Kinder unter zwei Jahren zahlen je nach Fluggesellschaft 90–100 Prozent, Kinder im Alter von 2–11 Jahren je nach Fluggesellschaft 25–50 Prozent. Bei einer Buchung mit **Air France** müssen Sie beachten, dass Sie bei den meisten Flügen in Paris einen Flughafenwechsel vornehmen müssen (siehe dazu S. 84). Zwischen den Flughäfen Paris-Charles de Gaulle und Paris-Orly steht dabei ein Transfer mit den Air France-Bussen zur Verfügung.

Bei der **Ankunft** am Flughafen Charles-de-Gaulle muss man das Gepäck in Empfang nehmen und sich anschließend am Air-France-Schalter melden, wo man eine Fahrkarte bekommt. Wer die Transfertickets schon beim Check-in ausgehändigt bekommen hat, kann direkt zu den Air France Cars (Ausschilderung) gehen.

➤ Inselhüpfen per Fähre

Die gängige und günstigste Art von Insel zu Insel im Archipel Guadeloupe zu gelangen ist per Fähre. Die Preise werden in der Regel jeden Monat neu festgelegt. Hier einige Preisbeispiele.

Fährtarife
(Ausgewählte Fähren von Basse-Terre/Grande-Terre zu den weiteren Inseln im Département Guadeloupe, Preise p. P. von 2014)
Von Trois-Rivières (Basse-Terre) zu den Inseln Saintes, Hin- und Rückfahrt: 18–21€.
Von Saint-Francois nach La Désirade 24 €, nach Marie-Galante 36 €, zu den Saintes 38 €.

➤ Mietwagen

Für einen Mittelklasse-Wagen muss man auf Guadeloupe mit ca. 40 € pro Tag ab/bis Mietstation rechnen, inkl. Teilkasko mit Selbstbeteiligung, unbegrenzte km, Insassenversicherung und alle Steuern (bei Vorausbuchung und einer Mietdauer von vier bis sechs Tagen; höhere Preise bei Tagesmiete, bei einer Mietdauer ab sieben Tage sind Preisnachlässe üblich).

Reisearrangements

➤ Studienreisen mit Reiseleitung

Aventoura (www.aventoura.de) hat eine 16-tägige Reise von Guadeloupe über Dominica nach St. Lucia im Programm. Der Aufenthalt auf Guadeloupe sieht unter anderem Wanderungen auf Basse-Terre und einen Ausflug nach Marie-Galante vor. Daneben bietet er Einblicke in die Zuckerproduktion auf Grande-Terre, Badeaufenthalte und natürlich kreolisches Essen. Preis: ab 3.870 € inkl. Flug

Schulz Aktiv Reisen (www.schulzaktivreisen.de): Der Reiseanbieter mit Sitz in Dresden hat eine interessante **Wanderreise** in seinem Programm. 16 Tage lange geht es zu Fuß bei 11 Wanderungen über die Inseln Guadeloupe, Dominica und Martinique: ab 2750 € (ohne Flug).

➤ Pauschalreisen

Le Gosier, La Créole Beach, 7 Tage Hotel, Frühstück pro Person ab 1.640 €.
Grande Anse, Habitation Grande Anse, 7 Tage Hotel pro Person ab 1.374 €.

Online buchbar bei:
www.ab-in-den-urlaub.de, www.reisen.de, www.travel24.de, www.reise-preise.de.

Aufenthalt

Exkursionen mit Vert intense (www.vert-intense.com) (Auswahl)	
Geführte Wanderung auf den Vulkan Soufrière	30 €
Wasserfallwandern „Aquarando" z. B. in Acomat	45 €
Canyon-Tour mit Übernachtung in der Hängematte	150 €
Viertägige Trekkingtour über die Gipfel Basse-Terres	290 €
Kajaktour (7 Tage) mit Vollverpflegung, Übernachtungen etc.	1205 €

Kreuzfahrten

In den Programmen der großen Touristik-Unternehmen und der Spezial-Reiseveranstalter finden sich etliche Karibik-Kreuzfahrten, bei denen auch die Kleinen Antillen im Mittelpunkt stehen. Hier drei Beispiele für unterschiedliche Kreuzfahrten, bei denen auch Guadeloupe angesteuert wird, für die Saison Frühjahr 2016:

TUI Cruises / Mein Schiff 2

Bei TUI Cruises kostet eine Kreuzfahrten in der Saison 2015/2016 in der nördlichen und südlichen Karibik (14 Tage) ab 1.848 € p. P. (Innenkabine, mit Flug ab 2.690 €): Dominikanische Republik – Curaçao – Bonaire – Isla Margarita (Venezuela) – Tobago – Barbados – Dominica – Martinique – Guadeloupe – St. Kitts – Dominikanische Republik. Eine Karibik-Kreuzfahrt inkl. Atlantikquerung (22 Nächte), z. B. Barbados – Dominica – Martinique – Guadeloupe – St. Kitts – La Romana (Dominikanische Republik) – Grenada – St. Lucia – Barbados – Madeira – Palma de Mallorca, gibt es ab 3.455 €.

AIDA Cruises

z. B. Kreuzfahrt Karibische Inseln, 14 Tage im Februar 2015: La Romana (Dominikanische Republik) – Aruba – Curaçao – Bonaire – Kingstown – Grenada – Barbados – Castries – Dominica – Guadeloupe – Antigua – La Romana. Ohne Flug ab 1.299 € p. P.

Eine **weitere Route** (19 Tage) über Guadeloupe beinhaltet eine Atlantiküberquerung: Barbados – Castries – Dominica – Guadeloupe – Antigua – La Romana – Basseterre – Martinique, dann von Barbados über den Atlantik nach Gran Canaria, Lanzarote und Teneriffa. Inkl. Flug ab 1.999 € p. P. in einer Innenkabine.

MS Hamburg

Mit dem Schiff lassen sich derzeit zwei Kreuzfahrten unternehmen, die einen Aufenthalt in Guadeloupe beinhalten. Eine startet in Pointe-à-Pitre, besucht nach einem Schlenker über Antigua sowie St. Kitts und Nevis die Îles des Saintes, um dann die Kleinen Antillen hinab bis Trinidad und dann wieder hoch bis Martinique zu fahren (12 Tage ab 2.299 € inkl. Flug). Die andere Reise startet in Kuba und führt dann u. a. über Jamaika und die Dominikanische Republik nach Pointe-à-Pitre (14 Tage 2.599 € inkl. Flug). Gegen Aufpreis ist jeweils ein Vor- bzw. Nachprogramm auf Guadeloupe buchbar.

Tauchen

Die meisten Veranstalter für den Tauchsport haben sich um das Unterwassernaturschutzgebiet „Cousteau" rund um die Plage de la Malendure angesiedelt. Aber auch in den Programmen von Reisegesellschaften bzw. Spezialveranstaltern finden Freunde des Tauchsports Angebote, oft in Zusammenhang mit einer Tauchschule, die einem bestimmten Hotel angeschlossen ist.

Hier ein Preisbeispiel von einem der schönsten Tauchplätze der Karibik:
„Les Baillantes Tortues" (Tauchbasis in der Nähe von Pointe-Noire/Baillargent): 1 Tauchgang plus komplettes Material 38 €.

Essen und Trinken

Ein typisch kreolisches 3-Gänge-Menü

3-Gänge-Menü mit den Spezialitäten der Insel	18 €
Vorspeise	3,50 €
Gegrillter Fisch	12 €
Steak	14 €
Meeresfrüchtesalat	12 €
Flambierte Banane	4 €
Glas Wein (25 cl)	4 €
Glas Wasser	1,50 €
Fruchtsaft	2,50 €

Unterkunft

Individualreisende, die eine Unterkunft mit Selbstverpflegung suchen, können aus einem recht großen Angebot von Gästehäusern mit einem guten Preis-Leistungsverhältnis auswählen.

Wochentarif für ein Gîte für 2 Personen: ab **300 €**.

Folgende Preisbeispiele verstehen sich als Richtschnur für eine Person im DZ (Ü = Übernachtung, ÜF = Übernachtung/Frühstück; AI = All inclusive) und können je nach Buchungsdatum, -dauer und Reiseveranstalter davon abweichen.

Insel	Anlage	Unterkunftsart	Preis
Grande-Terre	La Creole Beach Hotel	Luxus-Hotel, ÜF	ab € 150 (o. Steuern)
	Le Golf Marine	Mittelklasse-Hotel, ÜF	ab € 81 (o. Steuern)
Basse-Terre	Le Jardin Malanga	Luxus-Hotel, ÜF	ab 261 €
	Hôtel Saint-Georges	Mittelklasse-Hotel, ÜF	110 €
La Désirade	Hôtel Oasis	Mittelklasse-Hotel, ÜF	ab 48 €
Marie-Galante	Kawann Beach Hôtel	Luxus-Klasse, ÜF	ab 118 €
Les Saintes	Hôtel Kanaoa	Mittelklasse-Hotel, ÜF	85–120 €
	Lô Bleu Hôtel	Mittelklasse-Hotel, ÜF	70–138 €
	Hôtel Bois Joli	Luxus-Hotel, ÜF	74–203 €

3. UNTERWEGS AUF GUADELOUPE

Pointe-à-Pitre

Wer beim Anflug auf den Flughafen Aéroport Guadeloupe Pôle Caraïbes aus dem Fenster sieht, wird kaum begeistert sein, scheint doch das Stadtbild ausschließlich von gesichtsloser moderner Architektur mit einigen Hochhäusern, Industrieanlagen und Wohnsilos bestimmt. Da ist der Blick auf die Mangrovensümpfe der *Rivière Salée* schon interessanter. Aber man täusche sich nicht: Pointe-à-Pitre ist nicht nur größte Stadt und wirtschaftliches Zentrum von Guadeloupe, wichtiger Anlegehafen für Kreuzfahrtschiffe und Sitz einer Unterpräfektur, sondern es wartet durchaus auch mit sehenswerten Gebäuden und Plätzen auf. Die Ortschaft geht auf einen niederländischen Juden namens Piet zurück, der 1654 auf ungünstigem, weil komplett versumpftem Gelände ein Haus baute. Daraus wurde später die „Landzunge des Piet", frz. *pointe à Peter* – Pointe-à-Pitre (ab 1772).

Im Zentrum der Insel

Trotz vieler Katastrophen wie Erdbeben, Hurrikans, Bränden und Cholera wuchs die Ortschaft unablässig und zählt heute zusammen mit den Außenbezirken Le Gosier und Les Abymes 211.000 Einwohner. Obwohl also jeder dritte Inselbewohner in diesem Großraum zu Hause ist, heißt die Hauptstadt des Départements Basse-Terre, das im Verhältnis zu Pointe-à-Pitre nur 12.400 Einwohner hat und auf der gleichnamigen Südinsel liegt. Pointe-à-Pitre wurde von dem großen Erdbeben 1843, das große Teile Guadeloupes verwüstete, besonders schwer getroffen. Fast die ganze Stadt wurde zerstört und musste in den Folgejahren wieder aufgebaut werden.

Pointe-à-Pitre kann nicht mit dem provinziellen Charme von Basse-Terre aufwarten, hat sich aber in den letzten Jahren ordentlich herausgeputzt und lohnt für einen halbtägigen Stadt- und Einkaufsbummel. Es gibt Cafés an der zentralen Place de la Victoire, wo auch die Touristeninformation zu finden ist. Zudem locken einige Museen, ein altes Kinogebäude, die renovierte Kathedrale und der lebhafte Markt direkt am Wasser (La Darse). Hier legen in erster Linie nur noch die Fischer ihre Boote an. Denn die Fähranleger und Hafengebäude für die Fähren, die zu den Dependancen und Nachbarinseln ablegen, wurden weiter außerhalb neu gebaut.

Vom internationalen Flughafen oder von Le Moule aus fährt man über die breite N-5 auf das Stadtzentrum zu. Die N-5 geht später in den **Boulevard Légitimus** und die **Rue Frébault** über. Auf dieser Straße gelangt man zum Hafen (Gare Maritime) bzw. ins eigentliche Herz der Stadt, zur **Place de la Victoire**.

Ein Kino mit zwei Sälen an der Place de la Victoire

Vorher, an der Kreuzung mit dem **Boulevard Chancy**, passiert man linker Hand die Hauptpost, das Rathaus (Hôtel de Ville) und das Kulturzentrum (Centre des Arts et de la Culture).

Besichtigung zu Fuß Um die wenigen Sehenswürdigkeiten der Stadt in Ruhe genießen zu können, sollte man versuchen, an der **Place de la Victoire** einen Parkplatz zu ergattern und ab hier die Besichtigung zu Fuß fortzusetzen. Dabei könnte man den im Folgenden beschriebenen Weg einschlagen.

Das Zentrum von Pointe-à-Pitre

Place de la Victoire (1)

Zweifellos ist dieser halb grüne, halb mit einer riesigen freien Fläche versehene respektable Platz die gute und lebhafte Stube der Stadt. Von hier aus bieten sich alle Möglichkeiten zum Einkaufen. Restaurants, Cafés und sogar ein Spielplatz sind in unmittelbarer Nähe erreichbar und einige sehr schöne Baudenkmäler liegen drum herum, vor allem alte Kolonialhäuser mit schönen Balkonen.

La Darse (2)

Zur Meerseite breitet sich der turbulente Hafenmarkt (Mo–Sa) aus und am linken (südöstlichen) Ende befindet sich der Fischerhafen **La Darse**. Im 19. Jh. war an der Stelle der Hafenmauer noch Strand und die Fischer verkaufen direkt aus ihrem Boot die Fische, so wie es die Tradition wollte.

Office du Tourisme und Unterpräfektur

In dem wohl schönsten Haus am Platz ist das Fremdenverkehrsamt, **Office du Tourisme**, untergebracht. Der Bau aus dem 19. Jh. erhebt sich weiß und herrschaftlich hinter einem Kriegerdenkmal (an der „Place de la Banque" genannten südwestlichen Ecke des Platzes). Auf der anderen Seite ist der protzige Bau der **Unterpräfektur** (Sous-Préfecture) ein weiterer Blickfang. Nun geht es weiter quer über die Place de la Victoire stadteinwärts, unter Flamboyants und Königspalmen hindurch, die einen Tag nach dem Sieg Victor Hugues über die Briten in dieser Formation gepflanzt worden sind.

Victor Hugues war es auch, der auf dem Platz eine Guillotine aufstellen und benutzen ließ. Die Büste am nördlichen Ende stellt jedoch nicht ihn, sondern Felix Eboué dar, den ersten farbigen Gouverneur der Insel.

Place Gourbeyre (3)

Geht man nun an der nördlichen Begrenzung über die Rue A. Isaac nach links, ist nach wenigen Schritten die Place Gourbeyre erreicht, auf der sich zwei beherrschende

Bauwerke erheben: die St.-Peter-und-Paul-Kirche und der **Justizpalast** (Palais de Justice), ohne den eine französische Stadt nicht auskommen kann – hier ist er allerdings wenig pompös geraten.

Erdbebensichere Konstruktion

Die eindrucksvolle katholische **Basilika Saint-Pierre-et-Saint-Paul** gegenüber dem Justizpalast wurde ab 1847 neu errichtet. Sie ersetzte ihren Vorgängerbau von 1807, der beim Erdbeben von 1843 zerstört worden war. Die neue Basilika mit restaurierter strahlend-gelber neoklassizistischer Fassade erhielt 1872 eine Eisenverstärkung, um das Dach zu stützen und Schutz gegen Erdbeben und Wirbelstürme zu bieten. Auf dem Platz steht eine Büste des Admirals Gourbeyre, zu deren Füßen an den Vormittagen ein Blumenmarkt *(5.30–12 Uhr)* abgehalten wird.

Die Place Gourbeyre verlässt man in westlicher Richtung über die Rue Barbès, die die Hauptgeschäftsstraßen der Stadt (Rue Nozière, Rue Frébault, Rue Schœlcher) schneidet. Hier betreiben vor allem syrische und libanesische Händler ihre Boutiquen. Kosmetika und Parfüm, Seidentücher, Kristall, Porzellan, Tabak und Spirituosen sind einige der „Schnäppchen", die man hier machen kann.

Musée Schœlcher (4)

Wenn man an der Kreuzung mit der Rue Schœlcher in diese links und kurz danach rechts in die Rue Peynier einbiegt, taucht bald linker Hand das rosafarbene Museum Schœlcher auf. Dieses Schmuckstück der Architektur im Kolonialstil mit Tortenspitzen aus Zink auf dem Dach ist von der Straßenfront ein wenig zurückgesetzt und macht so einem kleinen Garten Platz. Außer der sehr drastischen Skulptur eines Jakobiners mit heruntergelassener Hose ist die steinerne Büste des Elsässers Victor Schœlcher beachtenswert. Er war es, der im 19. Jh. das Ende der Sklaverei auf den

Die Basilika Saint-Pierre-et-Saint-Paul besteht aus einer erdbebensicheren Metallkonstruktion

Französischen Antillen erkämpft hat und in diesem Haus wohnte. Das Museum zeigt neben Erinnerungsstücken an ihn Teile seiner Privatsammlung und Dokumente über das Zeitalter der Sklaverei.
Musée Schœlcher, *24, Rue Peynier, ☏ 05 90 82 08 04, Mo–Fr 9–17 Uhr.*

Marché Saint-Antoine (5)

Auf der Rue Peynier wieder zurück in Richtung Place de la Victoire gehend, passiert man den schönsten und turbulentesten Markt von Guadeloupe. Er breitet sich mit seinen Obst-, Gemüse-, Gewürz-, Fisch- und Fleischständen im Freien um einen hübschen Brunnen aus wie auch unter der Eisenkonstruktion der Markthalle auf der Place de la Liberté, wie Victor Hugues sie 1794 nannte. Die metallene, luftdurchlässige Konstruktion entspricht den Normen für Erdbeben- und Sturmsicherheit.

Luftige Markthalle

Marché Saint-Antoine, *Hauptmarkt, Mo–Sa 6–14 Uhr, So/Fei geschl.*

Musée Saint-John Perse (6)

Verlässt man den Markt an der nächsten Ecke rechts über die Rue de Nozières, gelangt man an der Kreuzung mit der Rue Achille René Boisneuf zur letzten Sehenswürdigkeit: Das Haus, das mit seinen Eisenverstrebungen ein schönes Beispiel des kolonialen Baustils im 19. Jh. ist, war einst das Wohnhaus eines Fabrikdirektors. 1987 wurde es anlässlich des 100. Geburtstags des Nobelpreisträgers für Literatur Alexis Léger, alias Saint-John Perse, der Öffentlichkeit als Museum zugänglich gemacht. Im Erdgeschoss ist die kreolische Wohnkultur vom ausgehenden 19. Jh. nachgestellt, während die anderen Stockwerke mit Fotodokumenten, persönlichen Gegenständen, Bibliothek und Videothek an Leben und Werk des berühmten Dichters erinnern. Saint-John Perse war der erste Nobelpreisträger der Kleinen Antillen.

Kreolischer Baustil

Musée Saint-John Perse, *9, Rue Nozières, ☏ 05 90 90 01 92, Mo–Fr 8.30–17, Sa 8.30–12.30 Uhr, So und an Feiertagen geschlossen, Eintritt 2,50 €.*

Große Auswahl an Gewürzen auf dem Markt Saint-Antoine

Außerhalb des Zentrums von Pointe-à-Pitre

Im Nordwesten in der *Petit Cul-de-Sac Marin* liegt der Containerhafen von Guadeloupe, der **Port Autonome de la Guadeloupe**. Er wurde 1760 von den Engländern in der geschützten Bucht angelegt. Heute ist er der einzige autonome Hafen der französischen Übersee-Départements und einer der größten logistischen Umschlagplätze für den Seetransport im karibischen Raum. Die internationale Handelszone im Industriepark Jarry, **Zone international de Jarry**, wurde vor allem für den Austausch zwischen Europa, der Karibik und den Vereinigten Staaten konzipiert.

Auf der anderen Seite der Baie de Pointe-à-Pitre, Richtung Innenstadt, liegt der Stadtteil **Bergevin**, der vor allem durch seinen hohen Anteil an Sozialwohnungen auffällt – im Französischen kurz HLM *(habitation à loyer modéré)* genannt. Hier am Boulevard Amitié Peuple de la Caraïbe liegen der **Busbahnhof** (Gare routière de Bergevin) und nördlich vom Kreuzfahrtzentrum der **Fährhafen**, von dem aus die Fähren nach Marie-Galante, Les Saintes, Martinique und Dominica verkehren.

Fährhafen

Im Osten der Innenstadt befindet sich **Massabielle**, das höchstgelegene Viertel von Pointe-à-Pitre; wenn sie in das Viertel gehen, sagen die Franzosen, sie gehen „rauf auf den Hügel", „*aller au morne Massabielle*". Man gelangt von der Place de la Victoire über die Rue Duplessis entlang der Gefängnismauer hinauf. Lange Zeit war dies die Hauptzufahrt zum alten allgemeinen Krankenhaus. Heute wird in einem der Gebäude, im **Centre Caribéen de Drépanocytose Guy-Mérault** nach der häufigsten genetischen Krankheit auf Guadeloupe geforscht, der Sichelzellenanämie, die mit einer schweren chronischen Blutarmut einhergeht.

Die gleiche Straße führt auch zum Institut Pasteur. Massabielle ist jedoch vor allem für ihre Kirche **Paroisse Notre-Dame de Lourdes** bekannt. Die zugehörige **Grotte von Massabielle (7)** ist stets mit Blumen geschmückt und zieht Gläubige auch von weit her magisch an. Die Grotte liegt unterhalb des Gotteshauses.

Grotte ...

Südlich der Darse Richtung Le Gosier beginnt das sogenannte Rotlichtviertel. Einst lebten hier viele Musiker, später kamen meist Spanisch sprechende Prostituierte, die mit Salsa und Meringue eine ganz spezielle Atmosphäre auf die Straße brachten. Heute soll das im Jahre 2015 auf dem Gelände der ehemaligen Zuckerfabrik Darboussier in der Rue Peynier eingeweihte **Mémorial ACTe (8)**, das **Centre caribéen d'expression de la mémoire de la traite et de l'esclavage**, an deutlich dunklere Zeiten erinnern. Die Gedenkstätte ist das weltweit größte Museum zur Geschichte der Sklaverei. Hier gibt es u. a. eine Dauerausstellung auf 1.700 m² Fläche, eine Biblio- und Mediathek, zwei Restaurants und Raum für wechselnde Ausstellungen.

... und Museum

Der Bau des 240 Meter langen und 85 Millionen teuren Gebäudes war bei der Bevölkerung umstritten. Viele Einheimische werden nur ungern an die schmerzvolle Vergangenheit erinnert, schwingt doch immer noch der Beigeschmack des Wilden und Kulturlosen mit. Zudem hätten sich viele Inselbewohner bei einer Jugendarbeitslosigkeit von über 50 Prozent gewünscht, das Geld in andere Projekte zu investieren.
Mémorial ACTe, *Darboussier, Rue Raspail, ☏ 05 90 25 16 00, www.memorial-acte.fr.*

Umgebung von Pointe-à-Pitre

In der näheren Umgebung von Pointe-à-Pitre lohnt sich außer einer Fahrt durch die **Mangroven der Rivière Salée** noch der Weg nach **Le Gosier**, dem insularen Zentrum des Tourismus. Hingegen haben weder Raizet noch Abymes oder Besson touristische Attraktionen aufzuweisen, sondern sind hauptsächlich durch Industrieparks und ärmliche bzw. einfache Wohnviertel gekennzeichnet.

Reisepraktische Informationen zu Pointe-à-Pitre

Information

Comité du Tourisme des Îles de Guadeloupe, *5, square de la Banque, 97110 Pointe-à-Pitre (postalisch: BP 555, 97166 Pointe-à-Pitre Cedex), ☏ 05 90 82 09 30, 🖷 05 90 83 89 22, info@lesilesdeguadeloupe.com, www.lesilesdeguadeloupe.com.*

Ein weiteres Info-Büro gibt es auch in der Marina:
Syndicat d'Initiative, *1, centre Commercial de la Marina, 97110 Pointe-à-Pitre, ☏ 05 90 90 70 02, 🖷 05 90 90 74 70.*

Unterkunft

Wer das karibische Stadtleben in Pointe-à-Pitre verbunden mit einer Übernachtung erkunden möchte, hat wenig Alternativen und sollte sich im „Le Saint John-Perse" einquartieren.

Hôtel Saint-John-Perse €€€, *Quai des Croisières, Pointe-à-Pitre, ☏ 05 90 82 51 57, 🖷 05 90 82 52 61, www.saint-john-perse.com. Postmodernes Hotel innerhalb des Centre Saint-John-Perse. 44 Zimmer mit Klima-anlage, direkt am Kreuzfahrtschiffquai und wenige Minuten von der Place de la Victoire gelegen.*

Essen und Trinken

La Canne à Sucre, *Quai Nr. 1, direkt gegenüber dem Hafenbecken im Centre Saint-John-Perse, Pointe-à-Pitre, ☏ 05 90 90 38 83. Kreolische und französische Küche. Samstags gibt es ein kreolisches Frühstücksbuffet.*

Wenn ab 17 Uhr die Geschäfte schließen und die Einheimischen aus den Vororten sich auf den Heimweg machen, beginnt mit Einbruch der Dunkelheit auf der Place de la Victoire das Abendleben rund um die **Bokit-** *und* **Sorbet-au-Coco-Stände**.

Lebende Krebse werden auf dem Markt in Pointe-à-Pitre verkauft

Basse-Terre: der südwestliche Flügel von Guadeloupe

Überblick

Der **südwestliche Flügel von Guadeloupe** heißt offiziell Basse-Terre (848 km²), obwohl viele Einheimische ihn einfach Guadeloupe nennen, allein schon, um Verwechslungen mit der Hauptstadt Basse-Terre auszuschließen. Im Gegensatz zu Grande-Terre ist dieser Landesteil gebirgig und äußerst vielgestaltig. Unterteilen lässt sich die Insel, die nur durch Brücken mit der Schwesterinsel im Nordosten verbunden ist, in einen **nördlichen** und **südlichen Teil**.

Gebirgiger Inselteil

Hinweis zur Route

Der größere Flügel des „Schmetterlings" Guadeloupe bietet zwei Rundfahrten, wobei die Insel-durchquerende „Traversée" zweimal, in beide Richtungen befahren wird. Sie können den „Südflügel" Basse-Terre auch an einem Stück und an einem Tag auf der ca. 160 km langen Ringstraße N-1 und N-2 umrunden, würden dann aber zwei der größten Attraktionen, nämlich die Wildnis des **Parc National de la Guadeloupe** und den **Vulkan La Soufrière** verpassen. Von daher sollte man mindestens zwei Tage für Basse-Terre einplanen, um alle Sehenswürdigkeiten wenigstens kurz zu besichtigen. Um die Insel und ihre Besonderheiten allerdings in vollen Zügen zu genießen und auch einen Ausflug zu den Saintes einplanen zu können, sollten Sie eine Woche einrechnen.

Beschrieben wird im Folgenden die Route durch den gebirgigen Süden vom Verkehrsknotenpunkt Pointe-à-Pitre (Hafen, Flughafen): Zunächst wird der Verlauf der **Küsten-**

Vulkansandstrand im Süden von Basse-Terre

straße (ab Pointe-à-Pitre im Uhrzeigersinn bis Malendure) beschrieben sowie die Strecke ab Basse-Terre über Saint-Claude zum **Vulkan**.

Anschließend erfolgt die Streckenbeschreibung durch den **Norden von Basse-Terre** (siehe S. 175) ebenfalls von Pointe-à-Pitre aus und beginnt mit der durch den Nationalpark führenden **Route de la Traversée**.

Rundfahrt durch den Süden von Basse-Terre

Die wichtigsten natürlichen Sehenswürdigkeiten im **Süden** von Basse-Terre sind der 30.000 ha umfassende Nationalpark **Parc National de la Guadeloupe** mit dichten Beständen **ursprünglichen Regenwalds** und dem 1.467 m hohen **Vulkan La Soufrière** mit seinen Fumarolen und aus dem Boden quellenden Dämpfen. Die Chutes de Carbet sind absolut beeindruckende **Wasserfälle** und in ihrer Art einzigartig auf den Kleinen Antillen. Der zunehmende **Ökotourismus** würdigt diese Schönheiten der Natur. Um zu diesen Naturstätten zu gelangen, muss man den Wanderwegen La Trace des Crêtes, La Trace Merwart oder Trace Victor Hugues und anderen Wanderwegen folgen. Der **Chemin des Dames**, der sogenannte Damenweg, führt hingegen hinauf zum Vulkan.

Landwirtschaftlich wird Basse-Terre hauptsächlich durch Bananenplantagen – besonders im Südosten – genutzt. Die Küste bietet meist **schwarzsandige Strände**. Die schönsten liegen in Bananier und Trois-Rivières und bieten reizvolle Ausblicke auf die **Saintes**, die zumindest einen Tagesausflug lohnen. Und die **Hauptstadt Basse-Terre**, Präfektur von Guadeloupe, besitzt mit dem gut erhaltenen **Fort Delgrès** ein wichtiges historisches Monument, dessen Lage ganz besondere Ausblicke auf die Bergwelt (Vulkan Soufrière und die Monts Caraïbes) ermöglicht. Die archäologisch bedeutenden **Steingravuren** in Trois-Rivières zeugen von den ersten Bewohnern der Inseln, den Indianern.

Redaktionstipps

- Wanderung zum Vulkan **La Soufrière** (S. 162) und zu den **Chutes du Carbet** im Nationalpark (S. 146).
- Trois-Rivières: eine geführte Tour im **Parc Archéologique des Roches Gravées** (S. 150).
- Entlang der schwarzsandigen Grande-Anse nach **Vieux-Fort**: an der Kirche parken und den Blick auf die Saintes (S. 149) genießen.
- Führung und Mittagessen in der **Habitation La Grivelière** (S. 169).
- Glasbodenbootsfahrt und Schnorcheln im **Réserve Cousteau** (S. 173).
- Abendessen am **Hafen von Deshaies** (S. 184).

Der Regenwald ist einer der Höhepunkte auf Basse-Terre

Von Pointe-à-Pitre aus verlässt man Grande-Terre und erreicht Basse-Terre über die gut ausgeschilderte autobahnähnliche N-1, die am Flughafen vorbei zum „Salzfluss" (Rivière Salée) führt; dessen mit Mangroven bewachsene Ufer werden heute durch breite, mehrspurige Betonbrücken verbunden, während man vor hundert Jahren noch mit einer Fähre von Insel zu Insel übersetzen musste.

Richtung Süden

Kurz nach der Brücke geht links eine Stichstraße zum Industriepark von Jarry ab, und noch ein wenig weiter kommen im Verteilerkreuz von Destrélan die N-1 und N-2 zusammen. Auf unserer Route fährt man in einer großen Schleife über die N-1 südwärts, geradewegs auf das nun gut sichtbare Gebirge zu. Hinter Versailles geht die 26 km lange D-23 ab, die als **Traversée** (s. S. 177) Basse-Terre durchschneidet und mitten in den Regenwald führt. Bald geht es über die N-1 auf der hier beschriebenen Route in einem Schlenker auf die Küste zu und über eine kleine Brücke zum Städtchen Petit-Bourg. Fährt man ein kleines Stück weiter, zweigt nach rechts eine Straße ab zur Domaine de Valembreuse.

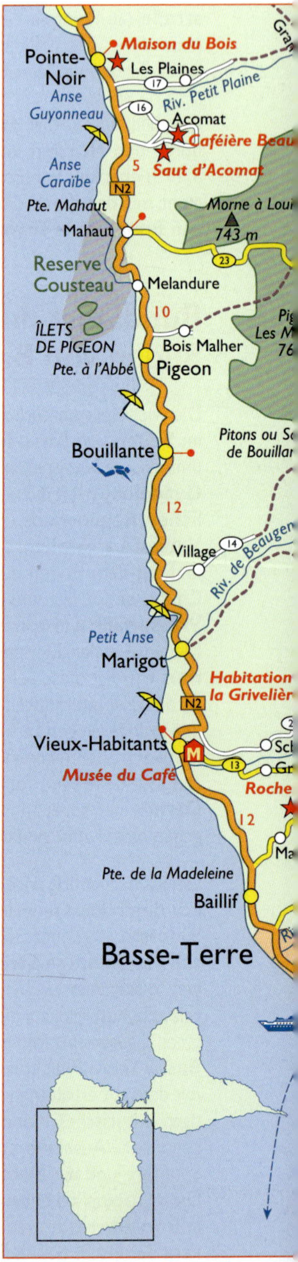

Domaine de Valombreuse

Schattige Hügellandschaft

Auf einer leichten Anhöhe, 200 m hoch gelegen, präsentiert der tropische Garten Valombreuse auf 4,5 ha die Flora Guadeloupes. Der Name *Valombreuse* kommt von den „vallons ombragés", der schattigen Hügellandschaft, die die Region prägt. Über 300 Blumen- und Pflanzenarten der Tropen, umschwirrt von zahlreichen Kolibris, säumen die Wege. Für den Spaziergang durch die üppig grünen und blühenden Gartenanlagen sollte man ein bis zwei Stunden einplanen. Ein 20-minütiger Rundweg führt zum Wasserfall von Valombreuse (mit Bademöglichkeit). Restaurant und Kinderspielplatz sind an das Gelände angeschlossen.

Domaine de Valombreuse, *Chemin Valombreuse, 97170 Petit-Bourg, ☏ 05 90 95 38 94, www.valombreuse.com, tgl. 8–18 Uhr, 25. Dez. und 1. Jan. geschl., Erw. 15 €, Kinder (1–3 J./4–14 J.) 10/15 €.*

Petit-Bourg

Die inmitten grüner Landschaft gelegene Gemeinde verdankt ihren Namen der alten Rivalität mit der Stadt Basse-Terre, der „Grand-Bourg", die durch den rasanten Ausbau des Hafens von Pointe-à-Pitre ins Leere lief. Petit-Bourg verfügt über eine schöne geschützte Hafenbucht mit kleinem Fischerhafen, die der im 16. Jh. gegründeten

Der Süden von Basse-Terre
N
0
4 km
Pointe-à-Pitre
Memorial ACTe
Bas-du-Fort
La Retraite
Versailles
ÎLET À COCHONS
Petit Cul-de-Sac Marin
Fontarabie
Hauteurs-Lézarde
Petit-Bourg
Morne Jeanneton 745 m
Morne Léger 716 m
Rivière Bras-David
Route de la Traversée
Cascade aux Écrevisses
Maison de la Forêt
Vernou
Saut de la Lézarde
La Lézard Riv.
Montebello
Distillerie Rhum Montebello
Pte. de Roujol
(45 Min.) Les Saintes (Terre-de-Haut)
Parc National de la Guadeloupe
La Moustique Riv.
Domaine de Valombreuse
Blonzac
ÎLET FORTUNE
Plage naturiste
BASSE-TERRE
1090
Trace Victor Hugues
Goyave
Morne Moustique ou Joffre 1120 m
Chutes de Moreau
Anse de Sable
Morne Rouge
Bonfils
Morne Incapable 1085 m
Montagne au Barbus 1115 m
Matéliane 1298 m
Distillerie Longueteau
Plantation Grand Café „Belair"
Sainte-Marie
Landungsstelle Christoph Kolumbus
Grand-Sans-Toucher 1355 m
Montagne de la Capesterre 1135 m
Grande Route
Grande Riv. de la Capesterre
Hindutempel Changy
Plage de Roseau
Carangaise
Riv. des Vieux Habitants
Morne du Col Grande Découverte 1265 m
Pte. de la Capesterre
La Soufrière 1467 m
1398 m
Chutes du Carbet
Routhiers
Matouba
L'Echelle
Riv. du Grande Carbet
Capesterre-Belle-Eau
Bains Jaunes
Allée Dumanoir
Grand Etang
Saint-Claude
La Madeleine 970 m
Anse St. Sauveur
St. Sauveur
Bains chaudes
Bananier
La Regrettée
Gourbeyre
Savane
687 m
Monts Caraïbes
Trois-Rivières
Anse Grande Ravine
Delgrès
Parc Archéologique des Roches Gravées
La Grande Anse
Vieux-Fort
Pte. du Vieux-Fort
Les Saintes (Terre-de-Haut)

Tropische Blütenpracht im Garten von Valombreuse

Gemeinde „Notre-Dame du Petit Cul-de-Sac" einen Aufschwung zusammen mit einer florierenden Landwirtschaft im Hinterland ermöglichte. Zur Zeit der Französischen Revolution ging es hier turbulent zu. 1794 wählte der Ort die ersten Abgeordneten, die Guadeloupe in der gesetzgebenden Versammlung vertraten. Anschließend wurde die Gemeinde durch die Engländer besetzt und erlebte die Exekution Hunderter Menschen durch Victor Hugues. Sklavenaufstände, Unterdrükkungen und Hexenprozesse sind ebenfalls Bestandteil der Vergangenheit von Petit-Bourg. In der jüngeren Geschichte, 1928, haben Streiks der Landarbeiter, die mit aller Macht unterdrückt wurden, den Ort geprägt. Am unteren Ortsausgang ergibt sich ein schöner Blick auf die gegenüberliegende Insel Grande-Terre mit Pointe-à-Pitre und Le Gosier.

Immer mehr wendet sich die Gemeinde auch dem Ökotourismus zu und unterhält eines der größten Gebiete auf Guadeloupe, zu dem auch ein Teil des Parks von Valombreuse, der Wasserfall in Vernou (Saut de la Lézarde), ein Teil der Route de la Traversée und die Cascade aux Écrivisses (s. S. 179) gehören.

Montebello

Bei der Weiterfahrt kann man nach Überquerung der Rivière Moustique einen Abstecher zum 3 km landeinwärts gelegenen Montebello mit seiner traditionsreichen Rum-Destillerie (seit 1930) machen. Das Familienunternehmen kann in der Zeit vom Februar bis Juli, wenn das Zuckerrohr geschnitten wird, besichtigt werden.
Rhum Montebello, *Distillerie Carrère, 97170 Petit-Bourg, ☏ 05 90 95 41 65, www.rhummontebello.com, Feb.–Juli tgl. 7–13 Uhr, Eintritt frei.*

Wanderung für Geübte

In Montebello haben geübte Wanderer die Gelegenheit, die hoch gelegene **Trace Victor Hugues** über den Gebirgskamm auf einer Strecke von etwa 30 km bis Saint-Claude (am Soufrière-Vulkan) zu bewältigen. Alternativ kann der Wanderweg auch über die **Trace Merwart** von Vernou (s. S. 140) aus erreicht werden. Südlich von Montebello und Petit-Bourg verläuft die N-1 nun küstennah und führt an der Ortschaft Goyave sowie an der Sandbucht Anse du Sable vorbei.

info

Wanderung zu den Chutes de Moreau

Die Wasserfälle von Moreau fallen Hunderte von Metern in die Tiefe und sind in ihrer Schönheit mit den Chutes du Carbet zu vergleichen. Die Wanderung zu den Chutes de Moreau startet in Douville und ist für gut ausgerüstete und geübte Wanderer geeignet. Sie führt über die Forststraßen *Route forestière de Douville*, *Route forestière de Moreau* und *Route forestière de la Rose*. Man muss mehrfach die Rivière Moreau überqueren, die schnell zu einem rasanten Fluss ansteigen kann.

Die Rivière Moreau

Zudem sollten Sie sich vor Antritt der Wanderung unbedingt über den Zustand der Strecke erkundigen und eine Wanderkarte dabeihaben (*Carte des randonnées – Basse-Terre*). Regengüsse und Bergabgänge können Teile des Weges verschüttet haben. Während und nach starken Regenfällen ist die Wanderung daher nicht anzuraten. Beginnen sollten Sie die Wanderung deutlich vor 14 Uhr. Dafür fährt man von Petit-Bourg Richtung Goyave von der Nationalstraße ab und gleich wieder rechts ins Hinterland nach Douville.

Goyave

Das Fischerdorf Goyave liegt inmitten einer ländlichen Gemeinde jenseits der N-1 und ist, nachdem die Ortsumgehung zu Beginn der 1970er-Jahre gebaut wurde, geprägt durch Ruhe und Abgeschiedenheit. Dennoch ist Pointe-à-Pitre nur eine Viertelstunde entfernt. Der Name Goyave ist auf das übermäßige Vorkommen von **Guaven-Bäumen** *(Psidium guajava)* zurückzuführen. Die echte Guave ist ein Baum, der bis zu 13 m hoch werden kann und eine glatte, gräuliche Borke hat. Die Früchte lassen sich roh essen und zu Marmelade und Fruchtsaft verarbeiten, ihr Wirkstoff wird aber auch im medizinischen Bereich eingesetzt. Auch Bananen gedeihen hier dank des kühleren

Bananenplantagen prägen die Landschaft

Klimas gut. Bananenplantagen bedecken daher das Land, auf dem bis in die 1970er-Jahre Kaffee, Kakao und Zuckerrohr angepflanzt wurden. Die Ruinen der Destillerie Bolivar zeugen von dieser Ära. Landeinwärts zeichnen sich die grünen Berghänge des 1.298 m hohen Bergmassivs **Mateliane** ab. Von hier aus führen mehrere Flüsse die Hänge hinunter und vereinen sich zu den beiden Hauptflüssen **Petite Rivière à Goyaves** und **Rivière Rose**, deren Meeresmündungen mit Mangroven bedeckt sind. Südlich überspült der Atlantik den Sandstrand von Saint-Claire. Der **Jardin d'eau** (Blonzac, im Hinterland zwischen Petit-Bourg und Goyave) bietet in tropischer Parklandschaft schöne Picknickmöglichkeiten.

Sainte-Marie

Landungsstelle von Kolumbus

Hier liegt, zwischen den beiden Stränden südlich der Pointe du Carénage und der Plage de Roseau, jene **Landungsstelle**, an der Christoph Kolumbus am 4. November 1493 Guadeloupe betrat, um sich und seine Mannschaft mit Wasser zu versorgen. An dieses Ereignis erinnert ein kleiner **Gedenkpark** am Ortseingang mit der Büste des Entdeckers. Am Ufer steht seit 1998 eine kleine Gedenksäule mit einer Tafel aus Marmor, auf der einem unbekannten Indianer gedacht wird, dem „**Caraïbe inconnu**".

Destillerie Longueteau

Der Rum Longueteau wird seit 1895 in der Destillerie Espérance-Monrepos durch einen Familienbetrieb, der als Spielschuld eines Marquis aus Sainte-Marie an die Familie fiel, hergestellt und unter zwei verschiedenen Labels verkauft: Für den Export wird er unter dem Namen *Longueteau* vertrieben, während für den lokalen Markt *Monrepos* auf dem Etikett steht.

Destillerie Longueteau, *Domaine du Marquisa, Route de Neuf-Château, Ortsausgang von Saint-Marie Richtung Capesterre, ☏ 05 90 86 07 91, www.rhumlongueteau.fr, Mo–Fr 9–18, Sa 9–13 Uhr, Eintritt frei.*

Bananenplantage Grand Café „Belair"

Die Plantation Grand Café „Belair" ist eine 30 ha große Bananenplantage und damit die größte auf Guadeloupe. Führungen durch die Welt der Banane vor der Kulisse des Vulkanmassivs der Soufrière werden per Kutsche unternommen.
Plantation Grand Café „Belair", *Route de Neuf-Château, Bélair Sainte Marie 97130 Capesterre Belle Eau, ☏ 05 90 86 33 06, Mo–Fr 9–16 Uhr, Sept. geschl.*

Reisepraktische Informationen zu Petit-Bourg

Information

Office du Tourisme, *Rue Victor Schœlcher. ☏ 05 90 60 12 31.*

Unterkunft

Bellevue Gîtes €, *18, Allée de Bougainvilliers, Kontakt: Hélène und André Weber, ☏ 05 90 95 25 09, www.bellevue-gites.com. 4 Bungalows, 1 Gästezimmer (Kückenecke) inmitten eines gepflegten Gartens mit Blick auf Berge und Meer. Die Gîtes (AC, TV, Terrasse, Küche mit Waschmaschine) verfügen über zwei (für 2–4 Personen) bzw. drei (für 2–6 Personen) Zimmer. 5 Min. zum Bäcker/Supermarkt, 10 Min. nach Petit-Bourg.*
Gîtes Angéliques €€, *2456 Montebello, ☏ 05 90 95 64 05, http://gites-angeliques.com. Die Holzhäuser liegen unweit eines Waldes und auf halbem Weg zwischen Bergen und Meer. Gästehäuser für 2 Personen (AC, Küchenzeile, Terrasse, Swimmingpool). Ein Kinderbett kann dazugestellt werden.*
Hôtel Le Duc'Ery €€, *Duquerry, Grande Savane, ☏ 05 90 95 73 95, info@ducery.com. Kleines Hotel mit 17 Zimmern in besonderer Lage auf dem Gelände einer ehemaligen Zuckerfabrik und nah am Park von Valombreuse. Von der Terrasse des Restaurants schöner Blick auf Bergmassiv und Regenwald. Die Zimmer sind hell, klimatisiert, mit eigener Terrasse und Satellitenfernsehen.*
Résidence Créol'îles €€, *1195 Bel Air Desrozières, Route de Tabanon, ☏ 05 90 94 22 56, www.creoliles.fr. 22 renovierte Bungalows im kreolischen Stil liegen inmitten eines tropischen Gartens mit einem schön angelegten Swimmingpool. Alle Unterkünfte (18 m²) sind klimatisiert und bestehen aus einem Schlafzimmer, einem Badezimmer und einer großen überdachten Terrasse (24 m²), wo sich auch die Küchenzeile befindet. WLAN, Restaurant und ein Empfangsbereich mit Infos sind vorhanden.*
Le Palmaretum Hôtel €€€, *Gîtes (2–4 Personen) €€–€€€€ je nach Saison, 19, l'Espérance, Vernou, ca. 10 km westl. von Petit-Bourg, 100 m zum Saut de la Lézarde, ☏ 05 90 38 78 12, www.lepalmaretum.com. Im Palmengarten mit Charme zum Wohlfühlen und Entspannen befinden sich vier gepflegte Gästehäuser (Gîtes) mit Terrasse und externer Küche, zwei Holzhütten im kreolischen Stil (Cases Créoles) und drei Gästezimmer (nach verschiedenen Themen gestaltet, davon zwei mit Klimaanlage). Das Zentrum bildet ein Swimmingpool sowie ein Bar- und Essensbereich. Der Strom wird teilweise aus Solarenergie gewonnen und das Wasser wieder aufbereitet, was dem sympathischen Anwesen zusätzlich einen Ökopluspunkt verleiht.*

Gîte de Blonzac €€, *Blonzac liegt zwischen Petit-Bourg und Goyave.* ☏ *05 90 25 00 19, 06 90 56 10 13, www.gitesdeblonzac-guadeloupe.com. Die drei geräumigen Gästehäuser (2–5 Personen, AC, TV, offene Küche) bieten einen Blick über die Bucht von Point-à-Pitre. Swimmingpool mit überdachter Terrasse. 200 m zum Jardin d'eau (s. o.).*

Essen und Trinken

Le Misty, *Route de Fougères, Petit-Bourg,* ☏ *05 90 86 10 63, www.lemisty.com, Di–Sa ab 19 Uhr. Das Restaurant wurde von seinem Besitzer, einem talentierten Klavierspieler, der am Wochenende selbst spielt, nach einem Stück des Jazzpianisten Erroll Garner benannt. Das Etablissement liegt geschützt inmitten einer Oase mit angenehmem Klima. Die Speisekarte bietet ausgewählte Gerichte, alles hausgemacht, mit eher einem französischen als kreolischen Schwerpunkt. Dazu passend ist die Weinkarte.*

Le Bord de Mer, *Petit-Bourg, 100 m von der Place de la Mairie Richtung Meer,* ☏ *06 90 54 54 95, tgl. mittags und abends. Das orange Holzhäuschen an der Uferpromenade ist nicht nur eine alte Fischertaverne wie aus dem Bilderbuch, mit bunten Lichterketten geschmückt, sondern auch sozialer Treffpunkt, ganz nach der Tradition der Lolos auf Guadeloupe. Das Essen ist einfach und gut bei täglich wechselndem Angebot. Fisch und Fleisch stehen immer auf der Speisekarte. Beim „Ti-Punch" wird die ganze Rum-Flasche auf den Tisch gestellt.*

Lézard la table, *19, l'Espérance, Vernou, ca. 10 km westl. von Petit-Bourg, 100 m zum Saut de la Lézarde,* ☏ *05 90 38 78 12, www.lepalmaretum.com. 12–14, 19–21 Uhr, nach Reservierung am Vortag. Schon allein die Atmosphäre des Restaurants, das zum Hotel* **Le Palmaretum** *(s. o.) gehört, mit herrlichem Blick in den Palmengarten ist den Besuch wert. Serviert wird eine verfeinerte lokale Küche.*

Changy

Weiter geht die Fahrt, an Hängen mit Bananenplantagen auf der einen und der Küstenlinie auf der anderen Seite vorbei, nach Changy, dessen **Hindutempel,** verziert mit einem Dutzend Götterstatuen an der Fassade, einen Besuch verdient. Der größte Hindutempel von Guadeloupe macht den Stellenwert der Inselbewohner mit indischen Wurzeln in dieser Region deutlich. Innen ist das Gotteshaus schmucklos.

Hindutempel von Changy, *3 km nördl. von Capesterre. Auskunft Mi und Sa 7–12 Uhr, Zeremonien Sa/So außer Nov. und Karneval bis Ostern.*

Capesterre-Belle-Eau

Zentrum der Ostküste

Die Interpretationen des Ortsnamens reichen von „*caput terrae*" bis „*Cap à L'Est*", um die Bedeutung der Anlandung von Christoph Kolumbus an diesem Küstenstreifen zu unterstreichen. Tatsache ist, ob *Capesterre* oder *Cabesterre*, der Ort ist das Zentrum der „Küste unter dem Wind" von Basse-Terre. Die Bevölkerungszahl stieg hier schnell von Beginn der französischen Kolonie an. Charles Houël du Petit Pré, 1643–1664 Gouverneur der Insel, siedelte hier 1654 reiche Holländer an, die aus Brasilien fliehen mussten und große Kenner des Zuckerrohranbaus waren. Sie wurden ansässig, verbündeten sich mit den Franzosen und waren von ihrer Herkunft her Mitglieder der bedeutenden Kolonialfamilien. Das Städtchen verlor auch nicht an Bedeutung, als mit dem Anbau von Zuckerrohr Schluss war und ab 1945 Bananen angebaut wurden. Capesterre trägt zu über 50 % zur Bananenproduktion Guadeloupes bei.

Der zentrale Platz von Capesterre

Lebhafter Ort mit Uferpromenade

Capesterre ist eine lebhafte Gemeinde, die sich um die **Kirche** mit dem separaten Kirchenturm, das gegenüberliegende **Rathaus** und den benachbarten **Markt** entwickelt hat, der hier immer noch täglich stattfindet. Erst in jüngster Zeit wurde zwischen Hôtel de Ville und Meer eine moderne **Uferpromenade**, der Boulevard Maritime, angelegt. Beachtenswert ist der einzige innerstädtische Park Guadeloupes, der **Parc Paul-Lacavé** an der Rue de la République, der in der Mittagshitze willkommene Schattenplätze bietet.

Am nördlichen Ausgang des Zentrums lohnt die **Kassaverie** einen Stopp. Das kleine Familienunternehmen stellt Maniok-Mehl her, aus dem vor Ort *kassaves* (salzige dünne Pfannkuchen) aus Maniok gebacken werden. Auf traditionelle Weise, wie es die Indianer schon taten, wird das Maniok-Mehl hergestellt. Morgens kann man der Prozedur sowie der Zubereitung der *kassaves* zuschauen.

Am Ortsausgang Richtung Bananier führt zwischen der Allée Dumanoir und der Straße zu den Chutes du Carbet in der Nähe der Habitation Bois-Debout ein kleiner Weg in ein Unterholz (immer den geradesten Weg nehmen), in dem sich der **Sklavenfriedhof** (Cimetière des Esclaves) befindet. Die Gräber sind nach Afrika ausgerichtet und mit den Schneckenhäusern der Lambis geschmückt.

Berühmte Königspalmen

Im Norden von Capesterre flankieren **Flamboyant-Bäume** die Straße, die in der Blütezeit (Mai/Juni) in einem wahren Farbenrausch versinkt. Und am südlichen Ortsausgang liegt die **Allée Dumanoir** mit ihren Doppelreihen hundertjähriger Königspalmen. Sie ist allerdings von Norden kommend für den Autoverkehr gesperrt und nur von Süden aus zu befahren.

Grand Étang

Von der Ortschaft Saint-Sauveur schlängelt sich die D-4 über 8 km hinauf bis zum Beginn der Wanderwege zu den Chutes du Carbet (s. u.). Zunächst kommt man an Bananenplantagen vorbei und durch kleine Bergdörfer, in denen sich einige Restaurants angesiedelt haben, bis man schließlich den Regenwald erreicht. Auf der Hälfte der Strecke zu den Wasserfällen lohnt ein Abstecher links der D-4 zum idyllisch gelegenen **Grand Étang**. Über eine 300 m lange Stichstraße (für Autos gesperrt, Parkplätze neben der Straße) geht es hinunter zum See, den man in einer Stunde umrunden kann. Vom Baden wird wegen der Bilharziosegefahr abgeraten. Markierte Wanderwege führen zu weiteren Urwaldseen, die durch Lavabarrieren aufgestaut wurden.

Romantischer See

Chutes du Carbet

Hinweis

s. Karte „Das Massiv der Soufrière", S. 161.

info

Wanderungen zu den Chutes du Carbet

Kontakt: Parc national de la Guadeloupe, Habitation Beausoleil, Montéran, BP 13, 97120 Saint-Claude, ☏ 05 90 41 55 55, 🖷 05 90 41 55 56, www.guadeloupe-parcnational.fr (aktuelle Informationen über den Zustand der Wege, hier gibt es auch eine Karte zum Download).
Auskunft: Ein Team des Nationalparks ist vor Ort.
Eintritt: 2,20 € für Erwachsene, 1 € für Kinder, günstigere Tarife für Familien und Gruppen. Das Geld dient dem Unterhalt des Nationalparks.

Die Wasserfälle
1. Wasserfall (Première Chute): 125 m hoch, Niveau 4 (sehr anspruchsvolle Wanderung), 3 ½ Std. Hin- und Rückweg.
2. Wasserfall (Deuxième Chute): 110 m hoch, Niveau 1 (sehr leichte Wanderung, für Familien), 20 Min. ein Weg. Aussichtspunkt vor der eingestürzten Brücke, Baden verboten.
3. Wasserfall (Troisième Chute): Außerhalb des Nationalparks; 20 m hoch, Niveau 2 (leichte Wanderung mit einigen schwereren Passagen). Das letzte Teilstück des Weges ist gesperrt.

Es gibt zwei Zugänge:
- Über Capesterre Belle-Eau (Routhiers), 1 ½ Std. Hin- und Rückweg
- Vom Wanderweg zum zweiten Wasserweg aus: 5 Std. Hin- und Rückweg.

!!! Achtung

Starke Regenfälle und die Nähe der Flüsse lassen immer wieder Gesteins- und Erdmassen die Berghänge hinuntergleiten. Daher kann es zu Veränderungen und/oder Schließungen von Wanderwegen kommen.

Ein touristisches „Muss" ist sodann in der Ortschaft Saint-Sauveur der 8 km lange Abstecher auf der D-4 zu den **Chutes du Carbet**. Man erreicht die Wasserfälle 4 km nach Passieren des Grand Étang. Die D-4 endet an einem Park- und Picknickplatz. Hier ist auch das Informationsbüro des Parc national de la Guadeloupe, von dem aus man sich nur noch zu Fuß den Chutes du Carbet nähern kann. Die Wasserfälle selbst, die mehrfach Plakate des Fremdenverkehrsamts schmücken, sind sicher die eindrucksvollsten, die es auf den Kleinen Antillen gibt. Sie entspringen als heiße Quellen (95 °C!) der Ostflanke des Vulkans und stürzen sich in drei auseinander liegenden Stufen hinab. Diese sind nur auf unterschiedlich langen und unterschiedlich anstrengenden Wanderungen zu erreichen. Botanisch fallen in diesem Teil des Regenwalds vor allem die *Cyatheales* (Baumfarne) auf, die gleich am Ende des Parkplatzes wachsen. Beeindruckend sind auch die bis zu 2 m großen Blätter der *Philodendron giganteum* (Baumfreund), die die Bergstraße säumen.

Eindrucksvolle Wasserfälle

Première Chute (1. Wasserfall): Er ist der am weitesten entfernt gelegene und fällt in zwei Abschnitten hinunter, der eine ist 115 m lang, der andere rund 10 m. Obwohl der Weg zu dem Wasserfall gut ausgebaut ist, sind manche Stellen schwierig, vor allem die Passage über die Schlucht Longueteau, die bei starken Regenfällen gefährlich wird.

Deuxième Chute (2. Wasserfall, immer noch geschlossen): Der Zugang zum Fuße des Wasserfalls ist gesperrt, da Geröllabgänge auf dem Weg dorthin möglich sind. Der Weg zum 2. Wasserfall geht bis zur eingestürzten Brücke, von wo aus der Wasserfall zu sehen ist. Baden im Fluss ist verboten.

Troisième Chute (3. Wasserfall, letztes Teilstück des Weges geschlossen): Dieser Wasserfall liegt auf 350 m und ist der berühmteste – trotz der nur 20 m Fallhöhe. Zu verdanken ist dies den rauschenden Wassermassen, die in einem breiten Schwall in das große Bassin hinabstürzen.

Bananier

Die Inselrundfahrt wird auf der N-1 fortgesetzt, die hinter Saint-Sauveur entlang des ursprünglichen **Fischerdorfs** Bananier im Zentrum des Bananenanbaus führt. Der Ort verfügt über eine

Erster und zweiter Wasserfall von Carbet

Der Strand von Bananier ist beliebt bei Wellenreitern

Schöne Aussicht

schöne Bucht mit schwarzsandigem Strand, von dem aus sich ein Panoramablick auf die Heiligeninseln (Les Saintes) bietet. Baden ist hier gefährlich, doch ein Stopp lohnt wegen der Aussicht und für eine Mittagspause im Restaurant, das direkt am Strand liegt. Die N-1 führt kurze Zeit später in weitem Bogen durch das Inselinnere von der Atlantikseite fort und durch Kaffee-, Kakao- und Vanilleplantagen zur Hauptstraße von Basse-Terre.

Als Alternative bietet sich die kurvenreiche Küstenstraße D-6 an, auf der man zu mehreren Natur- und kulturellen Sehenswürdigkeiten kommt. Auch wer die Schnellstraße bevorzugt, sollte an der Abzweigung wenigstens die kurze Strecke bis Trois-Rivières zurücklegen.

Reisepraktische Informationen zu Capesterre-Belle-Eau

Information

Mairie *(Rathaus), Avenue Paul-Lacavé, Capesterre-Belle-Eau, ☏ 05 90 86 42 23.*

Unterkunft

Habitation Latentouasie €€, *Mon Repos Belair, Rue de la Distillerie, oberhalb von Sainte-Maire, ☏ 05 90 86 41 26, www.latentouasie.com. Robert und Marie-José, zwei „Festland-Franzosen“ kamen in den 1970er-Jahren nach Guadeloupe, um Urlaub zu machen und blieben bis heute. Die vier Holzbungalows (für 2, 3 und 4 Personen) sind von ihnen entworfen und gebaut worden. Ausstattung: Klimaanlage im Schlafzimmer, Ventilator im Salon, offene Küche und überdachte Terrasse zum tropischen Garten hin. Es gibt einen Swimmingpool, Grill, Waschmaschine und der Blick reicht bei gutem Wetter bis zur Soufrière. 1,5 km sind es zur einsam gelegenen Plage de Roseau. Angeboten wird Table d'hôtes mit kreolischen Menüs ab 19 Uhr, das erste Frühstück ist im Preis inbegriffen.*

Lamatéliane €€, *Belair, Rue des Ananas, Sainte-Marie,* ☎ *05 90 86 31 37, www.lamateliane.com. Auf einem parkähnlichen Gelände von 3.000 m² nicht weit vom Meer entfernt befinden sich zwei große Bungalows komplett aus Holz für bis zu 5 Personen. Mittelpunkt ist der 50 m² große Swimmingpool, der großzügig von Holzflächen und einer überdachten Sitzecke eingefasst ist und ermöglicht, die Mahlzeiten am Pool im Schatten einzunehmen. Die Hütten sind mit klimatisierten Schlafräumen, einem Salon (Ventilator), Küche, Badezimmer und Terrasse ausgestattet. Waschmaschine, Gefrierfach, Mikrowelle, WLAN auf Bestellung.*

Essen und Trinken

Le Rivage, *Plage de Salée, Bananier,* ☎ *05 90 86 02 40. Nur mittags geöffnet. In der Woche kosten die kreolischen Tagesgerichte mit Vorspeise 12–20 €, am Wochenende gibt es die besonderen lokalen Spezialitäten wie Langusten mit einer schmackhaften hausgemachten Sauce und Frikassee für 20–30 €. Das Restaurant befindet sich mit dem offenen, großen Saal direkt am schwarzsandigen Strand mit fantastischem Blick auf die Heiligeninseln und Marie-Galante. Das Meer ist in der Hochsaison und am Wochenende quasi von Surfern „bedeckt".*

Kalinago Carbet, *Résidence Bello Plage, Bananier,* ☎ *05 90 81 84 46, tgl. außer Mo, abends auf Bestellung ab mind. 2 Personen. Indisch-karibische Küche mit Menüs zu 14,90 € (Vor-, Hauptspeise, Dessert), Tagesgericht 10,90 €, à la carte um die 20 €. Serviert wird in „couis" (dt. Kalebassen), getrockneten Schalen von Flaschenkürbissen. Besondere Spezialitäten sind Hähnchen und Dorade in Kakaosauce sowie Fisch und Krabben in Kokosnussmilch und einer speziellen Kräutermischung.*

Jangal Kafé, *Route de l'Habituée, l'Habituée,* ☎ *05 90 95 15 40, www.jangalkafe.com. Das Restaurant mit kreolischen Spezialitäten wie Fritten aus Brotfrucht (sehr zu empfehlen!) liegt an der D-4 zu den Carbet-Wasserfällen. Tgl. Mittagstisch. Sehr aufmerksame Bedienung.*

Trois-Rivières

Der Fährhafen von Trois-Rivières

Der hübsche, nahe der Grande-Anse an der Küste gelegene Ort war in der Vergangenheit Schauplatz heftiger Gefechte zwischen Franzosen und Engländern. Davon zeugen noch alte Geschützstellungen und das ehemalige Pulvermagazin. Ihren Namen verdankt die Gemeinde drei Flüssen, die das Heiligtum der Indianer waren und ihr den Beinamen *fille de Karukéra*, „Tochter der Insel der schönen Wasser" einbrachte. Sie war auch ein wichtiger Ort für die ersten Kolonialisten, die sich um 1640 hier niederließen und Kakao, Vanille, Kaffee und Tabak anbauten, bevor über 60 % der Äcker ab 1772 mit Zuckerrohr bedeckt waren. Die Bananenstauden, die heutzutage die Region prägen, dokumentiert das Ende der Zuckerrohrära.

Enge Gassen zum Hafen

Für Inselhüpfer ist außerdem die hier abgehende **Fährverbindung nach Terre-de-Haut** auf den Saintes-Inseln interessant. Vom Fischer- und Fährhafen aus bieten sich bereits großartige Blicke auf die 14 km breite Inselgruppe. Der sich weit ausdehnende und verwinkelt an den Hängen gelegene Ort hat sich vom Hafen aus entwickelt, wo sich Marktplatz und kleine Bars befinden. Im oberen Teil der Gemeinde liegen Rathaus, Kirche, Office de Tourisme, Bibliothek, Post und einige hübsche Kolonialbauten. Die größte Sehenswürdigkeit stellt das archäologische Freilichtmuseum (s. u.) dar.

Archäologischer Park von Roches Gravées

Auf einem hübschen botanischen Lehrpfad wird man hier von Archäologen zu bedeutenden **Felszeichnungen** geleitet, die vermutlich von den Arawaken im 3./4. Jh.

n. Chr. angefertigt wurden. Man findet kaum eine bessere Gelegenheit, die technische Fertigkeit und das Repertoire dieser Kunstform zu bestaunen. Am eindrucksvollsten sind die vielen, fast modern anmutenden Gesichter (mal mit und mal ohne Nase), einige davon mit zugehörigem Körper und z. T. auch mit prächtigem Kopfschmuck ausgestattet. Nach dem Erdbeben von 2004 wurden große Teile der wild aufeinandergestapelten Felsbrocken instabil, sodass Teile des Parks gesperrt sind.

Geführte Tour im Parc Archéologique von Roches Gravées

Parc Archéologique des Roches Gravées, ☏ *05 90 92 91 88, und Service du Développement Culturel et des Musées,* ☏ *05 90 99 77 77. Der Besuch des Parks erfolgt über eine geführte Tour (auf Französisch). Englischsprachige Touren können telefonisch angefragt werden; Führungen: Di–Sa 9, 10 und 11 Uhr sowie nachmittags 14, 15 und 16 Uhr.)*

Bleibt man ab Trois-Rivières auf der alten Nationalstraße D-6, gelangt man direkt zur schwarzsandigen **Grande-Anse**, die mit einem schönen Palmenstrand (Umkleide, Dusche) und ein paar Restaurants versehen ist. Von hier aus erscheinen die Saintes-Inseln zum Greifen nah.

Weiter der D-6 folgend gelangt man zur Südspitze der Insel. Dort, wo rechts der kurvigen Straße der alte Basalt-Gebirgsstock der **Monts Caraïbes** bis 687 m emporsteigt und sich linker Hand der Atlantik mit der Karibischen See vereint, liegt das Dorf Vieux-Fort.

Vieux-Fort

Wie der Name sagt, gab es auch hier eine Befestigung, die den Seeweg zu den Saintes-Inseln kontrollieren und sichern sollte und deren wenige Überreste noch hinter der Kirche mit der ältesten Kirchenglocke von Basse-Terre zu sehen sind. Der auf einem Felsvorsprung thronende Leuchtturm ist der südlichste Punkt von Basse-Terre. Das 6 km von Basse-Terre entfernt gelegene Vieux-Fort ist zudem wegen seiner Stickereien bekannt, ein lokales Kunsthandwerk mit langer Tradition. Zur Wahrung der Tradition stellen Stickerinnen qualitätsvolle Deckchen, Bettwäsche, Nachthemden etc. her. Im **Centre de broderie et des arts textiles** (Zentrum für Stickereien und Textilkunsthandwerk) im Fort l'Olive kann man den Stickerinnen bei der Arbeit zusehen und auch Einzelstücke erwerben.

Textilkunsthandwerk

Centre de broderie et des arts textiles, *Fort l'Olive,* ☏ *05 90 92 04 14, tgl. 9–18 Uhr, Eintritt frei, Spende willkommen.*

Schwarzer Vulkansand an der Grande-Anse

Anschließend geht es – nun in nördlicher Richtung – bergab zur weit geschwungenen Anse Turlet und auf Meeresniveau entlang der Uferbefestigung, die eine beliebte Jogging- und Radfahrstrecke ist, auf die Inselhauptstadt zu.

Gourbeyre

Der Ort wurde 1846 gegründet und trägt den Namen des Gouverneurs, der nach dem Erdbeben von 1843 sehr aktiv auf der Insel war. Nach wie vor ist Gourbeyre vor allem ein Durchgangsort von der Küste über dem Wind zur Küste unter dem Wind. Am Ortsrand haben sich die wohlhabenden Bürger aus der Hauptstadt ihre Häuser an die kühlen Berghänge gebaut. Zur Gemeinde gehört die **Marina de Rivière-Sens**. Südöstlich von Gourbeyre laden die **Bains chauds de Dôle** (heiße Becken in der Gemeinde Dôle) zum Baden ein (s. Karte S. 139).

Auf dem 50.000 Jahre alten Vulkanrelief Houëlmont trohnt in 430 m Höhe das **Vulkanobservatorium**, das zum Pariser Institut de Physique du Globe (IPGP) gehört und alle Vulkane der Karibik überwacht. Seit der Eruption der Soufrière von 1976 zählt der Vulkan auf Basse-Terre zu den am besten bewachten weltweit.

Observatoire volcanologique et sismologique de la Soufrière, ☏ *05 90 99 11 33, geöffnet für Besucher im September am „Fête de la Science" und im Dezember an den „Journées du Patrimoine". www.ipgp.fr/fr/ovsg/observatoire-volcanologique-sismologique-de-guadeloupe.*

Reisepraktische Informationen zu Trois-Rivières

Information

Syndicat d'Initiative, *Place de l'Église, Rue Gerville Réache, Trois-Rivières,* ☏ *05 90 92 77 01, www.troisrivieres971.com*

Vieux-Fort: *Mairie (Rathaus),* ☏ *05 90 92 00 00.*

Gourbeyre: *Syndicat d'Initiative, Rond Point Valkanaërs,* ☏ *05 90 92 21 64.*

Unterkunft

An Eol Caraïbes € (**1**), *Trois-Rivières, Section Lovelace, 50 m von der Bibliothek (Internet) entfernt, ☏ 05 90 81 22 01, www.aneolcaraibes.com. Mitten im hügeligen Trois-Rivières und doch in tropischem Grün fügen sich die acht bunt bemalten Holzhütten (für 2, 4 und 6 Personen) idyllisch in die Landschaft ein und bieten einen schönen Blick auf die Heiligeninseln und bis nach Dominica. Alle Hütten haben eine Küchenecke und eine Terrasse oder einen Balkon. Swimmingpool mit Panoramablick und überdachter Essecke und Grill. Gerichte können vor Ort bestellt werden. Einkaufsläden in 200 m Entfernung.*

Gîtes An-Tikaz-La €–€€ (**2**), *Trois-Rivières, Quartier Joyeux-Faubourg, ☏ 05 90 03 71 03, 📠 06 90 39 46 39, www.tikaz-la.com, Sept. geschl. Drei Gruppen von Holzhütten (Cases créoles) im traditionellen und farbenfrohen Stil mit einem fantastischen Blick auf die Heiligeninseln. Die Anlage sticht nicht nur durch ihre schlichte Schönheit, sondern auch durch ihre besondere ökologische Ausrichtung heraus: Wassererwärmung durch Solarenergie, Energiesparlampen, Ventilatoren anstelle von Klimaanlagen, kein Swimmingpool mit kostbarem Trinkwasser. Die beiden Gästezimmer sind für 1–3 Personen ausgerichtet, die drei Gästehäuser für 4–6 Personen. Die Inhaberin Mi-Maire ist eine passionierte Naturliebhaberin und -schützerin und engagiert sich auch im Alltag für ihre Umwelt. Vor Ort bietet sie selbst gemachte lokale Spezialitäten an, u. a. Honig, Marmelade oder ihre spezielle Gemüsesuppe.*

Gîte Coco et Zabrico €–€€ (**3**), *Route de Gaigneron, Habitation Duquery, ☏ 05 90 92 83 50, mobil: 06 90 67 71 73, www.cocoetzabrico.fr. Zwei Gästehäuser für 2 Personen und zwei Doppelhäuser für bis zu 6 Personen liegen auf einem 4.000 m² großen Areal mit Swimmingpool im modernen, mediterranen Stil. Zur Verfügung stehen Grill, Strandtücher, Waschmaschine, Internet (Gebühr). Gerichte werden auf Bestellung im Haus serviert (20 €). Der Strand ist 10 Min. entfernt.*

L'Îlot Fruits €€ (**4**), *72a Route de la Regrettée, ☏ 06 90 54 93 00, www.ilot-fruits.com. Preise pro Woche, 2. Woche 50 € günstiger. Die um einen Swimmingpool angelegten Holzhütten im traditionellen Stil (inklusive Baumhaus) mit Solaranlagen versprechen Abgeschiedenheit und Ruhe (abgesehen vom Vogelgezwitscher) inmitten von landwirtschaftlich genutzten Flächen und Bananenplantagen. Sie bieten einen grandiosen Blick auf Terre-de-Haut, Terre-de-Bas, Marie-Galante und die Plage de Grande-Anse. Die Hütten sind komplett ausgestattet mit einem Doppelbett im Schlafzimmer, einer Schlafcoach im Wohnzimmer und einer Kochecke, Fernsehen, Hängematte und Liege auf der Terrasse. Eine Hütte ist für Rollstuhlfahrer ausgerichtet.*

Le Jardin Malanga €€€€€ (**5**), *60, Route de l'Hermitage, ☏ 05 90 92 67 57, www.jardinmalanga.com. Das Hotel der Luxusklasse gehört zur Hotelgruppe „Des Hôtels et des Îles". Das liebevoll restaurierte Kolonialhaus aus dem Jahr 1927 verfügt über zwei Suiten und drei Cottages mit je zwei verbundenen Zimmern (Kingsize-Betten), einem Kinderzimmer (Etagenbett), Badezimmer mit Badewanne und einer Terrasse mit Panoramablick auf die umliegenden Inseln. Diese sind auch vom Swimmingpool in exponierter Lage aus zu sehen. 15 Min. Autofahrt zur Plage de Grande-Anse. Das Restaurant „Le Panga" (s. u.) befindet sich im Hotel.*

Essen und Trinken

Table d'Hôtes Le Panga (**1**), *Hôtel Le Jardin Malaga, 60, route de l'Hermitage, ☏ 05 90 92 67 57, www.jardinmalanga.com. Juni–Mitte Juli, Sept.–Mitte Okt. geschl. Abends Reservierung erforderlich, auch für Gäste von außerhalb. Mittagessen möglich bei* *einer Reservierung 2 Tage im Voraus und mind. 6 Personen. Die gehobenen Feinschmeckergerichte werden unter ausschließlicher Verwendung frischer Produkte aus dem Garten zubereitet. Das Tagesangebot variiert je nach Frischeangebot. Das grandiose Ambiente und der herrliche Ausblick lohnen die Mühe, mittags einen Tisch zu ergattern.*

La Paillote du Pêcheur (2), *Route de la Grande-Anse, zwischen Trois-Rivières und Grande-Anse, nach der Brücke über den Fluss Richtung Vieux-Fort, links die Straße zur Küste, ☏ 05 90 92 94 98, tgl. mittags geöffnet, abends auf Bestellung. Menü für 15 € (gegrillter Fisch, je nach Fang), Languste (Menü) 30–34 € je nach Gewicht, Kindermenü 7 €. Das abgelegene Ambiente direkt am Meer und die einfachen und richtig guten Gerichte sind einfach karibisch!*

Les Cocotiers (3), *Plage de Grande-Anse, ☏ 05 90 92 94 05, tgl. außer Mo abends, Okt. geschl. Gericht zu 20 €. Hier gibt es alle Klassiker der karibischen Küche wie Colombo vom Huhn, gegrillte Fischspieße etc. und erfrischende Eisspezialitäten. Direkt gegenüber dem Strand, mit einem großen Saal, wo am Wochenende getanzt wird. Dann macht die besondere Atmosphäre einen Besuch empfehlenswert. In der Woche ist es eher ruhig.*

La Cabane Créole (4), *Grande-Anse, ☏ 06 90 34 28 40. Tagesgericht für 12 €. Das Restaurant gegenüber dem Strand profitiert vor allem vom schönen Blick auf die Heiligeninseln. Die kreolische Küche ist einfach und gut. Freitagabends treffen sich hier die Einheimischen zum Tanzabend („Dîner dansant", ca. 25 €). Der Planteur (Planter's Punch) ist hier zu empfehlen.*

Fähren

Es gibt tgl. Fährverbindungen vom Fährhafen zu den Heiligeninseln: Terre-de-Haut/Les Saintes (ca. 20 Min. je nach Wetterlage), Ticketschalter am Parkplatz vom Fährhafen, ca. 100 m vom Anleger entfernt. Kurioserweise legen alle drei Fährgesellschaften fast gleichzeitig ab und fahren die ganze Strecke hintereinander her.

Compagnies Deher, *☏ 05 90 92 06 39 und 05 90 99 50 68, www.ctmdeher.com. Abfahrt tgl. zwischen 9 und 16.30 Uhr, in der Hauptsaison auch So 17.30 Uhr. Preise Hin- und Rückfahrt Erwachsene 22 €. Die Schiffe heißen „Guadeloupe" und „Antoinette".*

Val'Ferry, *☏ 05 90 91 45 15 und 05 90 57 45 74, www.valferry.fr. Zwei Fahrten tägl. von Trois-Rivière zu den Îles des Saintes tägl. 9 und 17 Uhr (Fahrtzeit: Terre-de-Haut 30 min, Terre-des-Bas 50 min). Rückfahrt tägl. 16.15 Uhr, 15 €.*

Parken

Direkt neben den Ticketschaltern bietet ein Parkplatz (2 € pro Tag) die Möglichkeit, den Mietwagen abzustellen. In der Hauptsaison werden die Plätze jedoch schon am frühen Morgen eng.

Tipp

Für eine Tagestour die Tickets schon am Vortag am Parkplatz oberhalb des Hafens kaufen, frühmorgens das Auto dort abstellen und in Ruhe noch einen Kaffee in einer der Bars auf dem Weg zum Fährhafen trinken.

Die Hauptstadt Basse-Terre

Allgemeiner Überblick

Obwohl nur rund 10.400 Menschen in Basse-Terre leben, ist das Städtchen doch die Hauptstadt Guadeloupes mit Präfektur und Inselparlament (Conseil Général) sowie Bischofssitz. Für die Tatsache, dass nicht das ungleich größere Pointe-à-Pitre, sondern das verschlafene Basse-Terre administratives Zentrum eines ganzen Archipels wurde, sind historische Gründe verantwortlich. Denn immerhin ist die im Jahr 1640 gegründete Siedlung nicht nur eine der ältesten der Insel, sondern eine der frühesten französischen Enklaven im gesamten karibischen Raum.

Provinzieller Charme

Allerdings verhinderten immer wieder Kriege, Belagerungen, Revolutionswirren und Naturkatastrophen die urbane Entwicklung der durch das Karibische Meer und Vulkanmassiv begrenzten Stadt. Zuletzt brachten die 1970er-Jahre gleich mehrere

Place du Champ d'Arbaud mit Kriegerdenkmal

einschneidende Ereignisse mit sich: nach vulkanischer Tätigkeit der Soufrière evakuierte man vorsorglich 70.000 Einwohner von Basse-Terre und der umliegenden Gemeinden – für fünf Monate war damals die Hauptstadt völlig verwaist.

Die historische Bedeutung der Stadt, verbunden mit ihrer geringen Ausdehnung, hat für den Touristen jedenfalls den Vorteil, dass alle Baudenkmäler und Sehenswürdigkeiten nahe beieinander liegen.

Stadtrundgang

Wenn man über die D-6 von Vieux-Fort oder über die N-1 von Gourbeyre nach Basse-Terre kommt, ist der erste Anlaufpunkt das alte **Fort Louis Delgrès (1)** aus dem 17. Jh., das die erste befestigte Anlage auf Guadeloupe war und seit 1977 Nationaldenkmal ist. Die wuchtige Verteidigungsanlage (früher Fort Saint-Charles) liegt auf einem Felsvorsprung im Südwesten, gleich hinter der Brücke über die Rivière du Galion. Auf einer Fläche von 5 ha breiten sich hier auf sternförmigem Grundriss gut erhaltene Wehrgänge, Bastionen und Gräben aus. Im Fort befindet sich heute das Historische Museum. Von der Befestigungsanlage eröffnen sich Ausblicke auf das Karibische Meer, die Soufrière und die Monts Caraïbes. Innerhalb des Forts repräsentiert seit 2002 das **Mémorial** den Kommandanten Louis Delgrès und erinnert an die Rebellion im Jahr 1802 gegen die Wiedereinführung der Sklaverei auf Guadeloupe.

Gut erhaltenes Fort

Fort Louis Delgrès, *tgl. 8.30–16.30 Uhr, mittags geschl., Eintritt frei.*

Louis Delgrès

info

Louis Delgrès, geboren am 2. August 1766 in Saint-Pierre, starb am 28. Mai 1802 bei Matouba nordwestlich von Saint-Claude. In der Geschichte Guadeloupes ist er eine der großen Persönlichkeiten im Kampf um die Freiheit der Sklaven und ehemaligen Sklaven. Im Zuge der Französischen Revolution wurde auch in den französischen Kolonien die Sklaverei offiziell abgeschafft, in Guadeloupe am 4. Februar 1794. Doch bereits 1802 beauftragte Napoleon General Richepanse damit, die Sklaverei wieder einzuführen. Louis Delgrès, zu dem Zeitpunkt Oberst der Infanterie in Basse-Terre, verkündete am 10. Mai 1802 in der ganzen Stadt ein von ihm unterschriebenes Pamphlet zur Abschaffung der Sklaverei und leitete damit die Revolte gegen die Truppen von Richepanse ein.

Zahlenmäßig waren Delgrès und seine Soldaten den Truppen von Richepanse weit unterlegen, so waren sie am 20. Mai 1802 zum Rückzug ins Fort Saint-Charles gezwungen. Am Abend des 22. Mai 1802 flohen die 400 Rebellen aus der Festung und versteckten sich am Fuße der Soufrière in der Habitation d'Anglemont in Matouba. Anstatt sich zu ergeben, begangen am 28. Mai 1802 Delgrès und die noch verbliebenen 300 Anhänger mit dem Ausruf „Vive la liberté!" kollektiv Selbstmord. Die napoleonischen Truppe fand in den Trümmern des Anwesens die hochschwangere Gefährtin von Delgrès auf. Sie wurde nach der Geburt ihres Kindes hingerichtet. Die Sklaverei wurde am 16. Juli 1802 auf Guadeloupe wieder eingeführt.

Im Jahr 2002 wurden den Opfern von Matouba zum 200. Jahrestag durch die Einführung einer Ehrenbriefmarke mit dem Bildnis von Delgrès und mit einer riesigen Steininstallation in dem nach ihm benannten Fort Denkmäler gesetzt.

Vom Fort aus geht man in nordwestliche Richtung durch die Rue Dugommier, die rechts an der altehrwürdigen Wallfahrtskirche **Notre-Dame du Mont Carmel (2)** vorbei und in die Innenstadt zur Avenue du Gouverneur Général Félix Éboué führt. Von dort geht es rechts hoch zur **Place du Champ d'Arbaud**, die von einer großen Grünfläche, Palmen und einem Kriegsdenkmal dominiert und von Kolonialhäusern gesäumt wird. Unterhalb liegt das Kulturzentrum **Artchipel (3)** im Jardin Pichon, dessen Architektur an einen Vulkan erinnern soll.

Der Markt erstreckt sich weit über die überdachte Halle hinaus

Das Rathaus von Basse-Terre

Die Kathedrale Notre-Dame-de-la-Guadeloupe

Richtung Meer führt die Hauptstraße zum Kreisverkehr, von dem aus rechts und links die Uferstraße (Boulevard du Général de Gaulle) und die abends sehr belebte **Uferpromenade** abgehen. Auf dem Weg dorthin passiert man linker Hand den **Palais de Justice (4)** (Justizpalast) und rechter Hand den **Palais du Conseil Général (5)**, das Gebäude der Generalversammlung. Während man in südliche Richtung wieder zum Fort gelangt, führt der nördliche Straßenabschnitt zur überdachten **Markthalle,** die zu Marktzeiten nur ein Teil des turbulenten Markttreibens entlang der Uferpromenade bildet.

Hinter der Flussbrücke über die Rivière aux Herbes führt die Ausfahrt des Boulevards auf der Höhe des Hafenbeckens in den alten Teil der Stadt zur Place Saint-François mit der römisch-katholischen Kathedrale aus dem 19. Jh., der **Cathédrale Notre-Dame-de-la-Guadelou-pe (6)**. Zuvor passiert man die Place de la Liberté mit **Rathaus** und Tourismusinformation.

Reisepraktische Informationen zu Basse-Terre

Information

Maison de Tourisme de Basse-Terre, *Immeuble du Port Autonome, neben dem Rathaus am Hafenbecken von Basse-Terre gelegen, ☏ 05 90 32 51 01, www.tourisme-basseterre.com..*

Unterkunft/Essen und Trinken

s. unter Reisepraktische Informationen zu Saint-Claude ab S. 164

Wenn die Geschäfte um 17 Uhr schließen, ist die Innenstadt von Basse-Terre wie leer gefegt und eröffnet wenig touristisches Interesse in den Abendstunden. Zudem ist die Auswahl an Übernachtungsmöglichkeiten gering, ein Hotel gibt es nicht. Besser ist es, sich ins benachbarte **Saint-Claude** *(10 Min. Autofahrt) zu begeben; der sympathische Ort dehnt sich weiträumig an den Ausläufern des Massivs der Soufrière aus.*

Tipp

Unbedingt lohnend in Basse-Terre ist am Wochenende abends ein **Bummel auf der beleuchteten Uferpromenade**. Dann treffen sich hier alle Bevölkerungsgruppen, ob Alt oder Jung, zum Chillen, Rollerbladen, Bokit-Essen (jede Menge **Imbiss-Wagen**), Eis schlecken, Fahrrad fahren, Spazierengehen, Joggen und allem, was in der Hitze am Tag zu vermeiden ist.

Von Basse-Terre zur Soufrière

Zwar können ausdauernde Wanderer auch von Montebello *(Trace Victor Hugues)* oder von den Carbet-Wasserfällen aus zur Soufrière gelangen, doch erreicht der „normale" Inselbesucher den Vulkan zunächst mit dem Auto ab der Inselhauptstadt Basse-Terre.

Die stark ansteigende N-3 (Umgehungsstraße Rocade) führt vom Zentrum zunächst am 1820 gegründeten **Jardin botanique** vorbei. Der einst hochgelobte botanische Garten kann seinem Ruf schon länger nicht mehr gerecht werden, Schäden durch Stürme wurden bislang nicht behoben. Nach weiteren rund 5 km gelangt man zum Zentrum von Saint-Claude.
Jardin botanique, *Chemin de la Circonvallation, ☏ 05 90 81 62 52, geöff. tgl. 9–16.30 Uhr.*

Saint-Claude

Beliebtes Wohngebiet

Das Massiv der Soufrière dominiert im Hintergrund die am höchsten gelegene Gemeinde der Antillen und schützt sie gleichsam vor starken Winden. Zusammen mit dem **kühlen Klima** von durchschnittlich angenehmen 22 °C auf 570 m Höhe sind dies ideale Bedingungen für viele, die an der nördlichen Stadtgrenze von Basse-Terre ihren Wohnsitz haben. Aber auch Kurhäuser sind aus diesen Gründen hier ansässig, denn neben dem angenehmen Klima waren vor allem die vulkanischen Schwefelquellen 1823 Anlass zur Gründung einer Krankenanstalt in Saint-Claude. Deren Tradition wird heute vom **Thermalbad** „Harry Hamousin" fortgeführt (s. u.). Lange nur als Durchgangs- oder Wohnort angesehen, besonders nach den Vulkaneruptionen im Juli/August 1976, wird sich Saint-Claude langsam seines touristischen Potenzials bewusst. Der **Hauptsitz des Nationalparkbüros** wie auch das Kommunikationszentrum und Büro der vom Nationalpark ausgezeichneten **Ökotourismus-Anbieter** befinden sich hier.

Saint-Claude liegt inmitten tropisch grüner Flora

Die ersten Kolonialisten kamen hier im Jahr 1656 an, um Zuckerrohr anzubauen. An sie erinnern die Namen der Anwesen Bellevue, Dugommier, Ducharmoy oder Bologne, deren Destillerie (s. S. 167) am nördlichen Ortsausgang von Basse-Terre noch immer Rum produziert. Der Rückgang der Zuckerindustrie im 18. Jh. zusammen mit dem höchsten Niederschlag der Region zogen eine Umstellung der Landwirtschaft auf Kaffee- und Kakaoanbau nach sich. So wurde die **einstige Zuckerfabrik Habitation Espérance** zur größten Kaffeemühle Guadeloupes. Das Gebäude der **La Bonifierie**, benannt nach Kaffee höchster Qualität, stammt aus dem Jahre 1760. Nach der Einstellung der Produktion verfiel das mehrere hundert Hektar große Gelände in eine Ruinenlandschaft. Heute dominiert die alte Kaffeeproduktionsstätte mit großem Garten und der Galion Rivière das Tal. **La Bonifierie**, *Section Morin, Route de Petit Paris, vor der Post nach rechts und der Straße für 4 km folgen, ☏ 05 90 80 06 05, ticafe@wanadoo.fr. Tägl. von 10–16 Uhr geöffnet, Führungen 48 Stunden vorher anfragen. Restaurant „Ti-Café", mittags zwischen 12 und 14.30 Uhr geöffnet, um Reservierung wird allerdings gebeten.*

Matouba

Unterhalb des Vulkans

Von der Kirche von Saint-Claude aus gemessen, erreicht man nach 2,5 km den Ortsteil Matouba, der sich auf ein Gebiet zwischen 500 und 800 m Höhe verteilt. Er liegt an der N-3 von Basse-Terre hinter dem Zentrum von Saint-Claude, wo auch der Abzweig zur D-11 (La Soufrière) abgeht. Eine große Kolonie aus Französisch-Guyana, bestehend aus insgesamt 2.000 Franzosen, Kanadiern und Deutschen, ließ sich in den Höhen von Matouba nieder und belebte die Region. Ein sehenswerter hinduistischer Tempel zeugt vom indischen Bevölkerungsanteil. Die Europäer schätzten die gesunden klimatischen Bedingungen, die sie an das Klima in Europa erinnerten. Angebaut werden hier Gemüse und Blumen. Matouba ist jedoch in erster Linie in seiner **historische Bedeutung** für den Kampf von Louis Delgrès (s. S. 157) gegen die Sklaverei bekannt und das Opfer, das er und 300 seiner Gefolgsleute 1802 gebracht hatten. Am Ortseingang wurde ihnen ein **Denkmal** gesetzt.

Schwefelhaltiges Wasser

Früher schon bot der Ortsteil Schutz vor Angriffen der Engländer (1691, 1703, 1759 und 1794). Als Rückzugsmöglichkeit war 1775 die Verbindung von Matouba über die Berge nach Petit-Bourg geplant worden. Diese endete jedoch im 19. Jh. als einfacher Wanderweg: Die sogenannte **Trace Victor Hugues** (= Grande Route de la Guadeloupe 1, GRG1) beginnt in der Nähe der **Maison forestière de Matouba**. Auf dem Plateau de Papaye befindet sich das einzige offizielle **Thermalbad** „Harry Hamousin", dessen schwefelhaltiges Wasser aus einer 1.057 m hoch liegenden Quelle sprudelt

und im Bad 49,6 °C warm ist. Vor allem bei rheumatischen Erkrankungen und Gelenkleiden ist der Besuch zu empfehlen.
Centre Thermal Harry Hamousin, *Matouba Papapye,* ☏ *05 90 80 53 53, tgl. geöffnet.*

Das **Mineralwasser**, das über die regionalen Grenzen hinaus getrunken wird, füllt eine Firma auf dem Gelände der Kirchengemeinde ab. Das Wasser gelangt aus der 742 m hoch gelegenen Quelle Roudelette hierher.

Wanderungen ab Matouba

info

Warme Kleidung, Regensachen und Wasser mitnehmen.
- Wasserfall Vauchelet (Cascade Vauchelet). Dauer 1 Std. vom Picknickplatz Beausoleil.
- Heiße Quellen von Matouba (Saut d'eau de Matouba), Dauer 1 ½ Std.
- Wasserfall der Schluchten des Galion (Chute des Gorges du Galion, Dauer 2 Std.
- Matouba – Petit-Bourg auf der Trace Victor Hugues (für geübte Wanderer): Dauer 8–10 Std.

Bains Jaunes

Gelbton durch Eisen

Auf dem steilen Sträßchen D-11 geht es von Saint-Claude mit dem Auto in wenigen Minuten auf 960 m Höhe zu den Bains Jaunes, einem Pool mit vulkanisch erwärmtem Wasser. Dessen hoher Eisengehalt färbt die Wände des Beckens immer wieder in einem intensiven Gelbton, obwohl sie jede Woche einmal gereinigt werden. Zwar gibt es einen weiter oben gelegenen großen Parkplatz, doch die Straße dorthin ist seit Jahren für die Öffentlichkeit gesperrt und wird es wohl auch in Zukunft bleiben.

Deshalb beginnt der Weg zum Vulkan am „Gelben Bad", wo allerdings nur sehr wenige Stellplätze zur Verfügung stehen. Bei gutem Wetter oder am Wochenende muss man mitunter weit entfernt entlang der Straße parken – nicht zuletzt aus diesem Grund empfiehlt es sich, möglichst früh am Morgen aufzubrechen.

info

Wanderung zum Vulkan La Soufrière

Von den Bains Jaunes geht es zunächst auf komfortabel angelegtem Weg durch wunderschönen tropischen Regenwald. Nach gut einer halben Stunde tritt man aus dem Wald heraus und befindet sich unversehens im freien Gelände, auf der Savane à Mulet in 1.142 m Höhe (hier liegt der zurzeit nutzlose Parkplatz).

Ab hier geht es auf dem sogenannten Damenweg (*Chemin des Dames*) in langsam ansteigenden Kehren an den Abhängen der Soufrière hinauf, die nun zum Greifen nahe erscheint. Die geologischen Formationen des Vulkans, die ganz eigene Vegetation an seinen Flanken, die fantastischen Ausblicke und natürlich die zahlreichen Krateröffnungen auf dem breiten Gipfelplateau machen die Wanderung zu einem unvergesslichen Erlebnis, das der Besucher Guadeloupes auf keinen Fall verpassen sollte.

Auf dem Vulkan kann es kühl und regnerisch sein

Wer wirklich einmal vulkanische Aktivität hautnah erleben möchte, ist hier genau richtig! Bei guten Sichtverhältnissen (die allerdings höchst selten sind) eröffnen sich großartige Ausblicke auf ganz Guadeloupe und zu den Nachbarinseln bis hinüber nach Martinique!

Der Damenweg ist normalerweise ohne große Schwierigkeiten zu bewältigen. Doch der Höhenunterschied beträgt ca. 680 Meter, das Wetter kann schnell umschlagen und der Weg ist sehr steinig (gute Wanderschuhe mitnehmen!). Daher sollte man über eine gute Kondition verfügen und ausreichend Zeit einplanen. Der Weg ist aber nicht nur der einfachste Pfad hinauf zum 1.467 m hohen Gipfel, sondern auch der einzige, der für die Öffentlichkeit frei begehbar ist – und deshalb mitunter ziemlich überfüllt. Nur mit einem lizensierten Führer kann man, abseits allen Trubels, auch einen Weg auf der gegenüberliegenden Seite des Berges nehmen.

Faszinierende Vegetation am Wegesrand

Ebenso darf man auf dem Gipfel nur mit professioneller Begleitung ganz nahe an die faszinierenden Krater heran. Touristen, die sich auf eigene Faust dem Krater nähern und die Verbotsschilder ignorieren, riskieren in den **giftigen Schwefeldämpfen** ihr Leben! Darüber hinaus erhält man von einem kompetenten Führer interessante Informationen über die rege Tätigkeit des Vulkans.

Nicht ohne Grund gilt die Soufrière als der am besten überwachte Vulkan der Welt: Denn schon jetzt können sich die Wissenschaftler sicher sein, dass irgendwann in den nächsten 500 Jahren eine große Eruption weite Teile der Insel völlig zerstören wird – darunter auch die Hauptstadt Basse-Terre. Mit Seismographen registrieren sie deshalb jede noch so kleine Erschütterung und leiten sofort entsprechende Vorsichtsmaßnahmen ein. Als Tourist muss man sich also keine Sorgen machen, von einem plötzlichen Ausbruch überrascht zu werden.

Wer eine durchschnittliche Kondition besitzt, schafft Auf- und Abstieg in etwa drei Stunden. Um aber auch die vielfältigen Eindrücke auf dem Gipfelplateau gebührend genießen zu können, sollte man deutlich mehr Zeit einplanen – und am besten auch noch etwas Zeit für ein erholsames Bad in den Bains Jaunes zum Abschluss mitbringen.

Hinweis

Natürlich gelten für eine Wanderung am und auf den Vulkan andere Voraussetzungen als für Wanderungen im Regenwald oder an der Küste. Unerlässlich sind vor allem eine gute Ausrüstung, insbesondere rutschfeste Schuhe und genügend Wasservorräte. Zu beachten ist, dass es auf der Soufrière empfindlich kühl werden kann, vor allem bei plötzlich auftauchendem Nebel. Warme Kleidung und Regenschutz gehören unbedingt ins Gepäck. Jederzeit sollte man auf Regen, Nebel, Wolken und Schlamm vorbereitet sein: Die durchschnittliche Niederschlagsmenge ist mit 10.000 mm Niederschlag pro Jahr extrem hoch!

!!! Achtung

Verlassen Sie niemals die grün-weiß markierten Wege und kommen Sie der Krateröffnung nicht zu nahe!

Reisepraktische Informationen zu Saint-Claude und Matouba

Information

Syndicat d'Initiative, *Zentrum von Saint-Claude, Avenue du Maréchal Foch, ☏ 05 90 60 90 23, www.ville-saintclaude.fr.*

Parc national de la Guadeloupe, *Büro in Saint-Claude: Habitation Beausoleil, Montéran, ☏ 05 90 41 55 55, 🖷 05 90 41 55 56, www.guadeloupe-parcnational.com. Büro in Basse-Terre: Cité Guillard, ☏/🖷 05 90 99 03 15.*

Maison de la Forêt *(und Shop): Mo–Sa 8.30–13, 13.45–16.30 Uhr, So 9–13.15 Uhr (in der Hauptsaison), Mo–Fr 9–13, 13.45–16.30 Uhr.*

Maison du Parc *in Côte Sous-leVent: Mo, Di, Do, Fr 8.30–13, 14–16 Uhr, Mi 8.30–13 Uhr*

Büro Chutes du Carbet: *tgl. 8–16 Uhr.*

Tipp

Vom Nationalpark für ausgezeichneten **Ökotourismus** empfohlen: **Vert Intense**, Route de la Soufrière, Morne Houel, 97120 Saint-Claude, ☏/🖷 05 90 99 34 73, www.vert-intense.com (Angebot u. a. an geführten Touren zur Soufrière).

Unterkunft

Les Alizés Mers Chaudes €, *Rue des Boutons d'Or, Ducharmony, ☏ 05 90 80 06 75, www.alizes-mc.com. Die fünf Gästehäuser (2–4 Personen) und zwei Gästezimmer (2–3 Personen) liegen in einem gepflegten Wohngebiet von Saint-Claude inmitten eines 2.000 m² großen Palmengartens unweit des Waldgebiets. Alle Zimmer sind mit Kühlschrank und allem, was für die Zubereitung eines Frühstücks nötig ist, ausgestattet. WLAN, Swimmingpool und Grillmöglichkeit für alle verfügbar.*

Gîtes la Pitchouri €, *28 Lot Gabriel, Belfond, Saint-Claude, ☏ 05 90 80 20 89, pitchouri.pagesperso-orange.fr. Hier gilt ein Tarif für das ganze Jahr. Um den Swimmingpool sind fünf helle und moderne Gästeappartements im kreolischen Stil in Steinbauweise nebeneinander gruppiert. Eine überdachte Terrasse bietet Sitzgelegenheiten und Grill für gemütliche Abende im Freien. Jedes Appartement verfügt über eine Küche, ein Schlafzimmer mit Doppelbett oder zwei Einzelbetten, Wohnraum und Badezimmer.*

Les Bananes Vertes €–€€, *Impasse des Gardenias, Choisy, Saint-Claude, ☏ 06 90 55 40 47, ☏/🖷 05 90 99 34 73, www.lesbananesvertes.fr. Ein Gästehaus von 40 m² (für 4 Personen) und drei Gästezimmer (für jeweils 2 Personen) in einem großen Holzhaus kreolischen Stils. Jedes Zimmer hat eine große überdachte Terrasse mit voll ausgestatteter Küche und ist zum großen Swimmingpool oder zum tropischen Garten ausgerichtet.*

Gîtes Karambol €–€€, *49, Lot Gabriel Belfond, von Basse-Terre aus die N-3, Route de Belfond nach rechts (Hinweisschild), 1. Straße rechts, ☏ 05 90 80 33 71, www.ouloger.com/gites-karambol. Das weiße Gästehaus liegt inmitten eines üppig sprießenden Gartens mit einem kleinen Swimmingpool mit Blick bis zum Meer und den Monts Caraïbes und sogar auf die Soufrière auf der anderen Seite des Hauses. Einfache und saubere Studios für 2–4 Personen mit Badezimmer, Kochecke, Ventilator, TV. Vermietung ab drei Nächten.*

Habitation Matouba €€–€€€, *Route de Matouba, Petit Pac zwischen Saint-Claude und Matouba, ☏ 05 90 80 09 28, www.habitationmatouba.com. Das alte Kolonialhaus im Her-*

zen eines herrlichen tropischen Parks (3 ha) am Fuße der Soufrière beherbergt zwei Gästewohnungen, die sich auf zwei Etagen erstrecken. Im Erdgeschoss befinden sich das Wohnzimmer mit zwei Einzelbetten, eine Küche und ein Waschraum. Das Appartement Jasmin liegt auf der Rückseite des Hauses. Der Gästepavillon La Résolue ist an das Wohnhaus der Eigentümer angebunden und ein traditionelles Holzgebäude. Badestelle im nahe gelegenen Fluss, der an der Grundstücksgrenze entlangfließt. Keine Klimaanlage. Das **Restaurant Le Petit Parc** *(☏ 05 90 95 67 42) ist von Do bis So mittags und abends nach vorheriger Reservierung geöffnet.*

Les Cycas €€–€€€, *Matouba, ☏ 05 90 32 56 26, 🖷 05 90 52 29, www.lescycas.vadif.com. Vier Gîtes (für 2 Personen) und vier Gästehäuser (für 4–5 Personen) befinden sich in einer großzügigen, offenen tropischen Parkanlage mit See am Rande des Nationalparks von Guadeloupe. Die Häuser sind im Kolonialstil möbliert, klimatisiert und mit allem Notwendigen ausgestattet: Kochecke, Doppelbett, Terrasse mit Blick zum Park/See. Die großen Gästehäuser verfügen zudem über einen separaten Wohnraum und zwei Schlafräume mit Doppelbetten bzw. 2–3 Einzelbetten.*

Das Hotel und die Gästehäuser liegen im Umland von Basse-Terre

Hôtel Saint-Georges €€€, *Rue Gratien-Parize, N-3 Basse-Terre Richtung Saint-Georg, ☏ 05 90 80 10 10, 🖷 05 90 80 30 50. Das einzige Hotel in der Region Basse-Terre/Saint-Georg verfügt über 40 Zimmer mit Klimaanlage, TV, Balkon, davon zwei Suiten. Obwohl an manchen Stellen die Farbe abblättert, ist das Hotel zu empfehlen, da es funktional und unkompliziert ist. Die Lage inmitten eines Wohngebiets mit üppigen Gärten, neben einer Kirche und auf dem Weg zur Soufrière ist ausgezeichnet. Internet an der Rezeption, Swimmingpool und Squash-Courts. Das Restaurant* **Le Lamasure** *(tgl. 11.30–14.30, 18.30–21 Uhr) bietet gute Grillgerichte.*

Essen und Trinken

Le Tamarinier, *Place da la Mairie, Saint-Claude, ☏ 05 90 80 06 67, 12.30–23 Uhr, Mi und So abends geschl. Authentische kreolische Küche, täglich stehen drei Menüs zur Auswahl, jeweils mit Fleisch, Fisch und kreolischen Spezialitäten. Sympathische Atmosphäre. Preise angemessen.*

Le Deck, *Propriété Dain, N-3 von Basse-Terre, dann am Markt in die Rue du Camp Jacob, linke Seite, ☏ 05 90 80 08 47, Mo–Fr mittags, Fr und Sa auch abends. Das Restaurant liegt auf einem hübschen Anwesen. Die Gerichte sind eine Mischung aus gehobener französischer und lokaler Küche, die Preise sind gehoben.*

Le Petit Parc, *s. unter „Unterkunft“, Habitation Matouba.*

Le Lamasure, *s. unter „Unterkunft“, Hôtel Saint-Georges.*

Habitation Desmarets, *Lieu-dit Desmarais, Basse-Terre, ☏ 05 90 81 73 69, www.habitationdesmarets.com. Di–Sa, mittags/abends. Franz. Küche in einer ehemaligen Destillerie. Zwei Gänge für 25 €. Plat du jour 19 €.*

L'Oiseau du Paradis, *Route de la Soufrière, Morne Houel, ☏ 05 90 99 59 88, tgl. 11.30–15.30 Uhr. Hier werden vor allem gegrillte lokale Tagesgerichte serviert. Menü ab 15 €. Herzliche Atmosphäre.*

Die Destillerie Bologne

Baillif

Geschäftiger Vorort von Basse-Terre

Wer ab Basse-Terre nicht über die N-3 nach Saint-Claude und zum Vulkan fahren möchte, bleibt auf der Küstenstraße N-2 in nördlicher Richtung und kommt nach Baillif, das nördlich des fruchtbaren Gebiets der Rivière des Pères liegt. Dort hatten Dominikanermönche ab 1636 mit Hilfe von künstlicher Bewässerung ausgedehnte Plantagen angelegt, deren Produkte im Hafen von Basse-Terre verschifft wurden. Die Mönche bauten auf beiden Seiten des Flusses Gotteshäuser, wodurch der heutige Vorort und Basse-Terre miteinander verbunden wurden. Die Lage des Ortes machte ihn jedoch für Angriffe der Engländer (1691, 1703) sehr anfällig. Der zur Verteidigung im Jahr 1703 gebaute Wehrturm, **Tour du Père Labat**, konnte ihnen nicht immer standhalten. Heute ist Baillif ist ein quirliger Vorort von Basse-Terre, mit Kleingewerbe, Geschäften und Werkstätten.

Alter Wehrturm

Wenn auch heutzutage die Destillerien der Dominikaner, in denen sie den berühmten *Rhum du Père Labat* herstellten, der sich um die Verteidigung des Ortes verdient gemachte hatte, nicht mehr vorhanden sind, so gibt es immer noch die **Destillerie Bologne**. Hier wird der berühmteste Rum der Insel produziert.
Destillerie Bologne, *Cité Bologne, ☏ 05 90 81 12 07, Führungen (20 Min.) Mo–Fr, außer während der Zuckerrohrernte.*

Information

Mairie (Rathaus), *Rue de l'Eglise, ☏ 05 90 99 11 70.*

Entlang der „karibischen Riviera" geht es weiter durch teils pittoreske, teils ärmlich wirkende Siedlungen und ausgedehnte Gemüsekulturen. In der **Rivière du Plessis**, die Baillif von Vieux-Habitants trennt, hat man über 20 Steine mit **Felszeichnungen** der Indianer gefunden, die Roches Caraïbes oder Roches gravées de la Rivière du Plessis genannt werden. (Saint-Robert, D-13). Der Hurrikan Marylin von 1995 legte an den Ufern zudem Knochen der ersten Inselbewohner frei, die lange vor den Arawaken/ Kariben hier gelebt haben müssen.

Die N-2 verläuft nun in Richtung Norden immer mit der tiefblauen See zur Linken, der man sich auf einer kurvenreichen Strecke immer wieder nähert, während sich zur Rechten eine grandiose Berglandschaft hinaufzieht (Montagne Soldat, 851 m; Trois Crêtes, 917 m; Pitons de Bouillante, 1.088 m).

Ein altes Mühlenrad der Destillerie Bologne

Vieux-Habitants

Der nächstgrößere Ort nach Basse-Terre ist Vieux-Habitants, das außer der ältesten Pfarrkirche der Insel und einem sehenswerten Fried-

Plage de Rocroy in Vieux-Habitants

hof auch einen hübschen Strand zu bieten hat. Der Ort lebt teils von der Fischerei, teils vom Tourismus, hat aber im Hinterland auch einige fruchtbare Plantagen. Das dort angebaute Gemüse wird auf den Märkten in Basse-Terre und Pointe-à-Pitre verkauft.

Imposante Kirche

Der Ortsname deutet darauf hin, dass hier die ersten Siedler auf Guadeloupe ansässig wurden. Als Quelle dienen Aussagen des Père Breton, der berichtet, dass ein gewisser Nichols Suyllard, genannt Laramée, 1636 das Viertel Pointe-Saint-Joseph gegründet hatte. Zu dieser Zeit wurde die gleichnamige **Église Saint-Joseph** gebaut, die zusammen mit dem Gotteshaus Carmel in Basse-Terre die älteste Kirche der Insel ist. Nachdem sie 1703 von Engländern zerstört worden war, bauten Kapuzinermönche sie leicht verändert wieder auf.

Musée du Café

Das Museum am Ortsausgang von Vieux-Habitants demonstriert nicht nur den Röstungsprozess von Kaffeebohnen, sondern bietet auch exzellenten Kaffee an.
Musée du Café, *Café Chaulet, Le Bouchu, Hauptsaison tgl. 9–17 Uhr, ☏ 05 90 98 54 96, www.cafe-chaulet.com.*

Domaine de Vanibel

Die alte Zuckerfabrik Vanibel wurde vor rund 30 Jahren von der Familie Nelson gekauft, die das Anwesen heute landwirtschaftlich nutzt und Kaffee und Vanille anbaut.

Man kann Bananen-, Kaffee- und Vanillepflanzungen besichtigen. Auf der als *site historique* klassifizierten Plantage sind u. a. das historische Wasserrad, die Kaffeemühle, die Rösterei sowie Zeugnisse aus der Zeit der Indianer zu sehen. Zudem gibt es hier Übernachtungsmöglichkeiten (s. unter Unterkunft).

Domaine de Vanibel, *Vieux-Habitants, ☏ 05 90 98 40 79, geöffnet tägl. außer sonn- und feiertags, Sept./Okt. geschl., Führungen (telefonische Anmeldung erwünscht): Jan.–April Mo–Sa 14.30, 15.30 Uhr, Mai–Dez. Mo–Sa 15 Uhr.*

Abstecher zur Habitation de la Grivelière

Ein lohnender Abstecher führt zur ausgeschilderten, 6 km landeinwärts gelegenen und ältesten Kaffeeplantage der Insel mit täglichen Besichtigungen. Drei Kaffeepflanzen aus dem botanischen Garten in Paris waren 1726 die Grundlage für die heute unter Denkmalschutz stehende Plantage. Der Duft frisch gerösteter Kaffeebohnen umgibt das Anwesen. Zur Mittagszeit kann man sich nach einem Rundgang mit einem Tagesgericht *(plat du jour)* aus der **kreolischen Küche** (s. S. 171) belohnen. Die Zufahrt zur Plantage erfolgt über eine sehr steile, neu asphaltierte Straße, deren Zustand sich durch heftige Regengüsse wieder verschlechtern kann. Der von einem lauten Vogelkonzert begleitete Weg dorthin führt durch wunderschönen Regenwald am Flussufer der Rivière des Vieux-Habitants entlang.

Kaffeeplantage

Domaine de l'Habitation La Grivelière, *Vallée de la Grande Rivière, an der D-21, 97119 Vieux Habitants, ☏ 05 90 98 34 14, 🖷 05 90 98 63 48, www.habitationlagriveliere.com, Führungen tgl. 10–16 Uhr, Sept.–Mitte Okt. und feiertags geschl.*

Das Kaffee-Museum

Fischerboote in der Anse à la Barque

Reisepraktische Informationen zu Vieux-Habitants

Information

Office du Tourisme, *Le Bourg, ☏ 05 90 98 33 43.*

Unterkunft

Hôtel de Rocroy €, *Plage de Rocroy, ☏ 05 90 98 42 25, 🖷 05 90 98 47 00, guadeloupe.net/hotel/rocroy-vieux-habitant. Das kleine Hotel wird seit 1961 von Madame Dalman geleitet. Dazu gehören vier sehr einfache Gästehäuser mit Kochecke, TV und Klimaanlage sowie zwölf solide, klimatisierte Zimmer mit TV und Kühlschrank. Hotelterrasse mit Liegestühlen am Meer. Das Restaurant bietet mittags kreolische Küche (s. u.).*

Les Cocotiers €, *664, Chemin de Etang, ☏ 05 90 98 33 18, www.bungalows-cocotiers-guadeloupe.com. Die zwei Apartments und zwei Gästehäuser (jeweils für 2 Personen) im kreolischen Stil fügen sich harmonisch zwischen Kokospalmen in die Landschaft. Die Anlage wird vom Nationalpark empfohlen, u. a. weil keine Klimaanlagen, dafür Solaranlagen installiert wurden. Die Küchenzeilen befinden sich auf der überdachten Terrasse. Das idyllische Anwesen inmitten üppiger Natur bietet Meeresblick und liegt nicht sehr weit vom Meer entfernt.*

Dampierre Locations €, *Plage de l'Etang, ☏ 05 90 98 53 91, www.dampierre-locations.com. Auch hier bieten die Gästehäuser entspannte Momente in der Hängematte mit Blick auf das Karibische Meer. Für Auskünfte stehen die Eigentümer bereit, die auf dem großen, nur 400 m von der Plage de l'Etang entfernt gelegenen Grundstück wohnen. Die vier Gästehäuser mit 1–2 Zimmern (für 2 und 4 Personen) stehen separat und verfügen über eine Kochecke, ein Bad und eine Terrasse mit Meeresblick. Madame Dampierre bietet Gerichte zum Mitnehmen (10–12 €) an. Ein Gästehaus ist rollstuhlgerecht ausgebaut.*

Gîte de Rochers €, *Cousinière „Rocher", ☏ 05 90 98 44 46, www.antilles-info-tourisme.com/guadeloupe/rochers.htm. 2 km vom Strand entfernt liegen die Gästezimmer für 2, 4 und 6 Personen und das Gästehaus für 4 Personen in den schattigen Berghängen oberhalb von Vieux-Habitants mit Blick aufs Karibische Meer. Die Zimmer sind alle im Haupthaus. Das Gästehaus ist ausgestattet mit Küche, zwei Schlafzimmern, einem Wohnraum und Bad.*
Domaine de Vanibel €€€, *Vieux-Habitants, ☏ 05 90 98 40 79, 🖷 05 90 98 39 09. Hinter Baillif führt auch die D-13 zum Anwesen, von Vieux-Habitants geht es 4 km landeinwärts in die Berge zu der Kaffeeplantage. Es gibt Gästeunterkünfte mit 1–2 Zimmern, Bad, Küche bzw. Kochecke und Terrasse sowie einen schönen Garten mit Swimmingpool und Grillplatz. Alle Zimmer sind hübsch eingerichtet. Ein Gästehaus ist für Rollstuhlfahrer ausgebaut. Die Unterkünfte sind im Rahmen der französischen Klassifikation der* **Gîtes de France** *als „Gîtes ruraux" ausgewiesen und werden vom Nationalpark Guadeloupe empfohlen.*
Habitation Getz €€€, *Route de Géry, Vieux Habitants, nach dem nördlichen Ortsausgang beim Werbeplakat links abbiegen, ☏ 05 90 24 46 86 u. 06 90 58 70 20, www.chambrescabanesguadeloupe.com. Das französische Gastgeberpaar bietet fünf Zimmer, alle wunderschön, komfortabel und liebevoll eingerichtet. Zwei befinden sich im Haupthaus aus Kolonialzeiten, das inmitten eines großen tropischen Garten in der Berglandschaft liegt. Die anderen drei sind Öko-Baumhäuser, verfügen aber alle über Wasser und Strom sowie Terrasse und Meerblick. Der Clou sind die aus Holz geschnitzten Waschbecken und die Trocken-Toiletten.*

Essen und Trinken

An Ba Rezen la, *Vieux-Habitants, Plage Simaho, ☏ 05 90 92 10 88, tgl. 12–16 Uhr. Kleines Restaurant mit Terrasse am Strand, wechselnde kreolische Küche, Gerichte um die 16 €.*
Restaurant de Rocroy, *Plage de Rocroy, ☏ 05 90 98 42 25. Das Hotel-Restaurant (s. o.) ist nur mittags geöffnet, bietet dann aber die ganze Palette der kreolischen Spezialitäten wie Fricassée de Lambi und Colombo, gegrillten Fisch, Süßwasserkrebse (Ouassous) etc.*
Table d'Hôtes du Domaine de l'habitation La Grivelière, *Vallée de la Grande Rivière, ☏ 05 90 98 34 14, 🖷 05 90 98 63 48, habitationlagriveliere.com, tgl. 10–17 Uhr, Sept.–Mitte Okt. und Fei. geschl. Alle Produkte, selbst das Brot, werden auf dem historischen Anwesen (s. S. 169) hergestellt. Auf den Teller kommt, was der farbenprächtige Garten hergibt. Serviert werden die wechselnden Tagesmenüs auf der offenen Terrasse.*

Bouillante

Von Vieux-Habitants geht es über Marigot an der Anse à la Barque mit ihren Kokospalmen weiter nach Bouillante (24 km nördl. von Basse-Terre), wo der Tourismus langsam Fuß fasst.

Kochende Quellen

Man könne Eier kochen, wenn man sie in ein Taschentuch gewickelt ins Wasser hält, schieb Père Labat 1696 in Bezug auf die heißen Quellen der Gemeinde Bouillante (dt. kochend, heiß). Der berühmte Gottesmann beschrieb damit ein Vorgehen, das noch bis in die 1950er-Jahre praktiziert wurde. Heute wird die **Wasserwärme** für die umweltfreundliche Stromproduktion im Geothermiekraftwerk von Bouillante genutzt, mit dem die Gemeinden von Vieux-Habitants bis Pointe-Noire versorgt werden. In

Früchte- und Gemüsestand an der Uferpromenade von Bouillante

In Malendure wird ein vielfältiges Wassersportprogramm geboten

300 m Tiefe beträgt die Temperatur 242 °C, bei den Bohrstellen hat das Wasser noch 180 °C.

Die Gemeinde Bouillante besteht aus den Orten **Malendure**, **Pigeon** und **Thomas** und gehörte zu der alten Pfarrei, die einst auf den Namen „Îlet à Goyave" getauft wurde, bezugnehmend auf die Goyavenbäume, die die Îlet de Pigeon einst bedeckten. Die erste Kirche wurde in Pigeon gebaut, dem Zentrum der weitläufigen Gemeinde, das aber wie andere Orte auch 1691 und 1703 von den Engländern zerstört wurde.

Reiche Holländer, die aus Brasilien fliehen mussten, ließen sich im 18. Jh. nieder und führten auch hier den Zuckerrohranbau ein. Damit wurde die zuvor bestehende Vielfalt in der Landwirtschaft, bestehend aus dem Anbau von Vanille, Kaffee, Kakao und anderen Produkten, unterdrückt. Eine geringe Rolle spielt noch die Fischerei, vor allem die Hochseefischerei (Dorade und Marlin, geräucherter Schwertfisch ist eine Spezialität der Region).

Kleine Inselchen

Stetig steigt die Bedeutung des Tourismussektors, der sich vor allem nördlich der **Halbinsel von Pigeon** entwickelt hat. Die N-2 verläuft hier wieder direkt am Ufer mit schönen Ausblicken auf die kleinen vorgelagerten Eilande (Îlets à Goyaves, Îlets de Pigeon) mit ihren Korallenbänken. Am Sandstrand von **Malendure** sollte man anhalten und sich bei der dortigen Touristeninformation (am Parkplatz) oder direkt bei den

Anbietern über Abfahrtzeiten des Glasbodenboots zu den Korallen rund um die Îlets de Pigeon erkundigen.

Denn genau vor dieser Küste breitet sich der einzige Unterwasser-Naturpark Frankreichs aus, der – nach seinem Initiator **Réserve Cousteau** benannt ist und über einen unglaublichen und streng geschützten maritimen Artenreichtum verfügt. Ansonsten ist an der Plage Malendure ein kleines touristisches Zentrum mit Andenkenläden, mehreren Bars, Restaurants und dem Guadeloupe Marine Club entstanden. *Touristische Infrastruktur*

Darüber hinaus zeichnet sich die Küste südlich und nördlich von Bouillante durch **schöne Buchten** aus, die immer wieder von höher gelegenen Aussichtspunkten überblickt werden können. Bekannt ist dieser Küstenabschnitt für die Buchten Anse Galet, Anse Thomas, Anse Duché, Petite Anse und Anse à la Barque, die **Strände** (dunkler Sand, Steine) und **Bademöglichkeiten** bieten. An manchen Stellen ist das Wasser bis 70 °C heiß. Das gekachelte „bain du curé" ist an der Anse à la Sable leicht zugänglich. *Bademöglichkeiten*

„Le Monde du Silence"

info

„Die schweigende Welt" hieß der deutsche Titel des preisgekrönten Unterwasserfilms, den der berühmte Meeresforscher **Jacques-Yves Cousteau** (1910–1997) im Jahr 1955 drehte und mit dem er berühmt geworden ist. Insgesamt realisierte der passionierte Taucher über 100 Filme über die Meereswelt. Zusammen mit dem französischen Regisseur *Louis Malle* zeigte er einfühlsam vor allem die außerordentliche Schönheit der Unterwasserwelt des Roten Meeres.

Rund um die Îlets de Pigeon liegt die Réserve Cousteau

info

Einige Szenen des Meisterwerks wurden auch in dem 300 ha großen Unterwasserpark um die Îlets de Pigeon vor der Küste von Malendure, dem Réserve Cousteau gedreht. Bereits in Strandnähe und hautnah können Gorgonien und riesige Fischschwärme in lauwarmem Wasser in bis zu 40 m Tiefe erlebt werden. In und um Malendure haben sich einige gut ausgestattete Tauchläden etabliert, die geführte Tauchgänge anbieten.

Reisepraktische Informationen zu Bouillante

Information

Office du Tourisme, *Le Bourg,* ☏ *05 90 98 73 48.*

Unterkunft

L'Escale Tropicale €–€€, *Chemin de l'Habituée-Négresse (Wegbeschreibung s. u. Les Jardins de l'Espérance), Birloton,* ☏ *05 90 32 05 52, www.escale-tropicale.com. Komfortable Gästehäuser mit ein bis zwei Zimmern mit guter Ausstattung, Swimmingpool, Terrasse mit offener Küche zum Garten, WLAN.*

Les Jardins de l'Espérance €€, *am Ende des Chemin de l'Habituée-Négresse (schlechter Zustand), Birloton, der zum Forêt Espérance und zum Nationalpark mit Wanderwegen und Wildwasserstrecke führt,* ☏ *05 90 98 88 27, www.jdle.net. Die beiden gelben gestrichenen Gästehäuser im kreolischen Stil liegen im Hinterland von Pigeon, bieten Blick aufs Meer und begeistern besonders Naturliebhaber.*

Le Nid Tropical €–€€€, *Morne Tarare,* ☏ *05 90 98 72 05, www.nidtropical.com. Die am Hang über der Bucht von Malendure gelegene Anlage besticht vor allem durch den Blick auf das Karibische Meer und die Îlets de Pigeons. Elf Gästehäuser (für 2 bzw. 3 und 2–4 Personen) und ein Appartement (für 4–9 Personen) stehen zur Auswahl und sind mit allem Notwendigen ausgestattet. Zum Strand sind es 800 m. Die Eigentümer bieten Touren mit ihrem Katamaran an und vermitteln Tauchgänge.*

Gîtes du Bord du Mer €€–€€€, *Résidence Petite Anse, Lieu-dit Monchy,* ☏ *05 90 25 05 22, www.gitesduborddemer.com. Die drei Gästehäuser mit Klimaanlage und Balkon liegen in den Hügeln oberhalb von Bouillante. Sie verfügen über zwei Schlafzimmer, ein Wohnzimmer mit Klappbett, ein Bad und eine Terrasse mit Spa. Ein Extra: Der Kühlschrank ist für das erste Abendessen und Frühstück gefüllt.*

Grange Bel'Ô €€–€€€, *Pigeon, Rue de la Glacière, www.grangebelo.com. Die Gästezimmer (klimatisiert) liegen in einem großen typischen kreolischen Herrenhaus mit breiter überdachter Veranda, das von einem 11 ha großen Anwesen umgeben ist und direkt an die Rivière Bourceau grenzt. Gästehäuser stehen ebenfalls zur Verfügung.*

Habitation Massieux €€–€€€, *Route du Marquis,* ☏ *05 90 98 89 80,* 🖷 *05 90 98 89 80, www.habitation-massieux.com. Über 500 Palmen, Flamboyant und Orchideen sollen das 15.000 m² große unter Denkmalschutz stehende Anwesen schmücken, das auf den Anhöhen von Bouillante liegt und zu den außergewöhnlichsten Unterkünften Guadeloupes zählt. Einst gehörte es Kaffeeplantagenbesitzern, heute sind Monique und Fofo (François) die unkonventionellen Besitzer. Sie haben eine Atmosphäre wie zu Kolonialzeiten geschaffen. Die drei klimatisierten Gästezimmer (mit Bad, Frühstück inkl.) sind mit antiken Möbeln im Inselstil eingerichtet. Die Ecolodge (für bis zu 6 Personen) wurde aus Holz direkt auf*

Pfählen in die tropische Vegetation gebaut und ist das Herzstück der Habitation. Sie besitzt eine große überdachte Terrasse und eine offene Küche. Warme, kreolische Küche wird jeden Abend außer Mi und Do für 35 € angeboten.
Hôtel Le Paradis Créole €€–€€€, *Route de Poirier, ☎ 05 90 98 71 62, 📠 05 90 98 77 76, http://guadeloupe.net/hotel/paradis-creole-bouillante. Das freundliche Hotel bietet drei helle Zimmer und acht Appartements (bis 3 Personen) in klimatisierten kreolischen Holzhäusern, die zum Meer und Garten ihre Terrasse haben, sowie drei Gästehäuser (bis zu 4 Personen). Appartements und Gästehäuser verfügen über Küchen. Internet möglich. Der Strand ist 2 km entfernt. Ein Restaurant ist vor Ort.*
Chalets Sous-le-Vent €€, *Route de Poirier, Pigeon, ☎ 05 90 98 91 61 und 06 90 59 43 10, www.souslevent.biz. Es gibt einen Bungalow für zwei Erw. und ein Kind, einen Doppelbungalow für vier Erw. und 1–2 Kinder sowie einen Bungalow mit AC und besserer Ausstattung, Meer- und Gartenblick. Alle verfügen über eine gut ausgestattete Küche. Beim Mieten eines Autos oder Tauchgängen hilft das französisch-schweizerische Paar unkompliziert weiter.*

Essen und Trinken

L'Eddy's Papillon, *40 Abel Racon, im Zentrum von Bouillante, ☎ 05 90 99 80 10, Mo–Sa mittags und abends, Mi und So nur mittags geöffnet. Ausgezeichnete kreolische Küche.*
La Touna, *Pigeon-Galets, 4 km nördl. von Bouillante, nahe der Plage de Malendure, ☎ 05 90 98 70 10, contact@la-touna.com. Tägl. bis 22 Uhr geöffnet außer Sonntagabend und Mo. Neben farbenfrohem Ambiente und Blick auf die Îlet de Pigeon werden exzellente Fischgerichte geboten.*
Les Tortues, *Lieu dit bas duchet, ☎ 05 90 98 82 83, tgl. 11–14 Uhr. Das Restaurant liegt direkt am Wasser und eröffnet einem schönen Blick auf Meer und Vegetation der Umgebung. Frischer Fisch und Meeresfrüchte sind hier zu empfehlen.*

Rundfahrt durch den Norden von Basse-Terre

Allgemeiner Überblick

Im Norden von Basse-Terre spielt das Wasser im Landesinneren eine besondere Rolle, wo zahlreiche **Wasserfälle** daran erinnern, dass schon die Indianer die Insel einst „Île aux belles eaux“ (dt. „Insel der schönen Wasser“) tauften. Die **Route de la Traversée**, die Basse-Terre in Ost-West-Richtung einmal durchquert, ist ein guter Ausgangspunkt für **Wanderungen** im Nationalpark.

Regenwald

Von kurzen Wanderungen zum Reinschnuppern in den Urwald bis hin zu anspruchsvollen Touren hinauf auf das Bergmassiv vulkanischen Ursprungs – Wanderer und Liebhaber der **Natur** insbesondere tropischer Regenwaldvegetation kommen auf ihre Kosten. Weiter im Norden bieten die Trace des Contrebandiers und Trace Sofaïa/Baille-Argent zudem noch alte Schmugglergeschichten.

Redaktionstipps

- In der **Rivière Bras-David** baden und zumindest zu einem der einsam gelegenen Wasserfälle wandern: **Saut de la Lézarde** (S. 178) oder **Saut d'Acomat** (S. 182).
- Kleine Wanderung von der **Maison de la Forêt** aus (S. 179).
- Strandtag an der **Grande-Anse** (S. 185).
- An alten Destillerien vorbeifahren – immer dem Geruch nach – und eine anschauen: **Musée du Rhum** mit Destillerie (S. 189).
- **Kajak-Tour** zwischen Sainte-Rose und Morne Rouge (S. 191).

Hinweis zur Route

Auch für diese Strecke durch den Norden von Basse-Terre ist Pointe-à-Pitre Ausgangspunkt. Von Pointe-à-Pitre aus verlässt man Grande-Terre und erreicht Basse-Terre über die gut ausgeschilderte autobahnähnliche N-1 und fährt hinter Versailles auf die 26 km lange D-23, die als **Traversée** Basse-Terre durchschneidet und mitten in den Regenwald führt.

Das **Réserve naturelle du Grand Cul-de-Sac Marin** bietet mit **Mangroven** und Sumpflandschaft eine ganz besondere und geschützte Küstenregion an der Nordküste von Basse-Terre. Zwischen den Inselteilen Basse-Terre und Grande-Terre liegt der 4 km lange und schmale Meeresarm Rivière Salée (deshalb spricht man bei Guadeloupe von zwei Inseln). Diese von Mangrovensümpfen flankierte Wasserstraße verbindet die Buchten Grand Cul-de-Sac Marin im Norden mit der Petit Cul-de-Sac (frz. *cul-de-sac* heißt Sackgasse) im Süden, die beide von zahlreichen Korallenriffen durchsetzt sind.

Im Gegensatz zum Süden der westlichen Schmetterlingshälfte bietet der Norden **goldenen Sandstrand** an der Grande-Anse. Aber auch die Strände der Anse de la Perle oder die Anse Caraïbe sind sehr angenehm. Und auf der To-do-Liste der Inselerkundung sollten auch der botanische Garten in Deshaies wie auch der schöne **Fischer-**

ort Deshaies selbst, das Kakao-Museum, das Rum-Museum, die Zuckerrohrplantage Domaine de Séverin und die Maison du Bois nicht fehlen.

Die Route de la Traversée

Die 26 km lange Route de la Traversée (D-23) durchschneidet von Versailles an der N-1 im Osten bis Mahaut an der N-2 im Westen das gebirgige Inselinnere und führt

Die Bucht von Deshaies

durch eine der schönsten Landschaften der Karibik. Sie können diese als Verbindungsstraße nach der Tour durch den Süden von Basse-Terre zurück nach Pointe-à-Pitre oder zur Küste über dem Wind nutzen oder als Ausgangspunkt, um sich der Natur Guadeloupes auf den vielen markierten Wanderwegen und bei den Wasserfällen ein wenig ausführlicher zu widmen.

Größtes Naturschutzgebiet

Fast der gesamte Streckenverlauf geht durch das größte Naturschutzgebiet der Kleinen Antillen, den 1971 eröffneten Parc Naturel, der seit 1989 als Nationalpark von Guadeloupe eingerichtet ist. Insgesamt umfasst er weit über 30.000 ha an Bergen, Regenwäldern, Wasserfällen und Flussläufen, wobei 17.300 ha als eigentliches Zentrum des Nationalparks ausgewiesen sind, also nicht bebaut werden dürfen.

Bevor von Pointe-à-Pitre bzw. Versailles her kommend der Nationalpark seine Besucher mit bis zu 4 m hohen Baumfarnen begrüßt, lohnt in **Vernou** ein Abstecher zu einem ganz besonderen Wasserfall.

Saut de la Lézarde

Lohnender Abstecher

Diesen zauberhaften Wasserfall mit einer Fallhöhe von 12 m erreicht man nach 20 Min. steilem Abstieg durch wilde Regenwaldvegetation. Das 50 m im Durchmesser messende Bassin unterhalb des Wasserfalls wie auch die Becken der Rivière la Lézarde bieten schöne Bademöglichkeiten. Die Felsenlandschaft rundherum ist mit wunderschönen Moosen bedeckt.

Saut de la Lézarde, *D-23, 10 km hinter Versailles am Kreisverkehr Richtung Vernou, an der T-Kreuzung rechts, dann links kleiner Parkplatz und Restaurant, ab Mitte Okt. geöffnet.*

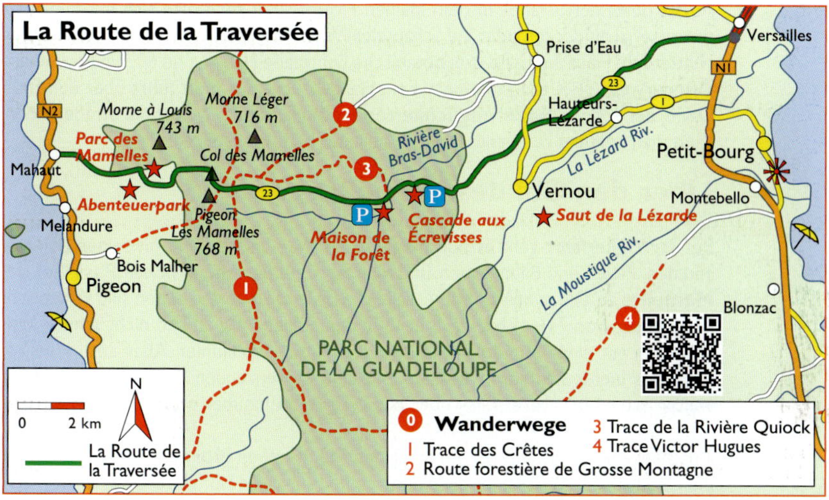

Zurück auf der gut ausgebauten D-23 führt die Traversée anschließend mitten durch den Regenwald, wobei immer wieder ausgeschilderte Wanderwege von der asphaltierten Straße abgehen (Wanderer biegen jeweils ab und parken ihren Wagen kurz nach der Abbiegung).

Cascade aux Écrevisses

Nach einer Weile liegt vor der Brücke über den Fluss **Bras-David** linker Hand ein großer Parkplatz (mit Souvenir- und Erfrischungsstand), von dem man auf einem bequemen Weg rund fünf Minuten zum Wasserfall spaziert. Der kurze Wasserfall mit seinem kleinen Pool ist bei Touristen sehr beliebt und entsprechend bevölkert. Insbesondere am Wochenende sind manchmal alle Picknickplätze „belegt“.

Die Cascade aux Écrevisses

Maison de la Forêt

Der nächste Stopp bietet sich ca. 1 km weiter an der **Maison de la**

Forêt (links der Straße). In dem kleinen Holzpavillon kann man sich mit Informationsmaterial eindecken oder auf Schautafeln Wissenswertes zum Regenwald erfahren. Hinter dem Häuschen sind drei botanische Lehrpfade (10, 20, und 60 Min.) sowie drei Wanderwege (1–4 Std.) markiert. Eine Hängebrücke aus Holz führt über den Bras-David, der schöne **Bademöglichkeiten** bietet. Ein Stück weiter die Straße entlang kann man bequem zu überdachten Picknicktischen hinabsteigen.

Über den Col des Mamelles

Am „Busen der Natur"

Bei der Weiterfahrt geht es nun bergauf. Der Wald lichtet sich mit seinen Bambusbäumen, Pinien und Baumfarnen, und man fährt auf den 586 m hohen **Pass Col des Mamelles** zu. Die *mamelles* (frz. = weibliche Brüste) zu beiden Seiten sind vulkanische Bergkuppen von 716 m bzw. 768 m. Wer den steilen Weg zu Fuß nicht scheut, kann sich nach gut einer Stunde am „Busen der Natur" wohlfühlen. Aber auch kurz vor dem Pass bietet sich vom Parkplatz und dem angrenzenden Restaurant bereits ein weiter und wunderbarer Blick über Basse-Terre bis hinüber nach Pointe-à-Pitre.

Anschließend führt die D-23 am Hang des 743 m hohen **Morne à Louis** entlang auf die Ostküste zu. Wer sich für die einheimische Fauna und Flora interessiert, kann rechter Hand noch dem Parc des Mamelles einen Besuch abstatten.

Parc des Mamelles

Der zoologische und botanische Garten wurde auf 450 m Höhe über dem Meeresspiegel inmitten einer herrlichen Landschaft angelegt. Der Park hat sich vor allem dem Erhalt und Schutz der einheimischen Tierwelt verschrieben. So bewegen sich die Tiere in artgerechter und natürlicher Umgebung. Inmitten der üppigen tropischen Vegetation sind u. a. Grüner Leguan, Mangusten, Grüne Meerkatzen, Kapuzineraffen,

Vom Restaurant Gîte des Mamelles sieht man bis nach Grande-Terre

Klammeraffen und Agutis zu beobachten. Aus Französisch-Guayana „angereist" ist der Jaguar. Die bunte Vogelwelt ist vertreten durch Grünreiher, Aras, Guadeloupespechte, Amazonenpapageien, Graupapageien, Kolibris und viele mehr. Auch dem Wahrzeichen von Guadeloupe, dem Waschbär, begegnet man hier. Neben einer Fledermaushöhle gibt es auch ein Insektarium. Eine ungewohnte Perspektive ermöglicht der „Airwalk", über den man in 20 m Höhe unterhalb der Baumgipfel wandeln kann. Etwas weiter unten gibt es einen Rundgang „von Baum zu Baum" für Kinder. Schräg gegenüber ermöglicht der Abenteuerpark **Parc aventure Le Tapeur** Klettertouren und rasante Drahtseilfahrten durch den Urwald.

Waschbären

Zoo de Guadeloupe – Parc des Mamelles, *Route de la Traversée, ☏ 05 90 98 83 52, www.zoodeguadeloupe.com, tgl. 9–18 Uhr (letzter Einlass 16.30 Uhr), Eintritt 14,90 €, Kinder (3–12 J.) 8,50 €.*

Parc aventure Le Tapeur, *☏ 06 90 44 17 51, tgl. von 10–16 Uhr.*

Reisepraktische Informationen zur Route de la Traversée

Essen und Trinken

Le Gîte des Mamelles, *Route de la Traversée, ☏ 05 90 26 16 75. 5 km hinter der Cascade aux Écrevisses, tgl. mittags außer Mo, abends am Fr und Sa (Jazz- und Literaturabende). Das Restaurant versprüht alpenländischen Hüttencharakter umgeben von Baumfarnen und einer grandiosen Berglandschaft mit Blick auf Grande-Terre und gutem kreolischem Essen. Ein Stopp lohnt allein schon wegen der Aussicht auf Meer und Inselwelt vom Parkplatz.*

Le Dynaste, *Route de la Traversée, Quartier du Zoo, ☏ 05 90 98 89 59. Der Name des auf dem Gelände des Parc aventure Le Tapeur gelegenen Restaurants erinnert an den Herkuleskäfer (Dynastes hercules). Das Insekt aus der Familie der Blatthornkäfer, das weltweit größte Mitglied der Scarabaeidae-Familie, ist in den Wäldern Guadeloupes heimisch und wird bis zu 18 cm lang. Das Restaurant verfügt über einen großen offenen Saal mit Blick in den tropischen Garten, in dem sich der Abenteuerpark befindet. Das kreolische Essen ist gut und reichlich, man muss in der Hochsaison wegen des Tierparks gegenüber mit langen Wartezeiten rechnen.*

Imbiss/Mahaut: *Eine schnelle Alternative ist die Inselspezialität Bouki (Fladenbrot aus Ölteig mit Hühnchen-, Fischfüllung etc.), dafür lohnt sich die Fahrt nach Mahaut. An der Abzweigung zur Traversée steht in der Saison ein Imbisswagen.*

Wanderungen

Maison de la Forêt, *Route de la Traversée, Mo–Sa 8.30-13, 13.30–16.30, So 9–13.15 Uhr, freier Eintritt. Nationalparkmitarbeiter und Informationstafeln geben Auskunft über Wanderungen im Nationalpark. Ausgangspunkt von kurzen bis mittellangen Wanderungen.*

Parc National de la Guadeloupe, *Baie-Mahault, Secteur de la Traversée, 43, Rue Jean Jaurès, ☏/🖷 05 90 60 17 33, www.guadeloupe-parcnational.fr.*

Club des Montagnards, *☏ 05 90 94 29 11, www.clubdesmontagnards.com. Von Dezember bis Juni bietet der Club alle 14 Tage seinen Mitgliedern u. a. Wandertouren mit zwei unterschiedlichen Schwierigkeitsgraden an.*

Comité Guadeloupéen de Randonnée Pédestre (CGRP), *☏ 05 90 20 98 31, http://guadeloupe.ffrandonnee.fr. Die Internetseite gibt einen Überblick über die geplanten Touren, ihren Schwierigkeitsgrad und ihre Dauer.*

Von Mahaut nach Pointe-Noire

In **Mahaut** hat man die Westküste erreicht, wo die N-2 in nördlicher Richtung zurück nach Pointe-à-Pitre und nach Süden zur Hauptstadt Basse-Terre führt. Die Reiseroute verläuft auf aussichtsreicher Strecke weiter nach Mahaut, wo die Route de la Traversée (D-23) einmündet. Richtung Norden ist der nächste Ort Pointe-Noire.

Flamboyants Zuvor führt die von rot blühenden Flamboyants gesäumte Strecke am schwarzen Sandstrand der **Anse Caraïbe** vorbei. Das „touristische Zentrum“ dieses Küstenabschnitts bietet Restaurants, Tauchanbieter und sogar ein Muschelmuseum.

Saut d'Acomat

Die Kapelle von Acomat

Im Hinterland der Anse Caraïbe führt die D-16 hinauf in die kühleren Höhen von **Acomat**, einem hübschen Ort mit gepflegten Häusern und tropischen Gärten mit Mango- und Guavenbäumen inmitten üppiger Regenwaldvegetation, zu einem **wunderschön gelegenen Wasserfall**. Auf der D-16 hält man sich immer rechts, bis die Brücke über die Rivière Grande Plaine erreicht ist. An den Schildern, die vor gefährlichen Strudeln bei starken Regenfällen warnen, führt ein schmaler Pfad steil bergab zum Saut d'Acomat. Zum Wasserfall sind es 10 Min. Fußweg.

Hält man sich zuvor an der Weggabelung links, gelangt man zur **Casa Vanille** mit einem 1 ha großen Feld mit Vanillepflanzen, die zur Familie der Orchideen gehören. Auf einer Tour (45 Min.) kann man mehr über die Art der Befruchtung erfahren, die für jede Pflanze von Hand durchgeführt werden muss. Die Tour endet mit einer Fruchtsaftverkostung.

Casa Vanille, ☏ *05 90 98 22 77, Fr–So, Führungen um 9, 11 und 15 Uhr, Sept. geschl.*

Caféière Beauséjour

Das Haus der alten Kaffeeplantage aus dem 18. Jh. liegt wunderschön auf einem Hügel oberhalb von Pointe-Noire. Die heutige Besitzerin hat die Kaffeeproduktion wieder aufgenommen. 1996 wurden 1.200 Kaffeepflanzen verpflanzt. Angeboten werden

geführte Touren mit Kaffeeverköstigung. In einer kleinen Ausstellung sind alte Kaffeemühlen zu sehen. Auf der Plantage stehen auch Gästezimmer zur Verfügung. Das Restaurant bietet mittags Gerichte, u. a. auf der Basis von Kaffee.
Café Beauséjour, *Acomat, 97116 Pointe-Noire, ☏ 05 90 98 10 09, 🖷 05 90 98 12 49, Di–So 10–17 Uhr, Sept.–Mitte Okt. geschl.*

Hinweis

Unterkünfte in Acomat siehe Reisepraktische Informationen zu Deshaies, S. 186

Pointe-Noire

Der Ort mit Festungsruine, Kriegerdenkmal und neoklassizistischer Kirche erstreckt sich mit seinen bunten kreolischen Häuser entlang der Küste. Die zu Pointe-Noire gehörenden Gemeinden machen oft einen ärmlichen Eindruck. Folgt man jedoch einem der vielen Hinweisschilder „Plage" nach links, sieht man auch schöne Szenerien (Petite Anse). Früher war der Ort bekannt für die einheimische Holzbearbeitung, die Herstellung von Holzkohle und besaß einige Sägewerke. In der Landwirtschaft werden Kakao und Kaffee angebaut. Heute spielt auch der Tourismus eine wichtige Rolle.

Kakao und Kaffee

Écomusée Maison du Cacao

Das Museum veranschaulicht den Weg von der Ernte der Kakaopflanze bis zur Herstellung der Schokolade. Im angeschlossenen Laden gibt es zudem exzellente Kakaoprodukte wie Kakaobutter zur Körperpflege, aber natürlich auch Schokolade zu kaufen.
Maison du Cacao, *☏ 05 90 98 25 23, www.maisonducacao.fr, Mo–Sa 10–17, in der Saison auch So 10–17 Uhr.*

Maison du Bois

Ein guter Ort, um die verschiedenen Hölzer des tropischen Regenwalds kennenzulernen. Zudem sind Holzprodukte ausgestellt und für Kinder besteht die Möglichkeit, selbst produktiv zu werden. So gibt es interaktive Stationen und Werkstätten sowie einen Park mit den einheimischen Bäumen.
Maison du Bois, *Les Plaines, Pointe-Noire, ☏ 05 90 98 16 90, Di–So 9.30–16.30 Uhr.*

Parc aquacole

In dem Park werden *Ouassous* gezüchtet, eine besonders große Krabbenart, die im Süßwasser lebt und eine Spezialität auf Guadeloupe ist. Die bedeutendste Aufzuchtstation im karibischen Raum verfügt über ein Dutzend Süßwasserbecken, in denen das Wachstum von der Larve bis zur ausgewachsenen Krabbe nachvollzogen werden kann. Freitags ist „Erntetag" und die Restaurants werden mit frischer Ware beliefert.
Parc aquacole, *D-17, M. Herman, Petite Plaine, Pointe-Noire, ☏ 05 90 98 11 83, www.parc-aquacole.fr, tgl. außer Mo 9–17 Uhr.*

Süßwasserkrabben

info

Wanderungen im Norden von Basse-Terre

Trace des Contrebandiers: Um zum „Pfad der Schmuggler" zu gelangen, folgt man der der D-17 etwa 5,5 km entlang der Rivière Petite Plaine bis zum Ende. Dabei passiert man die Maison du Bois. Der Pfad führt über den 745 m hohen Bergrücken des Morne Jeanneton bis nach Duportail, das bereits zur Gemeinde Sainte-Rose gehört. Für eine Strecke benötigt man 3 ½ Std. Der Weg ist felsig und kann sehr rutschig sein. Im 19. Jh. wurden über diesen Pfad Rum und Tabak geschmuggelt.
Trace Belle-Hôtesse (N-2, nördlicher Ortsausgang von Pointe-Noire, Richtung Gommier): Der Wanderweg ist nach dem gleichnamigen höchsten Berg (777 m) benannt, auf den der Pfad in 1 ½ Std. hinaufführt. Gute Kondition erforderlich. Achtung, Erdrutsche möglich.
Trace Sofaïa/Baille-Argent (5 Std. ein Weg, Abholdienst an einem Ende des Wegs erforderlich): Der anspruchsvolle Wanderweg führt über den Barre de l'Île (758 m) an Schwefelquellen vorbei bis nach Sofaïa, wo sich ein schöner Blick auf Pointe-à-Pitre bietet.

Rêve de Sable & Kapelle Notre Dame des Larmes

Michel Coste ist nicht nur Sandsammler (Arénophile), sondern erschafft aus dem Sand der Karibischen Inselwelt auch wahre Kunstwerke. In seinem Atelier kann man die farbigen Sandtableaus bewundern und erwerben.
Rêve de Sable, *97, Route des Plaines, Pointe Noire ☏ 05 90 61 74, http://reve-de-sable.monsite-orange.fr. Tägl. 9-12.30, 14.30-18 Uhr (Juni-Nov. Mo geschl.).*

Folgt man von hier der kurvenreichen Straße, erreicht man einen hübschen **Freiluftaltar**. Hier soll 1977 die heilige Jungfrau erschienen sein. Sonntags wird um 10 Uhr eine lateinische Messe gehalten. Unterhalb lädt der Fluss mit Gumpen und kleinen Wasserfällen zum Baden ein.

Jardin Botanique de Deshaies

Tropenpflanzen

Einen Besuch wert ist der gepflegte und aufwendig mit Terrassen und Wasserfällen gestaltete botanische Garten. Das Restaurant bietet einen Blick bis zur Insel Montserrat. Das recht hohe Eintrittsgeld lohnt sich in der Trockenzeit, wenn ansonsten die Insel in Küstennähe streckenweise trocken und „untropisch" erscheint. Man bekommt einen Einblick in die üppige Pflanzenwelt während und nach der Regenzeit. Die Beschilderungen könnten teilweise besser sein.
Jardin Botanique de Deshaies, *☏ 05 90 28 43 02, 🖷 05 90 28 51 37, www.jardin-botanique.com, tgl. 9–16.30 Uhr.*

Deshaies

Kleinod

„Eine Oase der Ruhe" bedeutet der Name des hübschen, verträumten Ortes, mit bunten Fischerbooten im Wasser der von sanften Hügeln umrahmten Bucht und einer über dem Zentrum thronenden **Kirche** mit Muttergottes-Statue über dem Portal.

Das Fischerdorf Deshaies

Deshaies macht also seinem Namen alle Ehre – jedenfalls in der einschläfernden Mittagshitze. Um Weihnachten und Ostern herum kann der Ort es mit mediterranen Verhältnissen aufnehmen und die sehr schön gestalteten Restaurants direkt am Wasser füllen sich zum Abend schnell. Nicht zuletzt weil Deshaies und die angrenzende Grande-Anse bei den Übersee-Franzosen sehr beliebt ist und viele hier ihren Ferien-, Zweit- oder Alterswohnsitz haben. Außerhalb der Ferienzeiten der Festlandfranzosen ist es aber auch hier ruhig und beschaulich.

Hübsche Restaurants

Ein Stückchen weiter über die N-2 Richtung Norden erreicht man Guadeloupes berühmtesten Strand, die **Plage de Grande-Anse**, die wohl schönste Bucht des Südens mit einem goldbraunen, feinen Sandstrand. Es gibt zwei Zugänge zum Strand. Der erste Wegweiser von Deshaies aus gesehen führt über eine lange und schlechte Straße zum südlichen Abschnitt des Strandes. Wesentlich bequemer und daher auch stark frequentiert ist der kurze Abzweig vom Kreisverkehr, auf dem man zu einem größeren Parkplatz gelangt. Dahinter hat sich eine touristische Infrastruktur mit verschiedenen Crêperien, Strandbars und kleinen Restaurants etabliert. Am Wochenende sind zur Mittagszeit alle Tische belegt. Die Wellen sind überraschend hoch und schlagen hart auf dem abschüssigen Sandstrand auf.

Goldsandiger Strand

Auf der N-2 geht es weiter auf die Anhöhe hinter Deshaies zu einem **Aussichtspunkt.** Dort kann man bequem auf dem kleinen Parkplatz mit Picknickmöglichkeit anhalten und noch einmal einen Blick zurück auf den palmengesäumten Strand der Grande-Anse werfen.

Dann geht es weiter zu den nächsten, ebenfalls attraktiven Stränden der „Goldküste" (Corniche d'Or). Der Fremdenverkehr hat hier zwar schon mit einigen Hotelanlagen Fuß gefasst, aber insgesamt wirkt alles noch sehr unbebaut und ursprünglich.

Reisepraktische Informationen zu Deshaies

Information

Syndicat d'Initiative, *Rue de la Liberté , Deshaies, ☏ 05 90 68 01 48, www.villededeshaies.fr.*
Pointe-Noire: **Syndicat d'Initiative**, *Chemin les Plaines, 97116 Pointe-Noire, ☏ 05 90 99 92 43, www.villepointenoire.fr*

Unterkunft

Die Gemeinde Deshaies ist mit ihrem hübschen Hauptort und der Bucht der Grande-Anse ein gut gelegenes Gebiet für eine beeindruckende Zahl an Übernachtungsmöglichkeiten. Von einfachen Zimmern bis hin zur Luxusvilla – hier gibt es eine große Auswahl.

Einen ersten Überblick verschafft die Vermittlungsagentur **Le Hamac Riflet**, *Riflet, ☏ 05 90 28 58 94, www.le-hamac.com. In Deshaies liegt der Hauptsitz der Agentur, die mit einem ausgesuchten Angebot an Ferienunterkünften in Villen, Gästehäusern und Hotelzimmern aufwartet.*

Les Gîtes Bleu Outremer €€, *Pointe Batterie, ☏ 05 90 28 45 62, bleuoutremer.over-blog.com. Die zwei Gästehäuser (2/4 Personen) liegen 1 km südlich von Deshaies (den Hinweisschildern „Domaine de la Pointe Batterie" folgen). Die Holzhäuser fügen sich schön in die üppige Vegetation ein. Große Terrasse mit Küche, ruhige Lage, schöner Blick auf das Karibische Meer. Mit dem Auto sind es 5 Min. zum Meer.*
Cœur Caraïbes €€, *192, allée du Cœur, Ziotte, ☏ 05 90 28 43 53, 🖷 05 90 28 50 95, www.coeurcaraibes.com. Die 18 klimatisierten Gästehäuser sind auf 2, 4, 6 und 8 Personen ausgerichtet und 40–120 m² groß, manche verfügen über einen eigenen Pool. In einfacher Holzbauweise in kreolischem Stil erbaut, bieten sie alles, was für einen Aufenthalt mit Selbstversorgung nötig ist. Einige Hütten lassen sich zusammenlegen und bieten dann 12 Personen Platz. 8.000 m² großer Garten mit Swimmingpool. Geboten werden Spa und Wellnessanwendungen. 300 m zum Strand.*
Ti-Paradis €€, *Allée du Cœur, Ziotte, ☏ 05 90 28 25 15, www.ti-paradis.net. 200 m von der Plage de Grande-Anse entfernt liegt diese kleine Bungalowanlage, bestehend aus drei Häusern für 2–4 Personen und drei zweigeschossigen Häusern für bis zu 6 Personen. Ein Bungalow ist rollstuhlgerecht ausgebaut. Swimmingpool und überdachter Grillplatz.*
O Coeur de Deshaies €€–€€€€, *La Haut Matouba, 300 m nördlich vom Zentrum nach rechts Richtung „La Haut/Collège Matouba", ☏ 05 90 90 93 86 und 06 90 62 16 91; www.ocoeurdedeshaies.com. Schöne Adresse am Hang oberhalb von Deshaies mit Blick aufs Meer. Eine Ecolodge und einige Studios mit ein bis zwei Zimmern. Jeweils mit kleiner Kochecke, AC und überdachter Terrasse. Swimmingpool und 800 m zum Strand.*
Au Jardin des Colibris €€–€€€€, *Villiers, ☏ 05 90 28 52 68, www.aujardindescolibris.com. Oberhalb der Grande-Anse liegt das 3.000 m² große Anwesen mit schön angelegtem Garten, in dem sich eine Villa, vier charmante Gästehäuser und drei kreolische Holzhäuser (mit Außendusche) für 2–4 Personen befinden, alle sehr geschmackvoll eingerichtet. Swimmingpool mit Grillmöglichkeit, Wochenweise zu mieten. 3 Min. zur Plage Leroux.*
Habitation Grand Anse €€€€, *Impasse Ziotte, Im Norden von Deshaies, östlich der D-2, ☏ 05 90 28 45 36, www.hotelhga.com. Weitläufig angelegte Hotelanlage am Hang*

inmitten tropischer Vegetation mit 15 Doppelzimmern, 3 Suiten, 51 Apartments, 5 Twinzimmern und 30 Vierbettzimmern mit Blick in den Garten oder auf den Pool. 300 m zum Strand Grand Anse.

Habitation Tendacayou *€€€€–€€€€€, Matouba La Haut, ☏ 05 90 28 42 72, 🖷 05 90 28 42 72, www.tendacayou.com. Es fällt schwer, sich für eines der zehn „Gästehäuser" oder besser „Baumhäuser" (2–8 Personen) im kreolischen Stil, alle versteckt in die üppige Natur, um Bäume herum und sogar in die Baumwipfel hinein gebaut, zu entscheiden. Alle Gästehäuser sind komplett unterschiedlich mit viel Liebe zum Detail gestaltet. Es bieten sich die unterschiedlichsten Perspektiven auf Regenwald und Meer. Die Besitzer Sylvie und Georges versorgen alle Häuser mit Sonnenenergie und Brunnenwasser. Ein Haus verfügt über einen privaten Pool, ein weiteres Schwimmbad steht allen zur Verfügung. Alle Häuser sind mit einem Spa versehen. Restaurant s. u.*

Langley Resort Fort Royal *€€€€–€€€€€, Lieu dit Petit Bas Vent, ☏ 05 90 68 76 70, www.fortroyal.eu. Nach langem Leerstand hat eine schwedische Gruppe die Sanierung und Renovierung der riesigen Anlage, die von der Straße aus zu sehen ist und direkt am Strand liegt, übernommen und zielt auf europäisches Publikum mit gut gefülltem Geldbeutel ab. 149 Zimmer bietet das Hotel, davon sieben Suiten und 82 separate Gästehäuser. Bar und Restaurant sind täglich geöffnet.*

Caraib'Bay Hôtel *€€€€€, Allée du Cœur, Ziotte, ☏ 05 90 28 41 71, 🖷 05 90 28 54 43, www.caraib-bay-hotel.com. Das Hotel zeichnet sich durch seine charmante Anlage auf dem 12.000 m² großen tropischen Areal und die kurze Entfernung zur Grande-Anse aus (300 m). Sechs Gästehäuser (klimatisiert) bieten auf zwei Etagen 2–5 Personen Platz und sind farbenfroh dekoriert. Ein großer Swimmingpool mit Massagedüsen ist das Herzstück der Anlage, in die sich auch drei Villen einfügen.*

Le Rayon Vert *€€€€€, La Coque, zwischen Pointe-Noire und Deshaies, ☏ 05 90 28 43 23, 🖷 05 90 28 46 27, hotel.lerayonvert.free.fr, Sept. geschl. Das Hotel liegt malerisch inmitten eines Gartens, der den neun Zimmern und zwölf Gästehäusern von den Privatterrassen den Blick über die Baie de Ferry eröffnet. TV, WLAN, Swimmingpool, Bar und Restaurant (s. u.).*

Beauséjour Guesthouse *€€€€, Pointe Noire, Gros Morne, Chemin de Thomy (von Acomat aus), ☏ 05 90 98 10 09, 06 90 67 66 84, www.beausejour-guest-house.com. Die vier einzeln nebeneinander auf einer Anhöhe in Acomat oberhalb von Pointe Noire stehenden Eco-Lodges bieten in absoluter Ruhe großartige Ausblick auf das karibische Meer und Regenwaldvegetation. Zwei Hütten mit einem großen Zimmer, großem Badezimmer und Terrasse bieten Platz für zwei Personen, die anderen beiden geräumigen Hütten bieten Platz für vier Personen. Alle Hütten verfügen über Ventilatoren, AC, Waschmaschine.*

Essen und Trinken

Die Restaurantszene an der Westküste konzentriert sich vor allem auf den Mittagstisch – und der ist wirklich zu empfehlen, da meist köstlich und verhältnismäßig günstig. Allerdings kommt man hier unter eineinhalb Stunden kaum weg. Für den Abend ist es ratsam, zuvor nach den Öffnungszeiten zu fragen, denn manche Restaurantbesitzer öffnen abends nicht mehr die Tür, wenn sie mittags genug Umsatz gemacht haben.

Entlang der Küstenstraße von Deshaies, der Rue de la Vague-Bleue, hat sich eine kleine und farbenprächtige Restaurantszene etabliert.

Le Madras, *Rue de la Vague-Bleue, ☏ 05 90 28 49 88, Mo–Fr 11–15, Sa 20–00 Uhr. Ein Gericht kostet um 15 €. Ausgetüftelte lokale Küche mit gegartem Fisch, Frikassée mit Huhn und Ananas, Colombo etc. Überdachte Terrasse direkt am Meer.*

Le Coin des Pêcheurs, *Rue de la Vague-Bleue, ☏ 05 90 28 47 75. Abends geschl. am Mi, Fr und So. In buchstäblicher Postkartenatmosphäre direkt am Wasser werden die kreolischen Spezialitäten serviert. Vor allem die Meeresfrüchte des kleinen Familienbetriebs sind zu empfehlen.*
Le Karacoli, *Impasse du Vieux-Port, Grande-Anse, ☏ 05 90 28 41 17, tgl. 12–16 Uhr, Mitte Sept.–Mitte Okt. geschl. Das Restaurant ist die angesagteste Adresse für kreolische Spezialitäten im Norden von Basse-Terre. Zudem liegt die Terrasse direkt am Strand der Grande-Anse.*
Le Poisson rouge o'clock, *Matouba La Haut, ☏ 05 90 28 42 72, www.tendacayou.com, So–Sa 7–10, Mi–So 12–14.30, 18.30–21.30 Uhr. Das kleine Restaurant der Habitation Tendacayou (s. S. 187) liegt kurz vor Deshaies und wird mit Hinweisschildern in Form von Fischen ausgewiesen. Ein Menü gibt es für 35 €. Wunderschöne Aussicht und karibischer Charme vom Feinsten. Die Besitzerin des Familienbetriebs kocht, der Hausherr geht auf Fischfang.*
Le Rayon Vert, *La Coque, zwischen Pointe-Noire und Deshaies, ☏ 05 90 28 43 23, hotel.lerayonvert.free.fr, Sept. geschl. Wie das Hotel (s. S. 187) liegt auch das Restaurant malerisch in der Berglandschaft inmitten üppiger tropischer Vegetation. Ein Menü gibt es für 35 €. Blick über die Bucht Ferry und das kleine Fischerdorf. Hübsch dekorierte Terrasse.*

An der lang geschwungenen **Bucht von Clugny** mit ihrem schönen, hinter Palmen versteckten Strand hat man – wie überhaupt auf der Küstenstraße N-2 – eine gute Sicht auf die Felsspitze der **Îlet à Kahouanne** sowie auf das entfernte Montserrat, dessen gezackte Silhouette auf dem Horizont zu schwimmen scheint.

Schließlich erreichen Sie die **Nordspitze** von Basse-Terre, die Pointe Allègre, und haben die Berglandschaft und den schönsten Teil der Inselrundfahrt durch den Norden von Basse-Terre hinter sich gelassen. Durch große Zuckerrohrplantagen links und rechts der Straße geht der Weg nun wieder zu der etwas größeren Ortschaft Sainte-Rose.

Sainte-Rose

Etwas westlich von Sainte-Rose, an der Pointe Allègre, landeten die ersten Kolonialisten im Jahr 1635. Die Gruppe umfasste 500 Menschen und bildete den **Beginn der Kolonialisierung Guadeloupes**, die von der *Compagnie des Isles d'Amérique* gestartet worden war. Sehr bald realisierten die Ankömmlinge, dass der Norden der Insel kein optimaler Ort für eine Ansiedlung war. Wie in den meisten der frühen Siedlungen wurde auch in Sainte-Anne zunächst Tabak angebaut, bald kam der Anbau von Zuckerrohr hinzu. Als Gemeinde existiert Sainte-Rose seit dem Jahr 1790, ihren Namen bekam sie zur Zeit der Restauration.

An der **Uferpromenade** des Fischerorts gibt es eine Reihe von Restaurants. Am Hafen von Sainte-Rose werden verschiedene **Touren zu den Inseln** des Naturreservats Grand Cul-de Sac Marin angeboten.

Von Saint-Rose starten Kanutouren ins Naturreservat Grand Cul-de-Sac Marin

Ecomusée CréoleArt de la Guadeloupe

Das Museum gibt Einblick in die Geschichte und Kultur Guadeloupes, indem die Architektur, Heilwirkung der heimischen Pflanzenwelt und die Traditionen der Einwohner anschaulich dargestellt werden. Ziel ist es, ein Stück weit in die Geheimnisse der kreolischen Lebensweise einzudringen. Ein Schwerpunkt sind die medizinischen Pflanzen und ihre Anwendungen. Vor Ort gibt es die Möglichkeit, die tropischen Früchte und traditionellen Gerichte zu kosten.

Geschichte und Kultur

Ecomusée CréoleArt de la Guadeloupe, *Ravine Cheval, D-19, Route de Sofaïa, ☏ 05 90 28 67 98, www.ecomusee.gp, Di–So 9–16.30 Uhr, Eintritt Erw. 12,50 €, Kinder 9,50 €, Restaurant.*

Musée du Rhum

Die ganze Gegend ist bekannt für ihre Rum-Destillerien. Der hochprozentigen Inselspezialität ist in Sainte-Rose das Museum gewidmet. Die Besichtigung der 1916 gegründeten Destillerie Reimonenq ist hier möglich.

Rum-Spezialitäten

Musée du Rhum, *Belle Vue Sainte Rose, Les Etablissements Reimonenq, ☏ 05 90 28 70 04, www.musee-du-rhum.fr, Mo–Sa 9–17 Uhr.*

Hinter Sainte-Rose verlässt die N-2 die Küste und führt durch landwirtschaftlich genutztes Gebiet nach Lamentin. Vor allem, wenn man in Lamentin auf der D-1 nach Süden fährt, kommt man an mehreren und teilweise sehr alten Rum-Brennereien vorbei.

Domaine de Séverin

Die Tour auf dem Gelände der Zuckerrohrplantage unternimmt man in einer kleinen Bahn, die vor dem Park mit einer Aufzuchtstation für *Ouassous* (Süßwasserkrabben) startet. Die Fahrt geht durch Zuckerrohrfelder und blühende Gärten und endet vor der Destillerie und dem ehemaligen Herrenhaus der Plantage, das von einer breiten Veranda umgeben wird und heute Gästezimmer beherbergt.

Plantagentour per Bahn

Domaine de Séverin, *Cadet, Saint-Rose, ☏ 05 90 28 24 12, www.severinrhum.com, Mo–Sa 9–17 Uhr, mit Gästezimmern und Restaurant.*

Le Lamentin

Der Ortsname rührt von einem einer dicken Seerobbe ähnelnden Säugetier her, das zu Zeiten der Indianer vor der Küste gelebt haben soll und dessen Fell sehr geschätzt wurde. Später war der Ort, der sich zur Grand Cul-de-Sac Marin (s. u.) hin öffnet, eine Hochburg der Seeräuber. Im Hinterland breiten sich Zuckerrohrfelder aus, bevor der Urwald die Bergausläufer bedeckt. Gegründet wurde die Gemeinde, die lange allein vom Zuckerrohr lebte, offiziell im Jahr 1726. Heute wendet man sich auch anderen landwirtschaftlichen Produkten zu und hat jenseits der N-2 ein Gewerbegebiet eröffnet (Jaula).

Kulturzentrum statt Inselhauptstadt

Während der berühmte Père Labat noch davon träumte, aus Lamentin die Inselhauptstadt zu machen, haben Politiker in jüngster Zeit ein kleines **kulturelles Zentrum** mit einem Kino, einer Kunst- und Musikschule und einem Skulpturenpfad durch den Ort geschaffen.

Die **Église Saint-Laurent** stammt vom Ende des 17. Jh. Durch ihre 14 m hohen weißen Türme fällt die **Église de la Sainte-Trinité** auf. Nach schweren Sturmschäden wurden in den 1930er-Jahren der Justizpalast, das Rathaus und die Schule vom Architekten Ali Tur neu errichtet. Anlässlich des 200-jährigen Jahrestags der Abschaffung der Sklaverei wurde die **Maison de l'Esclavage et des Droits de l'homme** (Cité

Das Haus der Sklaverei und der Menschenrechte

Crâne, Sklavendenkmal und Freilichttheater) errichtet – ein Betonbau, angefüllt mit riesigen Felsblöcken, die mit eisernen Ketten überzogen sind.

Information

Syndicat d'Initiative, *Place de le République,* ☏ *05 90 25 80 92.*

Grand Cul-de-Sac Marin

Bereits 1987 wurden nördlich von Sainte-Rose, Le Lamentin und Baie-Mahaut 3.700 ha Meeresgebiet und Küstenregion als Naturreservat ausgewiesen und unter die Verwaltung des Nationalparks von Guadeloupe gestellt. Das ökologische Interesse an den Mangroven und ihre wichtige Existenz für die Küstenregion waren Anlass für die damalige Entscheidung. Zahlreiche Inseln wie die Îles de Carénage, Îlet de la Biche, Îlet à Fajou und Îlet à Christophe sind in das Naturschutzgebiet integriert.

Zwischen Sainte-Rose und Morne Rouge werden in der Lagune 10 km lange Kajak-Tagestouren angeboten. Auch wer des Französischen nicht mächtig ist, kann zumindest die verschiedenen Ökosysteme erleben: Mangroveninsel mit Kolonien von Reihern und Fregattvögeln sowie Korallenriffe vor der Insel La Biche.

Ein Leser berichtet: „Von Sainte Rose im Norden kann man mit dem Schlauchboot (mit Außenborder) , als Selbstfahrer nach kurzer Einweisung, einmalig schöne begleitete Bootstouren (in Gruppe mit 4-5 anderen Booten) in die Mangroven unternehmen. Nur mit dem Schlauchboot kann man in die engen Mangroven direkt hineinfahren. Weiter geht die Tour hinaus aufs offene Meer (Bets des Carénage) bis zum Riff, wo man prima schnorcheln kann. Zum Schluss werden gerade neu entstandene weiße Inselchen aus Korallensand besucht. Dort fühlt man sich wie Robinson Crusoe. Außerdem im Programm ein Halt vor den Inseln der Fregattvögel, wo man sie hautnah beobachten kann. Alles für 35 Euro für einen halben Tag. Ein einmaliges Erlebnis mit echt karibischem Feeling."

Information

Das zuständige Büro des Nationalparks von Guadeloupe ist in der Habitation Beausoleil, Montéran, Saint-Claude, ☏ *05 90 41 55 55.*
Aus dem **Hafen von Sainte-Rose** *starten tägl. kleine Boote durch Mangrovenwälder zur* **Insel Ilet Caret** *(inkl. kreolischem Mittagessen).*

info

Hinter Lamentin führt die Reiseroute zurück nach Grande-Terre. Zuvor kann man von der Nationalstraße N-2 noch einen Abstecher zum Fischerdorf **Baie-Mahault** unternehmen, das seinen Ursprung, ebenso wie Le Lamentin, auf die seeräuberischen Korsaren und Bukaniere zurückführt. Schließlich aber hat man das Autobahndreieck von Destrélan erreicht und findet über den Rivière Salée den Weg zurück nach Pointe-à-Pitre.

Information

Mairie *(Rathaus) in Baie-Mahault,* ☏ *05 90 26 59 60.*

Grande-Terre: Der nordöstliche Flügel des „Schmetterlings“

Allgemeiner Überblick

Grande-Terre ist mit 40-130 m über dem Meeresspiegel relativ flach und trocken. Der Inselteil besteht aus verkarstetem Kalkgestein, das im Inselinnern stark gewellt ist und in einigen Senken unter den Meeresspiegel abfällt.

Zuckerrohr

Das Landschaftsbild von Grande-Terre wird von den Zuckerrohrplantagen bestimmt, deren Ernteertrag neben Bananen und Tourismus die wichtigste Einnahmequelle der Insel darstellt. Zur Küste hin erstrecken sich lange, weiße Sandstrände, während an anderen Stellen entweder das Kalkplateau in spektakulär zerklüfteten Steilwänden zum Meer abfällt oder Sümpfen mit Mangrovenbestand Platz bietet.

An der Nahtstelle zur anderen Inselhälfte breitet sich um das Handelszentrum Pointe-à-Pitre das größte städtische Ballungsgebiet aus, das inzwischen bis zum beliebten Seebad Le Gosier reicht.

Der Süden von Grande-Terre

Im Süden von Grande-Terre liegen die bekanntesten und am stärksten besuchten Orte von Guadeloupe neben fast unbekannten Landschaftsflecken. Wer Sonne, hellen Sandstrand, Palmen und Meer sucht, wird hier fündig. Zudem kann man den tosenden Atlantik und die steile Felsküste am östlichsten und nördlichen Zipfel der Insel hautnah erleben. Eine Besonderheit ist auch der Blick von der Ostküste auf La Désirade, wohin täglich Fähren von Saint-François übersetzen. In der Ferne ist die flache Silhouette von Marie-Galante zu erkennen, wohin man per Schnellfähre von Pointe-à-

Der Strand von Sainte-Anne, dahinter das Massiv der Soufrière

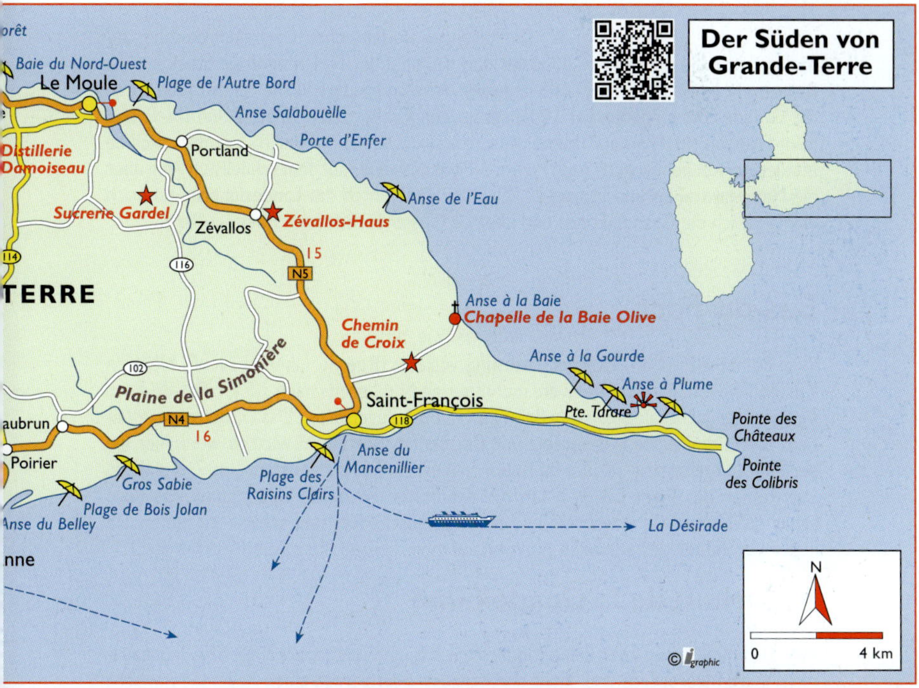

Redaktionstipps

- Strandtag in **Sainte-Anne** (S. 200).
- Abendessen am Fischerhafen von **Saint-François** (S. 203).
- Sonnenuntergang an der **Pointe des Châteaux** (S. 204).
- Baden am **Strand von Port-Louis** oder an der **Anse Bertrand** (S. 213).
- Wanderung zum **Trou du Souffleur** und Picknick an der **Lagune der Porte d'Enfer** (S. 211).
- **Mangrovenfahrt** ab Vieux Bourg (S. 217).
- Fahrt mit der Bahn durch die **Zuckerrohrfelder von Beauport** (S. 214).
- Baden im Scheinwerferlicht am zentralen **Strand Le Gosier** (S. 195).
- Besuch der archäologischen Sammlungen des **Musée Edgar Clerc** (S. 211).
- **Überfahrt zu den Inseln** La Désirade und Marie-Galante (ab S. 219)

Pitre in 45 Minuten gelangt. Im Landesinneren gibt es mit dem Karstgebiet der Grands-Fonds eine ganz besondere landschaftliche Erscheinungsform. Aber auch auf den Spuren der Geschichte kann man hier wandeln und das Leben der hier ansässigen Bevölkerungsgruppen erkunden. Und gastronomisch wird hier alles geboten – vom einfachen und köstlichen gegrillten Fisch oder Huhn an der Imbissbude am Straßenrand bis hin zur Haute Cuisine der Hotel-Chefköche.

Die Strecke

Der Süden von Grande-Terre lässt sich auf den Nationalstraßen N-4/N-5 erkunden, indem man von Pointe-à-Pitre aus erst die Südküste entlangfährt und Richtung Norden nach Le Moule fährt und dann über Morne-à-l'Eau zurück nach Pointe-à-Pitre. Dabei würde man aber die spezifischen Landschaftsformen der Grands-Fonds im Inselinneren nicht erleben.

Die folgenden Reisebeschreibungen führen daher zunächst durch die Gemeinde Le Gosier und dann auf der N-4 wieder ein Stück zurück Richtung Pointe-à-Pitre zur D-103 und über diese und andere kleine Landstraßen durch die Grands-Fonds wieder zur Südküste zu den Fischerorten Sainte-Anne (N-4) und Saint-François (N-4) bis zur Pointe des Châteaux (D-118). Auf der N-5 geht es nach Le Moule und von dort zurück nach Pointe-à-Pitre entweder auf dem schnellsten Weg über die Nationalstraßen und Morne-à-l'Eau oder quer durch das Landesinnere und noch einmal durch die Grands-Fonds und über Le Gosier zurück nach Pointe-à-Pitre.

Bas-du-Fort

Wer Pointe-à-Pitre in östlicher Richtung verlässt (Rue du Chemin Neuf), bleibt in Küstennähe und erreicht über die mehrspurige N-4 bereits nach 1,5 km Bas-du-Fort, den größten Jachthafen von Guadeloupe (1.000 Anlegeplätze). Das „Ghetto der Weißen“ bietet zahlreiche Restaurants und Boutiquen. Interessant wird es, wenn hier die berühmte Segelregatta „Route du Rhum“ nach ihrer Transatlantikfahrt ins Ziel einläuft. Die Ruinen des **Fort Louis-d'Union**, des ersten Forts auf Guadeloupe, das Père Labat 1695 erstmals erwähnte, sind nicht ausgeschildert und schwer zu finden. Sie liegen gegenüber des aktuellen Novotel auf einem Hügel über dem Meer.

Festung ...

Aquarium de la Guadeloupe

... und Aquarium

Wer sich nicht traut oder keine Möglichkeit hat, sich mit Schnorchel- bzw. Tauchausrüstung die Meeresflora und -fauna anzuschauen oder gerade einen Regentag erwischt

hat, kann das Aquarium aufsuchen, das zusammen mit dem Aquarium von Curaçao das modernste und sehenswerteste der Kleinen Antillen ist.
Aquarium de la Guadeloupe, *Marina du Gosier, Place Créole, Le Gosier, ☏ 05 90 90 92 38, 🖷 05 90 90 79 29, www.aquariumdelaguadeloupe.com, tgl. 9–18.30 Uhr.*

Fort Fleur d'épée

Bei der Weiterfahrt auf der N-4 sieht man auf einem Hügel rechts oberhalb der Schnellstraße die Überreste des Fort Fleur d'épée. Diese Festung aus dem 18. Jh., wo schwere Kämpfe zwischen Engländern und Franzosen stattgefunden haben, bietet nicht nur gut erhaltene bzw. restaurierte Mauern, Kasematten und alte Kanonen, sondern vor allem eine schöne Aussicht auf die Grande Baie.
Fort Fleur de d'épée, *Bas-du-Fort, Le Gosier, ☏ 05 90 90 94 61, Mo 10–17, Di–So 9–17 Uhr.*

Zur nächsten Station verlässt man die N-4 wenige hundert Meter später und biegt nach rechts zum Seebad Le Gosier ab. Das Kasino, die Hotels und deren Strände erreicht man, indem man sich nach den Kreisverkehren am Ortsanfang rechts hält und zur Pointe de la Verdure abbiegt.

Le Gosier

Pelikane, die „grands gosiers", nach deren kreolischem Namen das Seebad getauft wurde, kann man noch immer an der Küste vor der **Plage de la Datcha** beobach- *Pelikane*

Ein Pelikan vor der Küste von Gosier

ten, wenn sie auf den Seitenwänden der Fischerboote balancieren und im türkis schimmernden Wasser Ausschau nach dem einen oder anderen Fisch halten. Auch wenn man nicht von einer abgeschiedenen Idylle wie vor 30 Jahren sprechen kann, so gibt es sie noch, die ruhigen Flecken an der Küste von Le Gosier. Die Hotelkomplexe mit ihrem Wassersportangebot, Appartementanlagen und das Kasino konzentrieren sich vor allem an der **Pointe de la Verdure** (Route des Hôtels) und haben in den Ortsteilen Poucet und Montauban an der Einfallstraße (D-119) zahlreiche Schnellrestaurants und Diskos entstehen lassen.

Aber auch als Wohnort ist Le Gosier bei den Einheimischen nicht nur wegen der Nähe zu Pointe-à-Pitre sehr beliebt. Abends, wenn es dunkel und kühler wird, treffen sich die Einheimischen an der **Plage de la Datcha** (Chemin de Plage) zur Wassergymnastik, zu Strandläufen, zum Klönen, Tanzen oder einfach nur, um dem Trubel im Scheinwerferlicht zuzuschauen. Zwei Restaurants mit Terrasse sorgen direkt am Strand für das kulinarische Angebot des Abends.

Îlet du Gosier

Ganz andere Reize hat das vorgelagerte „Pelikan-Inselchen" **Îlet du Gosier** mit seinem weißen Leuchtturm zu bieten. Wer dort ungestört baden und schnorcheln

Unterkunft
1 Formule Économique
2 Hôtel Les Bananiers
3 Hôtel Le Petit Havre
4 Karibea Beach Resort
5 La Créole Beach Hôtel & Spa
6 Les Relais de l'Îlet

Essen und Trinken
1 Le Tam-Tam
2 Entre Ciel et Mer
3 Le Bord de Mer
4 Le Napoli
5 Au Petit Creux
6 Le Point Vert

© igraphic

möchte, kann sich von Le Gosier bequem übersetzen lassen. Die Fähre legt am Ende der Rue Félix-Éboué ab.

La Bitasyon – Musée Costumes et traditions

Gegründet hat dieses volkskundliche Museum das Lehrerpaar Camélia und Claude. Zu sehen sind historische Trachten und Erinnerungsstücke an das frühere Leben auf Guadeloupe, die sie seit den 1980er-Jahren gesammelt und für die sie viele Reisen rund um die Erde unternommen haben. Sehr anschaulich sind die nachgestellten Szenerien, die sie mittels ihren historischen Forschungen rekonstruierten.
La Bitasyon – Musée Costumes et traditions, *Morne Périnette, ☏ 05 90 83 21 70, Di–So 9–17 Uhr, Eintritt Erw. 10 €, Kinder 6 €.*

Reisepraktische Informationen zu Le Gosier

Information
Mairie (Rathaus), *93 Blvd. du Général de Gaulle, ☏ 05 90 84 86 86.*

Unterkunft
Formule Économique €–€€€ (1), *112–120 Lot Gisors, ☏ 05 90 84 54 91, www.laformuleeconomique.com. Zimmer und Studios am Ende einer Wohnstraße nördlich vom Strand (AC, TV, Kühlschrank, Badezimmer, WC; Studios mit Küche).*
Hôtel Le Petit Havre €–€€ (3), *Route de la Plage, Petit-Havre, ☏ 05 90 85 20 83, www.hotelpetithavre.com. Das einfache und solide Hotel liegt zwischen Le Gosier und Sainte-Anne. Zwölf einfache Zimmer mit Klimaanlage, Balkon, Swimmingpool.*
Hôtel Les Bananiers €€–€€€ (2), *Rue des Phares-et-Balises in Périnet, ☏ 05 90 84 10 91, www.les-bananiers.com. Das kleine, familiäre Hotel verfügt über vier Zimmer und vier Appartements, die sich um einen kleinen Swimmingpool und Garten gruppieren. Alle Unterkünfte sind mit TV, Klimaanlage, Küche auf der Terrasse (Appartements) ausgestattet. 15 Gehminuten zum Strand.*
Karibea Beach Resort €€€ (4), *Pointe de la Verdure, Le Gosier, ☏ 05 90 82 64 64, www.karibea.com. Unkomplizierter Hotelkomplex mit eigenem Palmen- und feinem Sandstrand, Swimmingpool, Tennisplätzen, Wassersportangebot, Restaurants. Die Hotelgruppe umfasst die drei Hotels* **Salako, Clipper** *und* **Prao** *(€€€€€).*
La Créole Beach Hôtel & Spa €€€€–€€€€€ (5), *Pointe de la Verdure, Le Gosier, ☏ 05 90 90 46 46, www.creolebeach.com. Das Créole Beach hat 156 Zimmer inmitten schöner Gärten mit Bougainvilleen, Lilien und Hibiskus und liegt direkt an drei kleinen Buchten mit schönen Sandstränden, die auch besonders gut für Kinder geeignet sind. Zudem viele Wassersportmöglichkeiten und Kinderanimation. Der zentrale Mittelpunkt des Hotelkomplexes ist der große Swimmingpool, der große Eingangsbereich, das Restaurant „Alize" und die Bar „La Rhymerie" mit Live-Musik. Zum Hotelkomplex gehört auch das* **Hôtel Mahogany €€€€€**, *www.hotel-mahogany.com, luxuriöser Teil der Créole-Beach-Anlage mit sechs Suiten à 120 m², 13 zweistöckigen Wohnungen, 58 m², oder 46 Appartements mit Küche und Balkon, 37 m²). Ein Kasino ist in wenigen Gehminuten zu erreichen und das alte Zentrum von Le Gosier mit Restaurants direkt am Wasser ist mit dem Auto wenige Minuten entfernt.*

Les relais de l'Îlet €€€€–€€€€€ (6), *Rue Alexandre-Lemercier, Le Gosier, ☏ 05 90 83 67 12, www.lesrelaisdelilet.com. Direkt über den Felsen liegt diese kleine, adrette Residenz mit zwei 100 m² großen und komfortablen Appartements mit offener Küche, AC, Terrasse/Veranda. Blick auf die Îlet du Gosier, Swimmingpool.*

Essen und Trinken

Le Tam-Tam (1), *Boulevard du Gosier, ☏ 05 90 84 07 08. Jeden Tag wird hier zu Mittag und am Abend die Inselspezialität „Boudin créole“ serviert (15–24 €). Sehr beliebt bei den Einheimischen.*

Entre Ciel et Mer (2), *Chemin de la Plage, ☏ 05 90 84 57 71, tgl. von 11 Uhr bis spät in die Nacht. Gerichte zwischen 13 und 22 €. Familienrestaurant, für das David persönlich auf Fischfang geht. Die Terrasse direkt am Strand ist perfekt für Beobachtungen der Szenerien am Wasser (Jogging, Wassergymnastik, Tanz, Badevergnügen) oder für den Sprung ins warme Nass, während der Koch die kreolischen Speisen (Ouassous, Frikassee de Lambi, Grillspieße etc.) zubereitet.*

Le Bord de Mer (3), *Plage de la Datcha, hinter der Post, ☏ 05 90 84 25 23, So abends geschl. Das Restaurant liegt direkt am Strand und bietet einen schönen Blick bis hin zur Îlet du Gosier und nach Basse-Terre. Ein Gericht à la carte kostet um 30 €, das Tagesgericht (plat du jour) ist günstiger. Für Sonntagmittag sollte man reservieren.*

Le Napoli (4), *Rue Montauban, ☏ 05 90 84 30 53. Solider Italiener mit südfranzösischer Atmosphäre (z. B. Salade niçoise). Dazu gibt es natürlich Pasta, die Pizza ist schön dünn. Hauptgerichte ab 16 €, nur abends geöffnet.*

Au Petit Creux (5), *11 Rue Nicolas Baller Bourg, ☏ 05 90 84 49 19. Schnellrestaurant (Sandwiches, Paninis, Tagesgericht, Bokits) an der Hauptstraße; überdachte Terrasse.*

Le Point Vert (6), *Montauban, Plage de l'Anse Tabarin, ☏ 05 90 84 32 49. Pelikane, die auf Felsen sitzen, sind von der Terasse aus zu beobachten; gut gewürzte Gerichte, Sa. abends traditionelle Musik.*

Weiterfahrt: Le Gosier – Grands Fonds – Sainte-Anne

Bei der hier beschriebenen Reiseroute verlässt man Le Gosier beim östlichen Ortsausgang, fährt ein kurzes Stück zurück Richtung Pointe-à-Pitre und biegt die erste Straße nach rechts ab (Grande-Ravine, D-103).

Um nach Sainte-Anne zu gelangen, folgt man später der D-104 und biegt dann auf die D-105 ab. Ein kurzer Abstecher zum Aussichtspunkt **Morne l'Escale** (136 m) lohnt wegen der schönen Sicht über die Grands Fonds.

Les Grands Fonds

Gute Ausgangspunkte für die Erkundung dieses Gebiets, das übrigens stark besiedelt und landwirtschaftlich intensiv genutzt ist, sind Le Gosier (D-103), Sainte-Anne (D-105), Les Abymes (D-102/D-105) und Morne-à-L'Eau (D-108).

Eine Alternative zur Küstenstraße ist der Weg von Le Gosier nach Sainte-Anne durchs Inselinnere, wo sich die landschaftlich interessanten Formationen der Grands Fonds ausbreiten. Dabei handelt es sich um eine stark erodierte und verkarstete Landschaft, in der sich vereinzelte Kalkhügel, -kegel und -plateaus bis auf 136 m über dem Meeresspiegel erheben, sogenannte Deshauteurs, während die tiefen Täler und Senken teilweise unter Meeresspiegelniveau liegen und sich nach heftigen Regenfällen in eine weit verzweigte Seenplatte verwandeln. Üppige Gärten, in denen Obst und Gemüse wachsen, sind typisch für die Gegend. Ihre Erträge werden auf den Märkten in Pointe-à-Pitre verkauft.

Verschiedene Straßen winden sich in ständigem Auf und Ab durch die Grands Fonds, die im Volksmund deshalb den Namen „Achterbahn" *(Montagnes russes)* tragen. Die Ankunft in **Deshauteurs** erkennt man an dem linken Abzweig an der Kreuzung mit der scharfen Rechtskurve. Nach links geht es zum Funkturm, der auf der mit 136 m **höchsten Erhebung** der Grands Fonds errichtet wurde. Sehenswert ist in dem Hauptort des Gebiets die **Kassaverie** (Do und Sa vormittags geöffnet), wo man sehen kann wie die Maniok-Wurzel entgiftet wird, um daraus Maniok-Mehl herzustellen und deftige Pfannkuchen *(galettes)* zu backen. Wer einem Hahnenkampf beiwohnen möchte, dem Nationalsport der Guadeloupaner, hat hier eine große Chance. Ausgetragen werden die Hahnenkämpfe nach der Regen- und Sturmzeit ab November und bis in den April hinein.

Die Hauptsiedlung Deshauteurs

Die **Kirche Sainte-Bernadette** in der Ortschaft **Grands-Fonds** ist das religiöse Zentrum der letzten Nachfahren der **Blancs-Matignon**, heute ein Gruppe von rund 300 Landwirten mit blauen Augen und weißer Haut. Die weiße Minderheit, die teilweise adliger Abstammung war (einige Genealogen vermuten hier sogar Mitglieder des Hauses Grimaldi von Monaco), hatte sich nach Aufhebung der Sklaverei im Jahr 1848 auf die Anhöhen des Hinterlands zurückgezogen, auch um den Folgen der Revolution zu entgehen. Seitdem lebt die Gemeinschaft abgeschottet nach strengen Verhaltensregeln aus der Vergangenheit.

Anhöhen im Hinterland

Kurz vor der Ortschaft Grands-Fonds verkauft ein **Kohlenhändler** Holzkohle. Falls Sie eine Selbstversorgerunterkunft mit Grill haben, können Sie hier Nachschub erwerben.

Alternativroute entlang der Südküste nach Sainte-Anne

Von Le Gosier aus fährt man, immer in einigem Abstand zur Küste, über die Route Nationale (N-4) Richtung Sainte-Anne. Während anfangs noch dichter Verkehr durch das Ballungszentrum von Pointe-à-Pitre herrscht, wird das Landschaftsbild hinter Le Gosier durch Weiden, Zuckerrohrplantagen und Bauernhäuser geprägt. Nur selten hat man Gelegenheit, der Küste mit ihren Stränden näher zu kommen – etwa in der **Anse à Jacques.** Nehmen Sie die Stichstraße kurz hinter **Mare Gaillard** Richtung Petit Havre. Die Bucht wird von einem schmalen Sandstrand gesäumt.

Sainte-Anne

Das alte Fischerdorf, das seinen Namen nach Anna von Österreich, der Mutter Ludwigs XIV. trägt, bestand bereits vor der Gründung von Pointe-à-Pitre und war als wichtiges Handelszentrum ein Ausfuhrhafen für Zucker – und damit stets auch ein Angriffsziel der Briten, die es 1759 brandschatzten und zerstörten.

Schützende Riffe

Heute ist Sainte-Anne ein aufstrebendes Seebad, das sich im Westen bis in die Ausläufer der Grands Fonds erstreckt und sich Richtung Osten zu weitläufigen Zuckerrohrfeldern hin öffnet. Der Ort profitiert vor allem von den **riffgeschützten Sandstränden** mit Schatten spendenden Palmen und ist besonders bei Familien wegen des **flachen Meeres** beliebt. In den letzten Jahren haben sich an der Plage Municipale einige Restaurants, Cafés, Eisstände und Imbisswagen angesiedelt. Die meisten touristischen Einrichtungen befinden sich westlich der Stadt. Wie auch die mit Königspalmen gesäumte **Plage de la Caravelle**, die zum Club Méditerranée gehört, eine der ersten großen Hotelanlagen auf Guadeloupe. Um zum Strand zu gelangen, muss man ein Stück zu Fuß gehen, zudem gibt es keinen Parkplatz.

Das Ortszentrum wird von einem kleinen Platz mit Bäumen und Bänken, dem Rathaus und der **Kirche** geprägt, die durch den gewaltigen Hurrikan von 1928 wie so viele Gebäude auf Guadeloupe zerstört worden war und vom Architekten Ali Tur 1934 neu entworfen und gebaut wurde. In der Platzmitte steht eine Büste von Victor Schœlcher. Der täglich stattfindende Handel auf dem **Markt** von Sainte-Anne ist besonders groß und lebhaft am Sonntag. Das **Village Artisanal** (tgl. 9–18 Uhr) besteht aus zahlreichen Holzhäusern, in denen Boutiquen hauptsächlich Souvenirs und Badeaccessoires anbieten.

Fischer in Sainte-Anne

Espace muséal Lethière

Das alte Stadthaus, restauriert durch den Architekten Fritz Grenon, ist ein Ausstellungssaal für zeitgenössische Kunst, benannt nach dem in Sainte-Anne geborenen Maler Guillaume Guillon Lethière (1760–1832). Einige seiner Werke sind hier ausgestellt.

Espace muséal Lethière, *Rue Lethière, ☏ 05 90 85 17 60, Mo, Di, Do 8–13, 14–18, Mi und Fr 8–12 Uhr.*

Bois-Jolan

Der Strand von Bois-Jolan östlich von Sainte-Anne (über die N-4) ist ein geschützter Strand mit Kokospalmen. Auch dieser Abschnitt wird von Korallenriffen geschützt. Das Meer, das auch hier wunderschön türkis schimmert, ist allerdings tiefer als am Gemeindestrand von Sainte-Anne.

Das Gwoka-Festival

info

Seit 1987 verwandelt sich Sainte-Anne jedes Jahr im Juli in die **Hauptstadt des Gwoka**. Es ist noch nicht lange her, dass die eindringliche Trommelmusik, gespielt auf der *Tamour ka*, als „Sitte der gewöhnlichen Neger“ abgetan wurde. Heute ist das Festival eine feste Institution und eines der kulturellen Höhepunkte der Insel. In den 1970er-Jahren benutzen Anhänger der Unabhängigkeitsbewegung die Musik zur Untermauerung ihrer Forderungen, wodurch sie zu einem Element ihres ideologischen Kampfs wurde. Entstanden ist sie als Ausdruck des Widerstands zur Zeit der Sklaverei. Um nicht an diese Zeit erinnert zu werden, wurde Gwoka lange Zeit von einem großen Teil der Bevölkerung ignoriert. Im Zuge eines neuen Selbstbewusstseins ist Gwoka für die Guadeloupaner heute ein wichtiger und dynamischer Bestandteil ihrer Kultur.

Reisepraktische Informationen zu Sainte-Anne

Information

Service Municipal du Tourisme, *Mairie de Sainte-Anne (1. Stock), Place Schœlcher, ☏ 05 90 21 23 83, tourisme@ville-sainteanne.fr.*

Unterkunft

Auberge Le Grand Large €€–€€€ (1), *im Ort Sainte-Anne, ☏ 05 90 85 48 28, www.aubergelegrandlarge.com. Die Bungalows der Anlage liegen nur 50 m vom Strand entfernt. Es gibt kleine und große Häuschen mit Klimaanlage.*

Alizés Bungalows €–€€ (2), *1, Rue Lethière (Kreuzung bei der Polizeistation), Sainte-Anne, ☏ 05 90 85 85 91, 🖷 05 90 85 85 86, www.alizes-bungalows.fr. Die hell und freundlich gehaltenen Bungalows mit Terrasse inmitten eines tropischen Gartens liegen 300 m zum Strand, haben Badezimmer mit Dusche und eine für 2–3 Personen ausgestattete Küche.*

Ti Village Créole €–€€ (3), *Dupré, hinter dem Village Artisanal links Richtung Fouché, Grands Fonds, Deshauteurs, ☏ 05 90 85 45 68, www.tivillagecreole.fr. Ein Appartement für 2 Personen, acht Gästehäuser für 2–4 Personen (1 Schlafzimmer), zwei Gästehäuser für 4–6 Personen (2 Schlafzimmer). Die Häuser, alle mit überdachter Terrasse, Küche und Meeresblick, liegen inmitten üppiger Vegetation an den Ausläufern der Grands Fonds, 1,5 km zum Zentrum von Sainte-Anne.*

Gîtes Couleurs Antilles €€ (4), *4, impasse Roland-Césaire, Montmain, ca. 1,5 km vom Zentrum Richtung Saint-François, nach 100 m hinter der Polizeistation 2. Straße links, ☏ 05 90 47 29 04, http://www.couleurs-antilles.fr/contact. Die lachsfarbene Villa bietet drei Unterkünfte für 2 Personen im Obergeschoss mit Blick bis Marie-Galante, für 3-6 Personen im EG und ein Studio für 2 Personen im EG (alle mit AC, TV, Badezimmer, gut ausgestatteter Küche). Kleiner Swimmingpool, gastfreundliche und ruhige Atmosphäre. 1,5 km zum Strand.*

La Toubana Hôtel & Spa €€€€–€€€€€, *Fonds Thézab, ☏ 05 90 88 25 78, www.toubana.com. Schön gelegenes Bungalow-Hotel, auf den Klippen oberhalb des Strands von Sainte-Anne. Panorama-Terrasse mit großem Pool. Bungalow mit Küchenecke. Tennisplatz, Restaurant, Bar, Tauchshop, viele Wassersportmöglichkeiten, Kinderbetreuung.*

Essen und Trinken

Es gibt einige Restaurants und Bars entlang des Strands von Sainte-Anne, teilweise mit Sitzmöglichkeit direkt unter Palmen am Strand, z. B.:

Américano Café (1), *www.americano-cafe.fr, am Beginn des Strands, Boulevard Hégésippe-Ibéné. Eine Bar im Western-Stil, die bei Einheimischen und Besuchern gleichermaßen beliebt ist. Am Freitag wird Livemusik gespielt.*

Kon-Tiki (2), *unkompliziertes Restaurant, in dem man vor allem Omelettes, Nudelgerichte und Steaks bestellen kann.*

Es gibt aber auch sogenannte **Beach Trucks**, *Imbisswagen, an denen man Hotdogs mit Baguette und Merguez, scharf gewürzten, groben Würstchen, essen kann.*

Im Ort: **Le Bananier (3)**, *Route de Le Gosier, ☏ 05 90 84 34 85. Kreolische Küche.*

Chez Emy (4), *Route de Burat, ☏ 06 90 46 43 01. Emys Lust und Laune bestimmen den Speiseplan. Bei aller Einfachheit: ein wahrhaftig karibisches Erlebnis.*

Feste

Festival des Ochsenrennens *im Juni;* **Gwoka-Festival** *im Juli (s. S. 201).*

Saint-François

In östlicher Richtung führt ab Sainte-Anne die N-4 in einiger Entfernung zum Meer durch die niedrige und landwirtschaftlich genutzte Plaine de la Simonière bis nach Saint-François.

Das ehemals kleine Fischerdorf macht trotz der mittlerweile hier etablierten Hotels und Appartement-Häuser einen sympathischen und hübschen Eindruck, insbesondere am **Marktplatz** und an der **Kirche** aus dem 18. Jh. Am Sonntag findet um die *Bibliothèque Municipal* herum ein lebhafter Markt statt.

Aktiver Fischerhafen

Am **Fischerhafen** ist die Ankunft der Fischer mit ihrem frischen Fang ein Erlebnis. Morgens um 8 Uhr kehren sie von ihrer ersten Tour während des Sonnenaufgangs zurück und beginnen den **Fischmarkt**, indem sie auf Zuruf direkt aus dem Boot verkaufen. Für ihre Langusten-Fänge sind die Fischer hier bekannt. 1.500 Tonnen Fisch werden so in Saint-François jährlich produziert. Abends bereiten kleine Imbissstände am Hafen sehr günstig gegrillten Fisch und Hühnchenfleisch zu. Gleich daneben legen die Fähren nach La Désirade, Petite-Terre, Marie-Galante und Les Saintes ab.

Die Straße zur östlichsten Inselspitze ist eine beliebte Radfahrstrecke

Mit den vorzüglichen Stränden Raisins Clairs, Plage des Pies, Pointe Tarare und Anse à la Gourde war die touristische Entwicklung vorprogrammiert, wobei die meisten Hotels, Feriendörfer, Restaurants, der Jachthafen und der 18-Loch-Golfplatz sich um den östlichen Ortsausgang konzentrieren. Hier findet sich auch das zweite Spielkasino der Insel. Die **Marina** (www.marina-saint-francois.com), der alte Salzsee, bietet 150 Booten Platz und vereint vor allem die Seglergemeinde rund um Restaurants und Boutiquen. Eine starke Minderheit der Stadtbevölkerung bilden Immigranten aus **Indien**, und so gibt es in Saint-François kleinere hinduistische Gebetsstätten und vor allem den Hindu-Friedhof in Ufernähe zu sehen.

Indische Gemeinde

Abstecher zur Pointe des Châteaux

Ein interessanter Abstecher ist von hier aus in östlicher Richtung möglich:

Etwas weiter, etwa 11 km, geht es von Saint-François die D-118 entlang, auf die schmale Landzunge an vielen Kunsthandwerks- und Künstlerateliers vorbei zum östlichsten Punkt der Insel, zur Pointe des Châteaux.

Vorher kann man nach links zu den schönen Badestränden der **Anse à la Gourde** und der **Pointe Tarare** abfahren.

Oberhalb der Pointe des Châteaux erhebt sich die **Pointe des Colibris**, 43 m hoch und mit wunderbarer Aussicht. Von hier aus eröffnet sich ein weiter **Panoramablick** an den beiden zerklüfteten Küsten entlang auf die vorgelagerten Inselchen Îles de la Petite-Terre, sowie auf die Dépendancen La Désirade im Osten und etwas weiter auf Marie-Galante im Süden. Ein Pfad führt hinunter zum schönen Sandstrand, der wegen der starken Brandung und Unterströmung jedoch nicht zum Baden geeignet ist (Lebensgefahr!). Die Pointe des Châteaux wird gerne zur Beobachtung des Sonnenuntergangs besucht, aber auch eine Vielzahl an guten Restaurants zieht die Besucher an.

Bizarre Felsformationen

Reisepraktische Informationen zu Saint-François

Information

Office du Tourisme, *Avenue de l'Europe, ☏ 05 90 68 66 81, www.destination-stfrancois.com*

Unterkunft

Maracudja €€ (2), *Bellevue, N 2 Richtung Saint-Anne, hinter dem Stadion li., 1. Straße re., ☏ 05 90 93 61 60, www.maracudja.org. 6 Gästehäuser liegen auf einer kleinen Anhöhe inmitten eines schönen Gartens. Voll ausgestattete Hütten in familiärer Atmosphäre. Swimmingpool mit kleiner Bar und Hängematten.*

Alamanda Bungalows €€–€€€ (3), *Bellevue, 300 m weiter hinter Maracudja, ☏ 05 90 28 80 38 und 06 90 32 19 24, www.bungalows-alamanda.fr. 3 kleine, gut ausgestattete Bungalows (AC, TV, Waschmaschine, Bügelbrett und Bügeleisen, Mikrowelle etc.) um einen Swimmingpool inmitten eines Gartens. Frühstück auf Bestellung; 300 m zum Strand, 1 km ins Zentrum von Saint-François.*

Coco Paradise €€€ (1) *Bellevue, ☏ 05 90 68 70 35 und 06 90 49 60 75, www.cocoparadise.fr. Die fünf frei stehenden und liebevoll eingerichteten Bungalows mit privaten Terrassen für 2-5 Personen liegen in einem ruhigen Garten mit Pool. Die recht neue Anlage wurde im traditionellen kreolischen Stil gebaut. Funktional ausgestattete Küchen, herzliche Gastgeber.*

Kayé La €€€–€€€€ (4), *Marina, ☏ 05 90 85 10 10. Eines der Resorts, die um die Marina herum angelegt wurden. Die Standard-Zimmer verfügen über Klimaanlage, TV und Bad.*

La Bougainvillée €€ (5), *Clotaire Lautric, Chemin de Cayenne, ☏ 05 90 88 57 18, www.labougainvillee.com. Vier einfache, saubere und helle Gästehäuser mit je zwei Zimmern in ruhiger Lage und inmitten eines Gartens. Voll ausgestattete Küche und kleiner Swimmingpool.*

Le Colibri €€ (6), *Bragelogne, ca. 2 km außerhalb, Route du Moule, rechts beim Schild „Domaine de May", dann noch 1,7 km, ☏ 05 90 91 71 55 und 06 90 46 87 46, www.gitecolibri.com. Zwei weiße, luftdurchlässig gebaute Bungalow-Ferienhäuser imitten einer üppigen Gartenanlage für 2–4 Personen. Jeweils Terasse mit Blick in den Garten, Hängematte und zusätzliche Außendusche. In der Marina von Saint-François wird zusätzlich ein Appartement angeboten (2–4 Personen, Swimmingpool, kleiner Strand in der Nähe).*

Bwa Chik Hotel & Golf €€€, *Avenue de l'Europe, ☏ 05 90 88 60 60, www.bwachik.com. Am Hafen und mit Blick auf den Golfplatz liegt dieses Hotel mit 54 komfortablen Zimmern (2–4 Personen, mit AC, TV, Badewanne). Frühstück wird angeboten, Pool. Kein Restaurant, aber in der Umgebung der Marina ist die Auswahl groß.*

Essen und Trinken

Am **Fischerhafen** *gibt es einige Imbisswagen und kleine, einfache Restaurants, deren Qualität in der Regel sehr gut ist. Allerdings kann man auch einen schlechten Tag erwischen, es kommt ganz auf die Saison, Tageszeit, den Andrang und die Laune des Kochs an. Schauen Sie sich ruhig um und verlassen Sie sich auf Ihr Gefühl. Tagesgerichte und frischen Fisch bietet der Fischmarkt (tgl. außer Mo 6–12 Uhr),* **Marché aux poissons**, *ein rundes Gebäude in der Nähe der Touristeninformation.*

La Canne à Sucre (1), *Rue de la République, ☏ 05 90 21 31 87, tgl. außer So abends.. Schlichtes Restaurant, in dem solide Fischgerichte ohne viel Schnörkel serviert werden. Zur Auswahl stehen zwei Menüs, eines mit Accras, Salat und Fisch, das zweite mit Langusten.*

Eine typische Straßenszene in dem Fischerort

Les Pieds dans l'Eau (2), *Rue de la République, ☏ 05 90 88 40 48 und 05 90 88 60 02, tgl. außer Mi in der Nebensaison. Günstige Fischgerichte in schlichter Atmosphäre. Tagesgericht für 8 €, Menü „Langoustes“ 18 €.*

L'Azur Resto (3), *Rue de la République, ☏ 05 90 85 55 19, tgl. außer So abends und Mo, Okt. geschl. Menüs für 13–36 €, Tagesgerichte für 12–25 €. Kleine Terrasse. Gelungene und fein abgestimmte kreolische Küche, präsentiert von einem humorvollen Chef. Zeit mitbringen.*

Les Frères de la Côte (4), *1, Rue de la Liberté, am Fischerhafen, ☏ 05 90 88 59 43. Auf den Tisch kommt der Fang des Tages und was der Markt so anbietet.*

Wer eher das französische als das karibische Flair sucht, wird in der **Marina** *fündig, an der sich einige Restaurants angesiedelt haben:*

Café Wango, *☏ 0590-835041, mit Terrasse, Fisch- und karibische Gerichte.*

Fähren

Für einen Tagesausflug nach La Désirade legen die Fähren in Saint-François vom **Port Maritime** *(nicht an der Marina) in der Regel morgens gegen 8 Uhr ab und kehren um 16.30 Uhr zurück. Die Fahrpläne ändern sich allerdings monatlich, je nach Saison, Wetter und Bedarf der Fährgesellschaft.* **Die Zeiten müssen vor Ort erfragt werden**, *da sie weder im Internet noch auf einer Tafel bei den Ticketschaltern stehen. In der Regel starten alle Unternehmen mehrmals pro Woche morgens zwischen 7 Uhr und 8 Uhr und nachmittags um 15.45 Uhr. Rückfahrt für eine Eintagestour um 15.30/15.45 Uhr bzw. mit Übernachtung am nächsten Morgen. Nach Les Saintes dauert die Fahrt ca. 1 ¼ Std., nach Marie-Galante ca. 40–45 min und nach La Désirade ca. 35 min.*

Babou One, *Saint-François, ☏ 05 90 47 50 31, 06 90 26 60 69, www.babouone.fr. Abfahrt von Saint-François tägl. außer Dez.–April; Abfahrt von La Désirade tägl. 6.15 Uhr und 15.45 Uhr (außer Dez.–April); Hin- und Rückfahrt ca. 26 €.*

Les Bateliers de l'Archipel, *Port Maritime, Saint-François, ☏ 05 90 22 26 31 und 06 90 50 05 10, bietet Fahrten mit der „Archipel 1“ (285 Plätze) bzw. der „Iguana Beach“ (195 Plätze) nach Marie-Galante, Les Saintes, Îles de la Petite-Terre und La Désirade; verkehrt das ganze Jahr. Preis für Hin- und Rückfahrt nach/von La Désirade ca. 28 €.*

In der Nähe von Saint-François

Bevor man nun geradewegs von Saint-François auf der N-5 nach Norden in Richtung Le Moule fährt, sollte bei klarem Wetter noch ein Abstecher auf dem Programm stehen: Dabei geht es in Sainte-Marthe nach links auf den asphaltierten Kreuzweg (Chemin de Croix) zur **Chapelle de la Baie Olive**. Zur Anse à la Baie an der Atlantikküste sind es 2 km. Der Weg ist an den weißen Kreuzen zu erkennen, die den Weg säumen.

!!! Achtung

Glitschige Felsen und Gefahr von Steingeröll. Das Baden ist sehr gefährlich. Parkplatz.

Von Sainte-Marthe zurück auf der N-5, ist nach ca. 5 km das **Zévallos-Haus** zu erreichen. Die *Maison coloniale*, ein Privathaus, ist eines der schönsten Bauten aus der Kolonialzeit der Insel. Das Herrenhaus von 1845 war Mittelpunkt der ersten dampfbetriebenen Zuckerfabriken, deren Schornsteinruinen und andere Teile des Gebäudes zu sehen sind.

Wilde Atlantikküste

Direkt am Zévallos-Haus gibt es noch einmal die Möglichkeit, auf einer kleinen Straße an die Atlantikküste zur **Pointe Morne** zu gelangen und zu einem weiteren romantischen „Höllentor" (Porte d'Enfer) mit einer schönen, ruhigen Badebucht. Über der Bucht ergibt sich von den Felsen aus ein Ausblick auf die nördlichen Küste von Grande-Terre.

Zurück von der Porte d'Enfer geht es entweder wieder geradeaus zur N-5, um zur Zuckerfabrik, der Sucrerie Gardel, zu gelangen, oder direkt hinter dem Höllentor an der Kreuzung nach rechts auf eine schmale Straße, auf der man immer geradeaus zur schönen **Plage de l'Autre Bord** (mit Sandstrand) und später nach **Le Moule** kommt, der einzigen Stadt an der Atlantikküste.

Sucrerie Gardel

Zuckerfabrik

Die kleine Zuckerfabrik wurde 1883 gegründet und listet heutzutage auf Platz zwölf in Bezug auf die Quantität der Zuckerproduktion. Nach dem Zweiten Weltkrieg erfuhr die Zuckerindustrie einen starken Anstieg, 1966 kaufte Gardel die Fabrik Courcelles auf. 1970 wurde die Fabrik Sainte-Marthe zu Teilen auf dem Gelände von Gardel wieder aufgebaut. Seit der Schließung der Fabrik Beauport 1991 und der von Grosse-Montagne 1995 ist Gardel neben der Zuckerfabrik Grande-Anse auf Marie-Galante eine von nur zwei Zuckerfabriken auf Guadeloupe, die die Zuckerkrise überlebt haben. Seit 1997 obliegt die Unternehmensführung allerdings Saint Louis Sucre, Frankreichs zweitgrößtem Zuckerproduzenten. Dieser wiederum gehört seit 2001 zur Gruppe der Südzucker AG, dem größten Zuckerproduzenten Europas mit Sitz in Mannheim.
Maison du Sucre, *Mo–Fr 8–14, Sa 8–13 Uhr, auf der Sucrerie Gardel (☏ 05 90 23 37 75, http://gardel-decouverte.monsite-orange.fr/). Führungen über die Zuckerfabrik (tägl. 9, 11, 16 Uhr von ca. Mitte Feb. bis Juli) je nach Klima und Möglichkeiten des Unternehmens; geschlossene Schuhe werden empfohlen; nicht für Kinder unter zehn Jahren. Info und Ausgangspunkt in der Epicerie „Chez Jean-Marie" in Le Moule.*

Le Moule

Der Hafenort ist mit gut 21.000 Einwohnern eine der größeren Siedlungen Guadeloupes. Die Einwohner nennen sich *Mouliens*. Von seiner ehemaligen Bedeutung zeu-

Beliebter Spazierweg: die befestigte Uferpromenade von Le Moule

gen die Überreste der alten **Festung**, deren Kanonen man vor der Hafeneinfahrt einzementiert hat, und die **Kirche Saint Jean-Baptiste** im neoklassizistischen Stil. Der um 1850 fertig gestellte Bau ist das wohl eindrucksvollste Gotteshaus der Insel, er erhebt sich mit seinem von vier ionischen Säulen getragenen Portikus über einer Freitreppe. Links und rechts vom Haupteingang gliedern Nischen die Fassade, während hoch oben das große Kreuz einen markanten Blickfang bietet.

Ansonsten hat die Stadt nach den Zerstörungen der Wirbelstürme von 1928 und 1989 viel alte Bausubstanz eingebüßt, macht dies aber wett durch eine hübsche **Marina** (auch viele Windsurfer, Kajakfahrer) an der Mündung der Ravine Gardel und im Osten durch den schönen Badestrand **Plage de l'Autre Bord**. Verlässt man Le Moule auf der N-5 in Richtung Norden, fährt man entlang der gut befestigten **Uferpromenade**, wo vor allem am Wochenende einheimische Jungs auf ihren Brettern sitzend auf Wellen zum Abreiten warten.

Information

Office du Tourisme, *Boulevard Maritime Damencour, ☏ 05 90 23 89 03, www.ot-lemoule.com.*

An der Baie du Nord-Ouest mit Strand und Hotelanlage führt die Reiseroute durch den Süden von Grande-Terre wieder zurück zur Südküste. Dafür fährt man auf die kleine Straße kurz vor der Bucht, die nach links abbiegt und auf die D-101 führt. Der D-101 folgend, kommt man zur Destillerie Damoiseau.

Nach weiteren 300 m auf der N-5 gelangt man rechter Hand über die D-123 auf die Reiseroute durch den Norden von Grande-Terre (s. S. 209) und nach La Rosette zu einem kulturellem Höhepunkt: dem Museum Edgar Clerc (s. S. 211).

Rumbrennerei Damoiseau

Führung und Degustation

Auf Basse-Terre gibt es noch sechs aktive Destillerien, auf Grande-Terre ist die Destillerie Damoiseau die letzte, die noch in Betrieb ist und von drei Brüdern geleitet wird. Sie produziert 1,3 Millionen Liter Rum für den lokalen Markt und 200.000 Liter für den Export nach Frankreich. Im Anschluss an eine Führung über das Gelände können die verschiedenen Rumsorten auch probiert werden.

Destillerie Damoiseau, *Bellevue, Le Moule, ☏ 05 90 23 55 55, www.damoiseau.fr, tgl. 7–14.30, Sept.–Nov. geschl., Cabane à rhum: Mo–Sa 8–17.30 Uhr.*

Durch die Grands-Fonds an die Südküste von Grande-Terre

Die Destillerie Damoiseau (s. o.) liegt in einem ländlichen Gebiet inmitten sich weit ausdehnender Zuckerrohrfelder. Durch diese geht es auf der D-101 und D-111 (Ortschaft Grands-Fonds) und anschließend entweder über die D-102 und Douville oder wieder über die D-105 nach Sainte-Anne. Von hier aus gelangen Sie nun auf der N-4 schnell zurück nach Le Gosier und Pointe-à-Pitre.

Wegen der schlechten Ausschilderung und mangelnder Beleuchtung ist die Strecke in der Dunkelheit nicht zu empfehlen. Als Alternative kann man von der Destillerie Damoiseau zurück auf die N-5 fahren und über Morne-à-l'Eau zurück nach Pointe-à-Pitre gelangen.

Wer noch einen halben Tag Zeit hat, kann die Strecke durch den Norden von Grande-Terre direkt anschließen (s. u.)

Der Norden von Grande-Terre

Höllentor

Im Norden von Grande-Terre wird das Landschaftsbild von Zuckerrohr und imposanten Steilküsten bestimmt. An der Ostküste kommt beides besonders eindrucksvoll zusammen. Gut ein Dutzend mehr oder weniger gut erhaltene Ruinen von Windmühlen, denen allesamt die Flügel fehlen, überragen von kleinen Hügeln aus die hellgrüne ländliche Szenerie. Einen starken Kontrast dazu bildet die Pointe de la Grande-Vigie und die Porte d'Enfer ganz im Norden der östlichen Schmetterlingshälfte. Der Wanderweg entlang der Grande Falaise, der bis zur Pointe Petit Nègre führt, eröffnet immer wieder Ausblicke auf imposante Felsformationen. Nördlich von Anse-Bertrand fanden die letzten Indianer ihre Zufluchtstätte, der Parc Krayb zeugt davon.

Das Archäologische Museum Edgar Clerc bei Le Moule an der Ostküste hat weitere Belege der Kariben und Arawaken ausgestellt und ist ein kultureller Höhepunkt. Weiter an der Westküste lohnen Abstecher nach Port-Louis mit der Plage du Souffleur und Vieux-Bourg, beides ruhige Fischerorte. Nicht verpassen sollte man den Friedhof von Morne-à-l'Eau mit seinen in Schwarz und Weiß gefliesten Gräbern wie auch die Sklavenstufen in Petit-Canal.

Die Strecke

Die Reiseroute durch den Norden von Grande-Terre kann als Anschlussstrecke der Route durch den Süden von Grande-Terre unternommen werden. Dabei fährt man in Le Moule an der Uferpromenade entlang aus dem Ort heraus bis zur Baie du Nord-

Ouest. Hier noch 300 m auf der N-5 bleiben, bevor man dann nach rechts auf die D-123 abbiegt und am Museum Edgar Clerc vorbei direkt an die Nordspitze (D-120/D-122) fährt.

Musée de Préhistoire amérindienne Edgar Clerc

Das Museum ist nach dem bekannten Archäologen aus Martinique Edgar Clerc (1915–1982) benannt und wurde zwei Jahre nach dem Tod des Gründers der *Société d'Histoire de la Guadeloupe* zum Andenken an seine Verdienste bei der Erforschung der präkolumbischen Kulturen auf einem ehemaligen Militärgebiet errichtet. Präsentiert werden hauptsächlich Kunst- und Alltagsgegenstände der Arawaken und Kariben (Vasen, Amulette, Skulpturen etc.). Vom Eingangspavillon am Parkplatz geht man durch eine sehr schöne parkähnliche Anlage mit Königspalmen und steht dann nach etwa 150 m vor dem pinkfarbenen Ausstellungsgebäude. Direkt vor dem Eingang ist ein eindrucksvoller Felsen mit Gesichts-Petroglyphen (indianische Felsritzungen) aufgestellt. Im Museum wird man durch Abteilungen geleitet, die um einen runden Innenhof angelegt sind und archäologische Exponate der indianischen Kultur sowie eine Sammlung zeitgenössischer Künstler zeigen. Leider sind die Vitrinen nur französisch beschriftet. Von der Terrasse eröffnet sich eine schöne Aussicht auf den Atlantik. Das Museum wird nach seiner Renovierung noch mehr Ausstellungsstücke aus dem Fundus zeigen können.

Seltene Exponate

Eine Außenstelle des Museums, der **Parc Archéologique des Roches Gravées** mit riesigen Steinen mit indianischen Felszeichnungen befindet sich auf Basse-Terre in Trois-Rivières (s. S. 150).

Musée de Préhistoire amérindienne Edgar Clerc, *Route de la Rosette, ☏ 05 90 23 57 57 und 05 90 23 57 43, tgl. 9–17; Eintritt frei.*

Über die Ostküste zur nördlichsten Spitze von Grande-Terre

Die Weiterfahrt auf der D-123, die bald in die D-120 übergeht und durch Ortschaften wie Campêche und Gros-Cap führt, wird begleitet durch das satte Grün der Zuckerrohrfelder und der Buschvegetation, das den Augen einen erfrischenden Kontrast zum tiefen Blau des Atlantik bietet.

In **Gros-Cap** ist ein Abstecher (2 km) zur Küste möglich. Dabei kann man der über dem Atlantik und der Anse de la Savane Brûlée thronenden **Chapelle Sainte-Anne** – mit schöner Aussicht – und den Stränden der Anse Maurice mit Bademöglichkeit einen Besuch abstatten. Im Gegensatz zu den Stränden an der Westküste ist die Ostküste durch schroffe Felsformationen und ein gegen die Felsen klatschendes Meer geprägt.

Lagune der Porte d'Enfer

Ein landschaftlicher Höhepunkt steht kurz vor dem Anstieg der D-122 zur Pointe de la Grande Vigie auf der rechten Seite an. Bevor die Straße relativ stark bergauf führt, geht es in der Talsohle rechts zur Lagon de la Porte d'Enfer und zum Trou Madame Coco.

Idyllische Lagune

Durch eine schmale, von Mauern begrenzte Zufahrt geht es zur Lagune mit kleinem Erfrischungsstand und Picknickplätzen. Die Lagune strahlt im Gegensatz zum brausenden Atlantik an der Steilküste eine friedliche und ruhige Atmosphäre aus. Die Ausläufer der hohen Wellen, die sich an den Felsformationen brechen, gelangen weit in die Lagune hinein.

Wanderweg entlang der „Grande Falaise"

Wanderung am Atlantik

Entlang des östlichen Lagunenufers führt ein Wanderweg oberhalb der Steilküste zum „Höllentor", dem **Trou Madame Coco**, in das man, wenn man dicht an die Steilküste herangeht, einen Blick werfen kann. Der lokalen Geschichte zufolge soll Madame Coco hier für immer verschwunden sein, als sie eines Tages mit ihrem Sonnenschirm am Meeresufer spazieren ging. Geht man den Wanderweg oberhalb der Steilküste weiter auf der Grande Falaise, gelangt man zum **Trou du Souffleur**. Nach 11 km (5 Std.) endet der Wanderweg an der Pointe Petit-Nègre. Auf dem Weg gibt es zwei Picknickplätze: einen am Anfang an der Lagune und einen am Ende. Parallel führt der alte Schmugglerweg bis zur Pointe du Souffleur. Bei einer Wanderung unbedingt ausreichend Wasser mitnehmen.

An der wenig befahrenen D-122, die über ein weites Plateau mit niedriger Buschvegetation parallel zur Atlantikküste zur Pointe de la Grande Vigie führt, gibt es immer wieder Möglichkeiten, Halt zu machen und die sich an den grandiosen Felsformationen der Steilküste sattzusehen. Vom Parkplatz oberhalb der Pointe du Piton kann man zu Fuß einen Abstecher zur Porte d'Enfer machen. Es ist auch möglich, bis zum Meer hinabzusteigen.

Pointe de la Grande Vigie

Kurz hinter der Abzweigung der D-122 von der Porte d'Enfer kommend, ist der Parkplatz am nördlichsten Punkt Guadeloupes erreicht: die **Pointe de la Grande Vigie**.

Sagenumwoben ist das Trou Madame Coco

Zwar ist schon hier die Aussicht gut, doch würde man zu viel verpassen, bliebe man am Erfrischungs- und Souvenirstand (nur zeitweise geöffnet) stehen. Denn wenn man nur wenige Minuten über die spitzen Steine bis zu den äußersten Felsen weitergeht, wird man von einer spektakulären Szenerie überrascht – es ist einer der landschaftlichen Höhepunkte von Grande-Terre: Von der Steilküste (80 m ü.d.M.) geht der Blick weit an den Kalksteinformationen entlang über bizarre Felsnadeln hinweg zum Ozean, wo man bei guter Sicht am Horizont die Nachbarinseln La Désirade, Antigua und Montserrat erkennen kann.

Kalksteinformationen

Die Straße von der Pointe de la Grande Vigie, die D-122, ist sehr schmal und führt durch ein trockenes, nur mit Büschen bewachsenes Karstgebiet, immer parallel zur Steilküste. Wegen der Vegetation kann man allerdings nur selten einen Blick auf das Meer erhaschen.

Hinweis

Die Erkundung der Unterwasserwelt zwischen den Felsen an der Ostküste ist bei bewegter See nicht ungefährlich. Die Strände sind zudem sehr einsam, was sicherlich auch an den überaus schlechten Straßen zu den Buchten um Gros-Cap herum liegt. Die beeindruckenden Schlaglöcher offenbaren ihre Heimtücke erst, wenn man kurz davorsteht. Daher gilt: Unbedingt langsam fahren!

Von der Pointe de la Grande Vigie zurück nach Pointe-à-Pitre

Anse Bertrand

In der kleinen Ortschaft, übrigens die nördlichste der Insel, geht es rechts zum schönen Strand der Anse Laborde und links zur Pferderennbahn (Hippodrome) von Saint-Jacques. Die Anse Laborde bietet neben Picknickmöglichkeiten auch eine Snackbar/Restaurant mit Blick von der Terrasse auf das Meer.

Port-Louis und Anse du Soffleur

Im kleinen Hafenstädtchen Port-Louis, das mehrere Tausend Einwohner zählt, geht es schließlich an der nördlich des Ortes gelegenen Anse du Souffleur, einem der schönsten Strände der Insel, wieder direkt ans Meer. Hier können zur richtigen Jahres- oder Tageszeit auch herrliche, über und über rot blühende Flammenbäume (Flamboyants) und spektakuläre Sonnenuntergänge genossen werden.

Schöne Atmosphäre

Der Strand ist Ausgangspunkt für einen Spaziergang zur **Pointe d'Antiques**. Der Ort selbst scheint zwar ärmlich, ist aber dennoch attraktiv. Im Kontrast zu den vielen einfachen Holzhütten verbreitet die Straße an der „Hafenpromenade" mit ihren in der Mitte der Straße stehenden Straßenlaternen einen Hauch mediterranes Flair.

Sehenswert sind auch die Kirche im kolonialen Baustil und der am Ende der Bucht gelegene Friedhof, auf dem Einheimische die Gräber ihrer Angehörigen mit riesigen Muscheln schmücken. Vom Strand eröffnet sich ein fantastischer Blick auf das Basse-Terre-Massiv, die Bucht der „Großen Sackgasse" (Grand Cul-de-Sac Marin), die Mahault-Bucht und die Kakouanne-Insel.

Information

Office Municipal du Tourisme, *Rue Gambetta, Le Bourg, ☏ 05 90 22 44 00, www.mairie-portlouis.fr.*

Nach dem Besuch des Dorfes bleibt man auf der N-6, die auf diversen Einbahnstraßen durch Port-Louis führt und sich wieder vom Ozean entfernt und durch Plantagen sowie an einem **Hindutempel** nahe der Ravine Gaschet vorbeiführt.

Musée Le Pays de la Canne

Mit der Bahn durchs Zuckerrohr

Die Ortsumgehung von Port-Louis führt durch Beauport. Bis Ende der 1980er-Jahre war der Ort mit einem Anteil von 27 % an der Zuckerproduktion ein regionales Zentrum der insularen Zuckerindustrie. Ein großer Teil der 1836 gegründeten Zuckerfabrik bildet heute das weitläufige **Museum** mit Ausstellungen zur Zuckerherstellung, mit einer alten Zuckermühle, Ruinen der Fabrikanlage und renoviertem Wohnhaus. Mit einem kleinen Zug, der früher das Zuckerrohr zur Presse transportierte, kann man eine Fahrt durch die Zuckerfelder unternehmen und Zuckerrohr und andere lokale Produkte erwerben.

Mit der alten Bahn geht es durch die Zuckerrohrfelder

Musée Le Pays de la Canne, *Beauport, Port-Louis, ☏ 05 90 22 44 70, http://beauportlepaysdelacanne.com/, tgl. 9–17 Uhr, Audioguide (frz.).*

Da fast die gesamte Küste zwischen Port-Louis und Petit-Canal von **Mangrovensümpfen** und Kanälen durchzogen ist, bleibt die Straße nun wieder in gehörigem Abstand zum Wasser und führt durch ausgedehnte Zuckerrohrfelder. Deren Produkte werden in der großen Industrieanlage von Beauport verarbeitet, die in einiger Entfernung rechts der Straße zu sehen ist. Ab und zu überquert man alte Bahnlinien und erblickt die Überreste ehemaliger Zuckermühlen.

Petit-Canal

Über Hügel geht es nun auf Petit-Canal zu, wobei die N-6 direkt durch das Fischerdorf führt. Petit-Canal ist ein Beispiel für ein Dorf, das immer wieder von Hurrikans gebeutelt wird, sich jedoch auch schnell wieder erholt, die Spuren der Verwüstungen beseitigt und neue Wohnviertel am Ortsrand entstehen lässt. Ein Besuch des auf einem Hügel liegenden Dorfs lohnt sich vor allem wegen des Sklavengefängnisses, der Sklaventreppen „**Les Marches des Esclaves**", der beschaulichen Hafenmole und des kleinen Museums. An der monumentalen, zur Kirche hinaufführenden Sklaventreppe, die aus 54 Stufen besteht, wurden früher die Sklaven nach ihrer Ankunft mit Schiffen verkauft. Der besten Blick auf die in den Sumpf gebaute Mole bietet sich von der Vorderseite der Kirche, um die man mit dem Auto bequem herumfahren kann.

Mahnmale der Sklaverei

Sonnenuntergang in Port-Louis

Musée de la Vie d'Antan

Das kleine Museum zeigt Ausstellungsstücke zur Geschichte und zu den Traditionen Guadeloupes. Zudem gibt es eine jährlich wechselnde Ausstellung zu bestimmten zeitgenössischen Themen.

Musée de la Vie d'Antan, *Rue de l'Eglise, ☏ 05 90 83 33 60, Mo–Sa 9–12, 14.30–17 Uhr; Sept. geschl.*

Information

Mairie (Rathaus), *17, Rue de l'Eglise, ☏ 05 90 22 62 04.*

Morne-à-l'Eau

Die von Ali Tur gebaute Kirche

Die recht große Gemeinde, deren Bevölkerungszahl sich zwischen den 1960er- und 1990er-Jahren verdoppelt hatte und heute gut 17.000 Einwohner zählt, liegt inmitten eines Sumpfgebiets, das erst durch lange Kanalbauten mühsam entwässert werden musste. Der Canal de Rotours stammt aus dem 18. Jh. Wer zu Fuß in der Innenstadt unterwegs ist, sollte darauf achten, nicht in die tiefen Abwasserrinnen zu treten.

Die N-6 stößt am südlichen Teil des Ortes auf die N-5. Links geht es zur Ortsmitte mit der **Kirche**, die von Ali Tur erbaut wurde, wie so viele Bauwerke in den 1930er-Jahren auf Guadeloupe. Die N-5 führt weiter zur Atlantikküste, nach rechts geht es nach Pointe-à-Pitre, doch die größte Sehenswürdigkeit, den **Friedhof**, kann man schon an der Kreuzung der beiden Nationalstraßen direkt geradeaus erblicken.

Neben der Tankstelle und dem Ortseingangsschild sieht der **Friedhof** mit seinen schwarz-weiß gekachelten Totenhäusern, die schachbrettartig am Hang angelegt sind, eher wie ein kykladisches Dorf aus. Wer zu Allerheiligen auf Guadeloupe ist, sollte sich diesen Tag unbedingt für die Besichtigung des Friedhofs und der Prozessionen freihalten.

Von Morne-à-l'Eau biegt man nach wenigen Kilometern von der N-6 auf die D-107 nach Vieux Bourg ab.

Vieux Bourg

Im kleinen und hübschen Fischerdorf Vieux Bourg kann man links an der Kirche die kleine Stichstraße nehmen, die kurz hinter der Kirche nach links in Richtung **Plage du Babin** führt. Es ist zwar nicht möglich, ganz bis zur **Pointe Macou** zu fahren, jedoch bis zur **Anse Babin**, einem Strand mit schöner Aussicht.

In Vieux Bourg lädt eine Bar zu Erfrischungsgetränken ein. Außerdem bietet sich von hier der Ausflug per Fischerboot zum vorgelagerten Eiland **Îlet Macou** mit Mangroven, einer Kapelle und Korallenriffen rundherum an. *Mangroven-Fahrt*

Information

Office du Tourisme, *Rue de l'Eglise, ☏ 05 90 24 28 56.*

Von Vieux Bourg nach Pointe-à-Pitre

Für die Strecke von Vieux Bourg nach Pointe-à-Pitre gibt es zwei Möglichkeiten:

Über die D-107 und die stark befahrene N-5 in Richtung Flughafen. Das ausufernde urbane Gebiet mit seinen Reklametafeln und wenig attraktiver Bebauung macht es allerdings schwer, die Stadtgrenzen von Pointe-à-Pitre und Abymes zu erkennen.

In Abymes trifft auch die Alternativroute, die westlichere D-106, auf die Nationalstraße. Sie ist weniger stark frequentiert und führt durch eine Landschaft, die immer wieder mit Sümpfen und Mangrovendickicht durchsetzt ist. Kurz vor Abymes (hier lohnt der in Orange-Rot gehaltene Marktplatz einen Besuch) hat man sogar die Möglichkeit, einen Mangroven-Lehrpfad zu besuchen; organisierte Wanderungen werden angeboten.

Wer einen lohnenden Abstecher machen möchte, biegt kurz vor Abymes links auf die D-101 ab, die in die verkarstete Hügellandschaft der **Grands Fonds** (s. S. 198) führt. Die Bevölkerung einiger Dörfer, insbesondere von Jabrun-du-Nord und Jabrun-du-Sud, wird aufgrund ihrer weißen Hautfarbe und blonder Haare (*Blancs Matignons*, s. S. 199) mit jenen Aristokraten in Verbindung gebracht, die vor der Französischen Revolution und der Guillotine hierher flohen und bis heute „unvermischt" blieben.

Ab Vieux Bourg starten Mangroventouren

4. DIE INSELN LES SAINTES, MARIE-GALANTE UND LA DÉSIRADE

Überblick

Ein Besuch Guadeloupes bliebe unvollständig, besuchte man nicht mindestens eine der umliegenden Inseln, die zum Département Guadeloupe gehören. Im Gegensatz zum französischen Übersee-Département Martinique ist Guadeloupe nicht nur eine Insel, sondern ein Archipel. Die Einsamkeit auf den Inseln La Désirade und Petite-Terre, die Zuckerrohrfelder auf Marie-Galante und das Fort Napoléon auf Les Saintes machen das Mosaik von Guadeloupe vollständig.

Jede Insel eine Welt

Dabei ist es schwer, für die Beschreibung der umliegenden Inseln von Basse-Terre und Grande-Terre den richtigen Namen zu finden. Politisch nicht unabhängig, sondern zugehörig zum Département, liegen sie im Schatten der Schmetterlings- und Hauptinseln Guadeloupes. Dabei hat jede Insel ihre eigene Identität, landschaftlich und atmosphärisch sind sie völlig unterschiedlich, liegen in Sichtweite und scheinen doch sehr weit voneinander entfernt.

La Désirade hat die Besonderheit, dass sie in früheren Zeiten Leprakranke und andere Unerwünschte von Basse-Terre und Grande-Terre aufnehmen musste. Die Einheimischen sprechen der Insel noch heute einen mystischen Charakter zu, erzählen von unerklärlichen Vorgängen. Dabei gehört die Insel zu den fortschrittlichsten des Départements und macht mit einer aktiven Umweltpolitik auf sich aufmerksam.

Lepra-station

Auch **Marie-Galante** ist eine Welt für sich. Mit der Fähre setzt man nicht nur auf eine andere Insel über, die komplett landwirtschaftlich geprägt ist, sondern man wird zudem in eine andere Zeit versetzt. Nicht selten sieht man die Bauern noch mit Ochsengespann über die Straßen ziehen, mit Zuckerrohr auf dem Holzkarren und dem einen oder anderen Ti-Punsch in den Knochen. Die langsame Gangart der Inselbewohner, die wunderschönen Strände mit Sonnenuntergängen hinter den Bergen der Saintes und des Vulkanmassivs auf Basse-Terre wie auch der Blick bis nach Dominica machen die Insel zu etwas ganz Besonderem.

Bauern mit einem Ochsenkarren auf Marie-Galante

Les Saintes, die Heiligeninseln, sind eine kleine Inselwelt für sich, bestehend aus zwei Hauptteilen. **Terre-de-Haut** ist die Insel mit den meisten Besucherzahlen, was nicht zuletzt an der bezaubernden Bucht liegt, an der sich der Hauptort entwickelt hat und die zu den schönsten Buchten der Kleinen Antillen zählt. Und **Terre-de-Bas**, etwas umständlicher zu erreichen, führt ohne touristische Infrastruktur ein wesentlich ruhigeres Leben.

Hinweis

Fährverbindungen
Zwischen Grande-Terre und Basse-Terre und den umliegenden Inseln gibt es gute Fährverbindungen. In der Nebensaison werden diese allerdings stark reduziert, sodass in dieser Zeit individuell nachgefragt werden muss. Nach Marie-Galante und zu den Saintes verkehren Schnellfähren regelmäßig vom Fährhafen Bergevin in Pointe-à-Pitre. Die kürzeste Verbindung zu den Saintes startet jedoch von Trois-Rivières. Aber auch von Saint-François setzen Fähren zu den Saintes, nach Marie-Galante und nach La Désirade über (Details s. Reisepraktische Informationen, S. 87).

Das gibt es zu erleben
Îles des Saintes: eine traumhaft schöne Bucht von Terre-de-Haut und die Aussicht auf diese wie auch auf Basse-Terre mit seinem Vulkan La Soufrière vom Fort Napoléon, Elektroautos und Rollerverkehr (Scooter), Wanderungen auf die Bergspitzen mit stets neuen Perspektiven auf die schönen Buchten, Fischer und ihre bunten Boote, ein breites Wassersportangebot, viele einheimische Fußgänger und eine Fußgängerzone mit kleinen Boutiquen und zahlreichen Restaurants.

Marie-Galante: feine Sandstrände mit Palmen und Aussichten auf die umliegenden gebirgigen Inseln der Saintes, Basse-Terre und Dominica, gute Wassersportmöglichkeiten wie Kite- und Windsurfen, historische Bauten, Ruinen der Zuckermühlen, Zuckerrohrfelder, Bauern mit Ochsenwagen und mit Saint-Louis, Grand-Bourg und Capesterre-de-Marie-Galante drei nette Orte mit sympathischen kleinen Restaurants.

La Désirade: eine Insel „am Ende der Welt" mit einer „Inselrundfahrt" in einer Stunde, sehr freundliche Bewohner, traumhaft schöne Strände mit feinstem hellem Sand unter hohen Palmen, Leguane beim Sonnenbad auf der einzigen Asphaltstraße, ein steil ansteigendes Bergmassiv mit Wanderwegen, Panoramablick von der Chapelle du Souffleur, nette kreolische Restaurants, sympathische Übernachtungsmöglichkeiten, Vogelbeobachtung auf den unbewohnten Inseln Petite-Terre.

Îles des Saintes (Les Saintes)

Der kleine Archipel der „Heiligeninseln" liegt 10 km vor der Südspitze Guadeloupes und bildet mit seinen neun gebirgigen, bis über 300 m ansteigenden Eilanden eine kleine, wunderschöne Welt für sich. Viele halten die Îles des Saintes (oder einfach Les Saintes = die Heiligeninseln) sogar für das malerischste Refugium der Kleinen Antillen überhaupt.

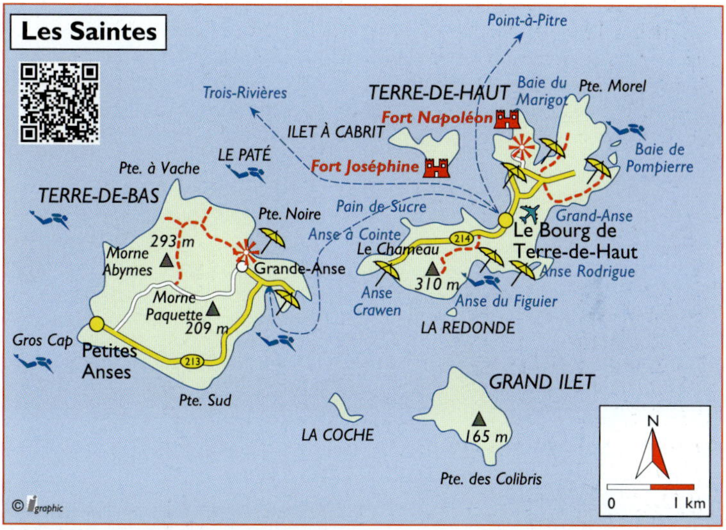

Kurz-Info zu den Îles des Saintes

Fläche	15 km² (5 km² für Terre-de-Haut, 10 km² für die restlichen Inseln)
Bevölkerung	3.000 Einw. (1.900 Einw. in Terre-de-Haut, 1.100 Einw. in Terre-de-Bas)
Bevölkerungs-dichte	200 Einw./km²
Erhebungen	Le Chameau (Terre-de-Haut, 309 m), Morne Abymes (Terre-de-Bas, 293 m)
Besonderheit	Die Verkehrsmittel auf der Insel sind Elektroautos (mit Lizenz), Roller (Scooter), Fahrräder und die eigenen Füße.
Kulinarische Besonderheit	*Tourments d'amour* (dt. „Liebesqualen"), mit Kokospaste gefüllte Küchlein.

Als Spitzen eines unterseeischen Gebirgszugs sind sie aus vulkanischem Gestein aufgebaut und von Trockenvegetation (Aloen, Agaven, Kakteen) überzogen. Während es auf den Inselchen Îlet à Cabris, Les Roches Percées, Le Grand Îlet, La Redonde, La Coche, Les Augustins und Le Paté zwar schöne Strände und Wanderwege, aber keine Einwohner gibt, weisen Terre-de-Bas mit der Ortschaft Grande-Anse und die Hauptinsel Terre-de-Haut mit der „Hauptstadt" Le Bourg eine bescheidene, auch touristische Infrastruktur auf. Beide genannten Orte sind durch Personenfähren im Pendelverkehr miteinander verbunden.

Die Bucht von Terre-de-Haut

Das bedeutendste historische Datum des Mini-Archipels war jene berühmte und schicksalhafte Seeschlacht vom 12. April 1782, als hier die Franzosen mit 35 Kriegs- und 150 Frachtschiffen den Engländern unter Admiral George Rodney unterlagen und den Verlust von 1.500 Menschenleben zu beklagen hatten. Die im Angelsächsischen als „Battle of the Saints" (Schlacht von Les Saintes) bekannte Schlacht besiegelte die britische Vorherrschaft über diese Antilleninseln.

Seeschlacht

Heute ist die kriegerische Zeit einer friedlichen Atmosphäre gewichen. Die Heiligeninseln eignen sich hervorragend für einen Tagesausflug von Guadeloupe aus, um hier in Ruhe zu baden, zu schnorcheln und vor allem zu wandern. Um die abendliche Atmosphäre einfangen zu können (die letzte Fähre fährt gegen 16 Uhr zurück), sollte man eine Übernachtung einplanen.

Terre-de-Haut

Rund eine halbe Stunde, nachdem man Trois-Rivières mit der Fähre verlassen und den Kanal des Saintes, wo Atlantik und Karibisches Meer irgendwo aufeinandertreffen, überquert hat, legt die Fähre schon in der geschützten, halbkreisförmigen Bucht von Terre-de-Haut an. Eingerahmt wird sie von dem sogenannten Zuckerkuchen (Pain de Sucre), einem besonderen Basaltgestein, und auf der anderen Seite dem Fort Napoléon. Klima und Vegetation sind relativ trocken, nur 1,5 m Niederschlag pro Jahr kann die Insel verzeichnen. Nachdem man ein Haus in Form eines Schiffsbugs passiert hat, legt die Fähre am Anleger an. Manchmal begrüßen Kinder die Neuankömmlinge mit *Tourments d'amour* (kleine, süße Kuchen mit Kokospaste gefüllt), die sie in kleinen Körbchen anbieten.

Basaltgestein

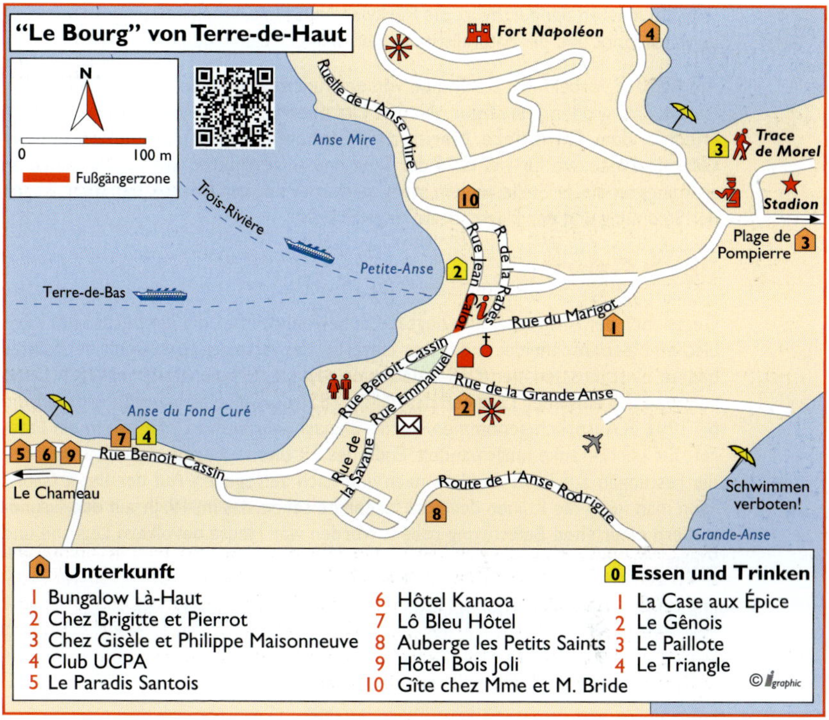

Mit einer leichten Tasche ausgestattet, lassen sich die kleinen Straßen mit ihren hübsch bunt angemalten Häusern und roten Dächern gut zu Fuß erkunden. Seit einigen Jahren versucht der Bürgermeister der Stadt die Inselbewohner dazu zu bewegen, die alten Autos abzuschaffen und gegen einen Roller oder kleinen Elektrowagen (nur mit Lizenz) einzutauschen. Mit Erfolg. Nur noch vereinzelt sieht man normale Autos auf den schmalen Straßen – abgesehen von den Jeeps der Gendarmerie und einigen Baufahrzeugen, die nur temporär auf die Insel geholt werden. Dafür knattern jede Menge Roller die Hügel rauf und runter.

Elektroautos und Motorroller

Der Hauptort, **Le Bourg**, erstreckt sich von der Anse du Bourg bis zur Anse de Fond du Curé im Süden. Das Viertel Le Mouillage im Norden mit einer Bibliothek ist das historische Zentrum. Mit zunehmendem Tourismus hat sich von hier aus eine kleine Einkaufsstraße mit Boutiquen, Galerien, Restaurants und kleinen Supermärkten entwickelt. Am südlichen Ende der Fußgängerzone fällt die **Kirche** mit Steinfassade auf, daneben befindet sich das von einem schönen Garten umgebene **Rathaus** (Eingang Rue de la Grande-Anse) in einem neoklassizistischen Gebäude mit der schattigen **Place Hazier-du-Buisson** (Mandelbäume, Flamboyants) auf der anderen Straßenseite. Im Inneren der Kirche ist die Rückwand aus Holz mit einem umgestülpten Unterwasserboot und das naturalistische Gemälde der Gemeinde ein Blickfang.

Am Rathaus vorbei führt die Treppe von der Rue de la Grande-Anse zu einer überdimensional großen **Jesusfigur**, die den Ort überragt. Die Straße führt weiter zum Friedhof, dem **Cimetière Marin**, am **Flughafen** vorbei und zum Strand der **Grande-Anse**, wo für viel Geld der Sand neu aufgeschüttet wurde. Das Baden ist allerdings an dieser Stelle, wo ein stetig starker Wind vom Atlantik her weht, wegen der Strömung und der Flugschneise zu gefährlich.

Îlet à Cabrit

Unbewohnte Insel

Gegenüber der Anse du Bourg liegt die unbewohnte Insel, die die Bucht vom Karibischen Meer abschneidet und früher einen Teil des Verteidigungssystems der Saintes bildete. Einst mussten hier die Soldaten eine gewisse „Erholungszeit" einlegen. Denn aufgrund der einsamen Lage ließ das Militär 1851 dort eine Strafanstalt erbauen, die bis 1902 in Anspruch genommen wurde. Danach wurde das Gefängnis in ein Lazarett für Leprakranke umgewandelt. Ende des 19. und zu Beginn des 20. Jh. wurden die Festungen auf Terre-de-Haut nach und nach aufgegeben. Auf der Îlet à Cabrit kann man noch die Ruinen des Fort Joséphine sehen, das im 19. Jh. auf den Grundmauern einer alten Befestigung gebaut worden war. Heute bevölkern Leguane und Ziegen die alten Gemäuer.

Die Fährüberfahrt von Terre-de-Haut zur Îlet à Cabrit dauert 15 Min.

Fort Napoléon

Hervorragende Aussicht

Die Festung thront auf dem Morne Mire in 114 m Höhe. Zusammen mit dem fantastischen Rundumblick, der sich von der Festung bietet, ist sie das Prunkstück der Saintes. Der anstrengende Weg zu Fuß hinauf in praller Sonne sollte allerdings nicht unterschätzt werden. Auch die Anfahrt mit dem Roller mit vielen engen Kurven ist für Ungeübte kein leichtes Unterfangen. Wer auf Nummer sicher gehen will, fährt mit einem der Minibusse, die im Ort ihre Dienste anbieten. Ansonsten kann man auf halben Weg bei einem Aussichtspunkt verschnaufen.

Napoleon III. erbaute die Festung 1809 auf den Ruinen des von den Engländern zerstörten Fort Louis. Zwischen 1816 und 1840 wurde sie restauriert. Die heutige Erscheinungsform bekam sie schließlich 1844–1867 mit der Errichtung einer neuen Befestigungsanlage. Die bis 1889 dort stationierten Soldaten mussten jedoch keine Schüsse mehr auf Angreifer abgeben. Schließlich wurde auch dieses Fort bis zum Ende des 19. Jh. in eine Strafanstalt umfunktioniert.

Nach jahrelanger Vernachlässigung des Gebäudes widmete sich seit den 1970er-Jahren eine Gesellschaft zum Schutz des Insel-Kulturerbes, die heute als *Association Saintoise de Protection du Patrimoine* (A.S.P.P) weiterhin aktiv ist, der Restaurierung der Festungsanlage. Heute befindet sich im Inneren ein **Museum zur Inselgeschichte** mit nachgestellten Szenen der Seeschlachten vor den Saintes, historischen Bildern und einer Ausstellung zur Fischerei. Ein besonderes Flair versprüht der **exotische Garten** mit schönen Kakteenpflanzungen inmitten der Inselflora, wo sich Leguane heimisch fühlen (bitte nicht füttern!).

Fort Napoléon, *1,5 km nördl. des Hauptorts, ☏ 05 90 99 58 60, tgl. 9–12.30 Uhr, 1. Jan. 1. Mai, 27. Mai, 15./16. Aug., 25. Dez. geschl.*

Plage de Pompierre

Eingeschlossen in der gleichnamigen Bucht, ist die Plage de Pompierre 1 km nordöstlich des Hauptorts der bekannteste Strand auf den Saintes. Die nahezu kreisrunde Form der Bucht wird am deutlichsten, wenn man auf der Anhöhe des ehemaligen Fort Caroline steht, zu der ein Wanderweg führt. Zahlreiche Palmen und Picknickplätze spenden Schatten und reichen bis an das sanft anlandende Meer heran. Auch die anderen Strände sind einen Besuch wert, wie der beim **Pain du Sucre** mit schönen Palmen und Korallengrund versehene Strand, die wildere **Plage du Figuier** und die durch Berghänge eingefasste **Plage de Rodrigue**.

Beliebter Strand

Le Chameau

Eine Wanderung führt in 2 1/2 Std. (Hin- und Rückweg) südwestlich des Hauptorts zur Le Chameau genannten Erhebung mit einem ehemaligen Wachturm. Auf einer geteerten Straße geht es zunächst durch Waldgebiet, das sich schnell lichtet und die Sonne auf den Kopf brennen lässt. Die Wanderung sollte daher früh morgens gestartet werden. Der Weg ist teilweise sehr steil und weicht bisweilen von der Straße ab.

Höchster Berg

Auf dem Weg zum Mont Chameau

Das Ziel, die Ruine eines Aussichtsturms, befindet sich auf dem höchsten Punkt der Insel (309 m ü. d. M.). Für eine Aussicht muss man sich allerdings auf den Turm begeben, der nur über eine instabile Leiter zu besteigen ist. Wer sich das traut, wird mit einem wundervollen Panoramablick belohnt.

Le Grand Îlet

Die sogenannte Südpassage trennt Terre-de-Haut von Terre-de-Bas, um die sich ein Kranz von kleineren unbewohnten Inselchen gebildet hat: im Süden Les Augustins, La Coche, Le Grand Îlet und La Redonde; im Osten die Roches Percées und die Îlet à Cabrit im Norden. Um Grand Îlet, die größte der unbewohnten Inseln, besuchen zu können, bedarf es eines speziellen Besucherscheins, da es sich um ein Vogelreservat des Conservatoire Littoral handelt. Das Eiland ist zudem ein Paradies für Leguane und wilde Ziegen.

Terre-de-Bas

Tägliche Fähre

Die zweite bewohnte Insel der Saintes kann man nur per Schiff erreichen. Ihre gebirgige Struktur mit dichter Vegetation bietet kaum Platz für die Ankunft aus der Luft. Es gibt einen Hubschrauberlandeplatz. Eine Fähre verkehrt von Terre-de-Haut mehrmals täglich zur **Anse des Mûriers** im Osten der Insel. Dort wird man von zwei Statuen empfangen. Die eine zeigt Poseidon, den griechischen Gott des Meeres, und die andere eine schützende Jungfrau. Das kleine Elektrizitätswerk versorgt die Inseln mit Strom, Terre-de-Haut wird dabei durch ein Unterwasserkabel bedient. Das Prinzip der Unterwasserkabel wird in der gesamten Region angewandt, neben Strom auch für Telefon, Wasser etc. Terre-de-Haut ist durch eine Pipeline mit Trois-Rivières verbunden.

Das Erdbeben vom 21. November 2004 (Stärke 6,3 auf der Richterskala) richtete auch auf den Saintes großen materiellen Schaden an. Stark betroffen war die Siedlung der **Petite Anse**. Die Bewohner leben hauptsächlich vom Fischfang, daneben werden Baumwolle und Kaffee angebaut. Eine Besonderheit der Fischer ist ihre Kopfbedeckung, der **Salako**. Er ist rund, flach, aus Bambusstreifen geflochten und sieht beinahe wie ein kleiner Sonnenschirm aus. Am 6. Dezember, dem Nikolaustag, ist der Feiertag der Fischer.

Bunte Fischerboote in der Petite Anse

Grande-Anse

In der Siedlung Grande-Anse geht es wesentlich ruhiger zu als in Terre-de-Haut, die Bevölkerung ist freundlich und weniger zahlreich. Erstaunlicherweise hat man den Eindruck, dass hier mehr Fahrzeuge verkehren als bei den Nachbarn und zwischen den beiden Siedlungen Grande-Anse und Petites Anses hin- und herfahren. Abgesehen davon beherrscht Ruhe und Entspannung die Insel. Schmucke Häuser mit Lamellentüren und die Kirche Saint-Nicolas dominieren den Ort. Boutiquen oder andere touristische Angebote sucht man hier vergebens. Vom einzigen und recht verwilderten Strand der Insel, der **Plage de Grande-Anse** (10 Min. von der Anlegestelle entfernt), hat man einen schönen Blick auf Terre-de-Haut.

Wanderwege

Wanderer kommen auf der Insel auf ihre Kosten. Vom Strand aus kann man zwei Wanderwege erkunden. Die gut zu gehende **Trace du Nord** führt zur Siedlung Petites Anses (2 Std.), die **Trace Caraïbe** führt dorthin, wo das gleichnamige Flüsschen Ravine Caraïbe und das Meer zusammentreffen. Durch Wald führt die **Trace de l'Etang**, die auf der höchsten Erhebung der nördlichen Inselstraße (D-213) startet. Der asphaltierte Weg von ca. 6 km, der Grande-Anse mit Petites Anses verbindet, bietet Ausblicke auf die Inseln Grand Îlet, Les Augustins und La Coche. Richtung Norden befinden sich die Poteries, Überreste der Grande-Baie-Töpferei.

Petites Anses

Zwei Drittel der Inselbewohner haben sich an der Westseite der Insel angesiedelt. Obwohl hier mehr Menschen als in Grande-Anse wohnen, ist es hier genauso ruhig. Lediglich am 6. Dezember quillt der Ort über und auf den Straßen wird ausgelassen der hl. Nikolaus gefeiert. Dann treffen sich die Fischer zur Messe in der **Kirche Saint-Nicolas-de-Mire** und ziehen in einer Prozession zum Friedhof. Beim Gewässer **Mare du Grand Trou**, gegenüber dem Stadion, kann man Wasserhühner und Leguane beobachten.

Fischerort

Reisepraktische Informationen zu den Îles des Saintes

Information

Terre-de-Haut: **Office de Tourisme**, *Place du Gouverneur du Lion/Rue Jean Calot, ☏ 05 90 94 30 61, www.lessaintes.fr. Schönes weißes Gebäude direkt am Fähranleger mit Ticketverkauf, jeden Vormittag außer So bei Ankunft einer Fähre geöffnet. Mit Wartesaal und Gepäckaufbewahrung.*

Mairie *(Rathaus), Place Hazier-du-Buisson, ☏ 05 90 99 53 12, www.lessaintes.fr.*

Terre-de-Bas: **Office de Tourisme**, *64, Route du Sud, Petites Anses, ☏ 05 90 99 85 78,www.terredebas.com.*

Anreise

Per Schiff

Mit dem Schiff kann Terre-de-Haut von mehreren Punkten des Archipels Guadeloupe aus angesteuert werden: von Pointe-à-Pitre, Trois-Rivières und Saint-François, von Sainte-Anne in der Hochsaison mit der Gesellschaft Comatrille.

Der Kanal zwischen Basse-Terre und den Heiligeninseln gilt als schwieriges Gewässer, hier treffen Atlantik und Karibisches Meer aufeinander, sodass es hier reichlich und oft auch hohe Wellen gibt. Wenn Sie schnell **seekrank** werden, sollten Sie oben auf Deck gehen. Stellen Sie sich darauf ein, dass es dann eine feuchte Angelegenheit wird. Dabei ist es in der Regel wesentlich angenehmer mit einer kleinen Navette zu fahren, die jede Welle mitnimmt, als mit einer wesentlich größeren Schnellfähre, die hart gegen die Wellen fährt.

Informieren Sie sich vorher, ob die Fähre direkt Terre-de-Haut ansteuert, manchmal geht es auch erst nach Terre-de-Bas. Wer eine Unterkunft gebucht hat, wird in der Regel **vom Fähranleger abgeholt**, manchmal auch per Boot. Ist dies nicht der Fall, kann man ein Taxi nehmen oder auch zu Fuß gehen, was bei den kurzen Distanzen gut zu bewerkstelligen ist.

Von Trois-Rivières gibt es tägliche **Fährverbindungen** vom Fährhafen zu den Heiligeninseln: **Terre-de-Haut/Les Saintes** (ca. 20 Min. je nach Wetterlage), Ticketschalter am Parkplatz vom Fährhafen, ca. 100 m vom Anleger entfernt. Kurioserweise legen alle drei Fährgesellschaften fast gleichzeitig ab und fahren die ganze Strecke hintereinander her. Zeiten und Preise sind Richtwerte, da sie sich je nach Saison und z.T. auch monatlich ändern.

Von Pointe-à-Pitre nach Terre-de-Haut: tgl. Hinfahrt 8 Uhr, Rückfahrt 16 Uhr.

Compagnies Deher, ☎ 05 90 92 06 39 und 05 90 99 50 68, www.ctmdeher.com. Abfahrt tgl. zwischen 9 und 16.30 Uhr, in der Hauptsaison auch So 17.30 Uhr. Preise Hin- und Rückfahrt Erw. 22 €. Die Schiffe heißen „Guadeloupe" und „Antoinette".
Val'Ferry, ☎ 05 90 91 45 15 und 05 90 57 45 74, www.valferry.fr. Zwei Fahrten tägl. von Trois-Rivière nach Terre-de-Haut (30 min) und Terre-des-Bas (50 min) tägl. 9 und 17 Uhr. Rückfahrt tägl. 16.15 Uhr, 15 €.
In der Saison geht es mit **Babou One**, ☎ 06 90 26 60 69 und 06 90 63 46 39, von St. François Mi und Fr um 7.15 Uhr los. Ankunft auf Marie-Galante um 8.05 Uhr und auf den Saintes um 8.55 Uhr. Rückfahrt um 15.45 Uhr. Tickets am Hafen von St. François.
Comatrile, ☎ 05 90 22 26 31 und 06 90 50 05 09, www.comatrile.com. Abfahrt vom Iguana Beach von Saint-François mit Stopp auf Marie-Galante, tgl. außer montags 7.05, Rückfahrt 15.30 Uhr, Preis: Hin- und Rückfahrt 39 €, Kinder 32 €.
Express des Îles, Gare maritime de Bergevin, ☎ 08 25-35 90 00 (gebührenpflichtig: 0,15 €/Min.), www.express-des-iles.com. Abfahrt Mo–Sa 8.15, 13.15, 17.15, So 8.15, 17.15, 18.30 von Pointe-à-Pitre, Dauer: 1 Std., Preis: Hin- und Rückfahrt 43 €; Einzelfahrt 26,20 €.
J (Jeans for Freedom), Gare Maritime de Bergevin, Pointe-à-Pitre, www.jeansforfreedom.com. Die neue Fährgesellschaft, erkennbar an ihren blauen Fährschiffen mit einem gelben „J" an der Seite, bietet Ticketkauf im Internet an. Die Strecke Les Saintes – Pointe-à-Pitre (Hin- und Rückfahrt) kostet bei Online-Buchung 22 €, am Schalter 28 €.

Unterkunft

Chez Brigitte et Pierrot € (2), 22, Rue de la Grande-Anse, ☎ 05 90 99 52 97. Klimatisierte Zimmer, gleich rechts neben dem Rathaus. Günstige Zimmer mit eigenem Badezimmer, Kühlschrank, Wasserkocher und Gemeinschafts-WC.
Bungalows Là-Haut €€ (1), Route de Marigot, ☎ 05 90 99 54 57, www.bungalowslahaut.com. Drei schöne, gut eingerichtete und komplett ausgestattete Gästehäuser auf einem

Hügel über Le Bourg mit Panoramablick auf die Petite-Anse: ein kleines mit einem Schlafzimmer (2–4 Personen) und einer Wohnküche, ein großes Haus mit zwei Ebenen und eines mit einem Schlafzimmer und einem Wohnzimmer (4–7 Personen).

Chez Gisèle et Philippe Maisonneuve €€ (3), *75, Impasse Jean-Auguste Molinié, ☏ 05 90 99 55 52, www.chezgiseleetphilippe.com. Philippe ist ein „Santois" wie aus dem Bilderbuch: blaue Augen, braun gebrannt, lange blonde Rastalocken. Wie er waren alle seine Vorfahren Fischer und sind einst von der Nordatlantikküste Frankreichs hierhin ausgewandert. Gisèle ist Schweizerin und ein wandelndes Lexikon, was die Inseln angeht und arbeitet ehrenamtlich für das Tourismusamt. Gemeinsam haben sie ein großes Haus mit vier Appartements (zwei große Appartements über zwei Etagen und zwei kleine), jeweils mit separater Küche und Terrasse. Vom Spa im Garten bietet sich ein traumhaft schöner Blick auf die Bucht Pompierre. Abendessen auf Bestellung.*

Club UCPA €€ (4), *Baie de Marigot, www.ucpa-vacances.com. Sept. geschl. Frühstück im Preis inbegriffen. Die sympathische Anlage unterhalb des Fort Napoléon mit Blick auf die wunderschöne Baie de Marigot bietet 50 Zimmer in 27 kleinen, schlichten Häusern. In der Hochsaison Wassersportangebot, Grill- und Tanzabende (Zouk). Zum Palmenstrand geht man über das UCPA-Gelände und am Ende die Treppe hinunter. Gutes Schnorchelrevier. Snackbar mit Terrasse.*

Gîtes chez Mme et M. Bride €€ (10), *721, Route du Bois-Joli, 2 km von Le Bourg entfernt Richtung Bois Joli, rechts Fußweg nehmen, 2. Haus, ☏ 05 90 99 55 71, daniel.bride@wanasoo.fr. Die Ferienwohnung (Ventilator, AC, gut ausgestattet) oberhalb der Anse Pain-du-Sucre hat eine Terasse zum üppigen Garten; Meerblick und direkter Zugang zum Strand.*

Le Paradis Saintois €–€€€€€ (5), *211, Route de Pré-Cassin, ☏ 05 90 99 56 16, 🖷 05 90 99 56 11, www.paradissaintois.com. Das Hotel mit insgesamt neun Zimmern, Studios und Appartements liegt unterhalb des Morne Rouge in Hanglage. Swimmingpool, Panoramaterrasse mit Blick über die Bucht von Terre-de-Haut, Grillecken, Boule-Platz, Fahrradverleih.*

Hôtel Kanaoa €€–€€€€€ (6), *Anse Mire, ☏ 05 90 99 51 36, www.hotelkanaoa.com. Nur wenige Minuten vom Zentrum entfernt liegt das einzige Hotel an der Anse Mire mit herrlichem Blick über die Baie des Saintes. 19 Zimmer und vier Bungalows, Swimmingpool, Privatanlegesteg und Restaurant mit Panoramaterrasse.*

Lô Bleu Hôtel €€€–€€€€€ (7), *Fond du Curé, www.lobleuhotel.com, Sept. geschl. Charmantes kleines Boutique-Hotel am westlichen Ortsausgang unmittelbar am Wasser, sodass man das Frühstück mit den „pieds dans l'eau" genießen kann. Zehn Zimmer für bis zu 4 Personen, die mit Werken lokaler Künstler und namhafter Maler aus Frankreich wie auch eines norwegischen Künstler gestaltet wurden.*

Auberge les Petits Saints €€€–€€€€€ (8), *Rue de la Savane, ☏ 05 90 99 50 99, www.petitssaints.com. Auf dem Weg zur Plage de la Grande-Anse am Hang hoch über Le Bourg (5 Gehminuten) empfängt den Gast ein karibischer Traum aus tropischem Garten, bunten Holzhäusern sowie individuell und charmant gestalteten Zimmern. Insgesamt gibt es drei Zimmer, drei Häuser, drei Suiten und Studios, alle klimatisiert und mit eigener Terrasse (außer ein Zimmer). Bar und Swimmingpool sind nur für Hotelgäste, Restaurant.*

Hôtel Le Bois Joli €€€–€€€€€ (9), *Pointe Bois Joli, ☏ 05 90 99 50 38 und 05 90 99 52 53, 🖷 05 90 99 55 05, www.hotelboisjoli.fr. Wunderschöner Blick auf Basse-Terre, die Îlet à Cabrit und den Basaltfelsen Pain de Sucre. Das Hotel liegt an der Petite-Anse. Die acht Zimmer in rosafarbenen Holzhäusern (zwei mit Kochmöglichkeit) haben direkten Zu-*

gang zum Strand, fünf Zimmer finden sich in kleinen Häusern mit Balkon und zwölf Zimmer in einem zweigeschossigem Gebäude am Swimmingpool. Privatsteg, Restaurant mit Panoramaterrasse.

Essen und Trinken

Die Inselspezialität sind die „Tourments d'amour" (dt. „Liebesqualen"), kleine Küchlein mit einer Kokospaste gefüllt, die besonders gut schmecken, wenn sie frisch aus dem Ofen kommen. Ansonsten sind alle Fischgerichte zu empfehlen, denn davon verstehen die Saintois etwas! Auch Meeresfrüchte sind in jeglicher Variation zu bekommen, vor allem Langusten, ob als Frikassee, gegrillt oder mit kreolischen Saucen. Verglichen mit anderen Inseln sind sie hier günstig. Und es gibt im Gegensatz zu den Nachbarn verhältnismäßig viele Restaurants, die abends geöffnet haben.

Aber Achtung! Das Leben auf der Insel richtet sich nach dem Rhythmus der Fischer, und die stehen früh auf und gehen früh schlafen. Und so schließen auch die Restaurants oft schon um 19 Uhr, wenn keine Gäste da sind. Ansonsten ist die Küche ab 21 Uhr kalt. Manche Lokale öffnen auch abends gar nicht, was daran liegt, dass viele Gastronomen ihre Kalkulation nach der Anzahl der belegten Tische machen; ist das Soll nach dem Mittagessen bereits erfüllt, bleibt das Restaurant für den Rest des Tages geschlossen.

Grundsätzlich können die Restaurants in den Hotels (s. o.) schon allein wegen der Panoramaterrassen empfohlen werden.

La Case aux Épices (1), *Plage de la Colline, ☏ 05 90 98 07 88, tgl. 12–14.30, 18.30–21 Uhr, Sept. geschl., Gericht ab 16,50 €. Schöne schattige Holzterrasse direkt am Wasser mit Blick in Richtung La Soufrière.*
Le Gênois (2), *Le Mouillage, Rue Jean-Calot, ☏ 05 90 98 25 99, tgl. 11–15, 18–21.30 Uhr, Sept. geschl., Mittagstisch um 15 €. Direkt am Ufer neben dem Anlegesteg mit blau-weißer Markise. Die Süßwasserkrabben (Ouassous) werden mit einer ausgezeichneten Sauce serviert. Und wer schon länger ein saftiges Steak vermisst hat, kann hier fündig werden (je nach Tagesangebot). Französisch-kreolische Küche.*
La Paillote (3), *Plage de Marigot, ☏ 05 90 99 50 77, tgl. 11–15, 18.30–21.30 Uhr, Fr geschlossen, Tagesgericht ab 11 €, sonst 16,50 €. Offenes Strandrestaurant mit einem großen Saal am Rand der schönen Baie de Marigot mit Blick auf Fischerboote, türkisfarbenes Wasser und Palmen.*
Le Triangle (4), *Fond du Curé, ☏ 05 90 99 50 50, Mo–Sa 12–14.30, 19–20.30 Uhr, Sept. geschl., Menü ab 14 €. Ambiente des Fischerhafens. Kreolische Spezialitäten, liebevoll zubereitet.*

Sport und Ausflüge

s. Allgemeine Reisetipps von A–Z ab S. 82.

Verkehrsmittel auf Les Saintes

Das Straßensystem auf den beiden „Hauptinseln" ist sehr überschaubar. Nur 5 km befahrbare Straßen sind vorhanden, und außer einigen Minibussen für den Hoteltransfer bzw. die Beförderung zum Fort Napoléon gibt es keinen Autoverkehr. Auf Spaziergängen oder kleinen Wanderungen gelangt man jedoch überall hin, von Le Bourg de Terre-de-Haut bis zum Fort Napoléon sind es z. B. 25 Gehminuten (allerdings bergauf, bei Hitze anstrengend). Tagestouren mit dem Minibus werden angeboten, lohnen sich wegen der Inselgröße jedoch nicht. Daher bietet es sich eher an, einen Motorroller zu mieten, um zu einem der Strände zu fahren. Auch das Fahrrad bietet sich als Fortbewegungsmittel an.

Bus

Es gibt knapp ein Dutzend Minibusse, die Inseltouren anbieten und als erstes das Fort Napoléon ansteuern. Da die Straße am Fähranleger eine Fußgängerzone ist, stehen die Busse am Ende der Rue Jean Calot an der Kirche. Sie warten, bis alle Gäste von der Fähre an Land gekommen sind, ehe es losgeht. Ein Tour kostet um die 12 €.

Motorrollerverleih (Scooter)

Motorroller sind das gängige Verkehrsmittel auf Terre-de-Haut. Sie sind leicht zu bedienen, man kann auf ihnen auch zu zweit fahren. An beiden Enden der Fußgängerzone befinden sich Vermietungen (25–30 € am Tag). In der Regel tgl. geöffnet, Mittagspause 12–15 Uhr.

Jeny's Location Scooters, *neben der Kirche. ☏ 05 90 99 58 70 und 06 90 35 36 44.*
Archipel Rent Service, *14, Mouillage, ☏ 05 90 99 52 63.*
Rodolphe Location, *neben dem Rathaus, ☏ 05 90 99 55 24.*

Marie-Galante

Kurz-Info zu Marie-Galante	
Fläche	158 km²
Bevölkerung	12.500 Einwohner
Bevölkerungs-dichte	79 Einw./km²
Höchste Erhebung	Morne Constant (204 m)
Besonderheit	Rum mit 59 vol.-% Alkohol
Kulinarische Besonderheit	*Sirop de Batterie*, ein Konzentrat aus Rohrzuckersaft, aus dem der lokale Kuchen *bonbon siwo* gemacht wird.

Östlich von den Heiligeninseln und 40 km von Pointe-à-Pitre entfernt liegt diese größte Dépendance des Guadeloupe-Archipels. Den Namen gab ihr Kolumbus, inspiriert von einem seiner Schiffe. Das Landschaftsprofil wird durch ein ca. 150 m hohes, stark verkarstetes Plateau im Süden bestimmt, das sich mit einer markanten Bruchkante gegen den niederen Norden abgrenzt.

Marie-Galante ist für ihren exquisiten Rum und für die vielen Überreste des Zuckerrohranbaus bekannt – nicht umsonst trägt sie den Beinamen „Insel der hundert Mühlen". Für einen Tagesbesuch lohnt sie sich wegen der schönen weitläufigen Strände, historischen Bauten und Wanderwege entlang der Atlantikküste.

Wer einen Eindruck vom rustikalen Charme der Insel gewinnen möchte, sollte mit dem Mietwagen die ca. 45 km lange Küstenstraße abfahren, die Grand-Bourg – das Verwaltungs- und Geschäftszentrum der Insel (rund 6.000 Einwohner) – mit den Ortschaften Saint-Louis und Capesterre-de-Marie-Galante verbindet.

Mit farbenfrohen Farben empfängt einen Grand-Bourg

Christoph Kolumbus entdeckte die Insel am 3. November 1493 und taufte sie nach dem Namen eines seiner Schiffe „Santa Maria La Galanta". Die Insel war zu dieser Zeit von Indianern bewohnt, auf die 150 Jahre später 1648 die ersten europäischen Einwanderer stießen. Beide Gruppen lieferten sich erbitterte Kämpfe. Ende des 17. Jh. und wieder zu Beginn des 18. Jh. war die Insel Spielball der Interessen von Frankreich und England. Seit 1946 gehört Marie-Galante zu Guadeloupe. Die Insel besteht aus drei Gemeinden: Grand-Bourg, Capesterre und Saint-Louis. Landschaftlich wird die Kalksteininsel in der Form eines Pfannkuchens („galette") durch eine Hügelkette von 100 m Höhe in zwei Teile geteilt, in einen tiefer gelegten und sehr flachen im Norden und einen erhöhten und hügeligeren im Süden.

Grand-Bourg

Grand-Bourg ist die bedeutendste Gemeinde der Insel, die vor allem durch den Fährhafen profitiert, in dem die Schnellfähre aus Pointe-à-Pitre mehrmals täglich ankommt. Rathaus, Krankenhaus, Gerichtsgebäude und Touristeninformation grenzen an hübsche kreolische Häuser, die die Straßen säumen. Das überdachte Marktgebäude wird jeden Tag frühmorgens mit den landwirtschaftlichen Produkten der Insel bestückt und bietet ein farbenprächtiges Mosaik. In der Bäckerei nebenan werden die *bonbons siwo*, Kuchen aus speziellem Zuckerrohrsirup verkauft. Die Kirche Notre-Dame de Marie-Galante präsentiert sich mit einer Fassade mit drei großen Säuleneingängen. Von Grand-Bourg aus kann man Dominica erkennen, mit der Marie-Galante immer eine besondere Beziehung unterhalten hat. Kurz hinter Grand-Bourg auf dem Weg nach Capesterre-de-Marie-Galante verdient der Strand von Grand-Bourg einen Stopp.

Lebhafter Markt

Ecomusée Habitation Murat

Die ehemalige Zuckerfabrik befand sich ursprünglich auf einem 200 ha großen Anwesen. Die ersten Gebäude wurden im 17. Jh. von Demoiselle Murat errichtet, die später die Insel verließ, um in Paris an der Akademie der schönen Künste zu studieren. 1807 kauften Dominique und Emmanuel Murat der Witwe Dumoulier die Plantage wieder ab. Damals arbeiteten über 300 Sklaven auf der Plantage, es gab um die 100 Hütten, 30 größere Gebäude, eine Windmühle und eine Mühle, die von Ochsen angetrieben wurde. Heute besitzt das Anwesen, das 1979 zum Museum umgewandelt wurde, noch 7,5 ha Fläche. Naturkatastrophen, wie der Hurrikan Dean im Jahr 2004, hatten viele Gebäude in Mitleidenschaft gezogen, die jedoch jüngst renoviert wurden. Das weitläufige, offene Gelände mit seinen Ruinen und dem von Grund auf restaurierten und mit einem Behindertenfahrstuhl versehenen Herrenhaus bieten einen wunderschönen Panoramablick auf die Küstenregion und das Meer. Im Erdgeschoss befinden sich historische Ausstellungsstücke zur Geschichte der Insel. Das Obergeschoss bietet Raum für zeitgenössische Werke lokaler Künstler.

Exponierte Lage

Ecomusée Habitation Murat, *D-203, Section Murat, ☏ 05 90 97 48 68, Mo–Fr 8–13, 14.30–17.30, Sa/So 9–13 Uhr.*

Capesterre-de-Marie-Galante

Capesterre ist ein kleiner Ort, der sich im Schutze einer üppig grün bewachsenen Gesteinskante entwickelt hat, mit Fischerbooten an der Uferpromenade und der Kirche Sainte-Anne. Wenn man von Norden die D-9 hinabfährt, wird man von der türkisfarbenen Lagune empfangen, eine der Hauptattraktionen der Gemeinde. Das andere Highlight sind die Strände im Süden, wie die **Plage de la Feuillière**, die durch ein

Die Plage de la Feuillère gilt als die Schönste der Insel

Korallenriff geschützt wird und als der schönste Strand auf Marie-Galante gilt. Weiter im Süden können die **Strände Ferrière** und der **Petite-Anse** aber durchaus auch mithalten. Feiner Sand, türkisfarbenes Wasser, hohe Palmen, kleine Restaurants und Picknickplätze, Wassersportmöglichkeiten wie Kitesurfen sowie der Blick bis zur Insel Dominica machen die Strände äußerst attraktiv.

Im Norden von Capesterre sind die sogenannten **Galeries**. Das Meer hat hier eine beachtenswerte Galerie aus dem Felsen gewaschen, die sich 15 m über dem Meeresspiegel befindet. Sie sind nur zu Fuß erreichbar.

In der Nähe von **Haut du Morne** stellen zwei Brüder den inseltypischen *Sirop de batterie* her, der aus den grauen Zuckerrohrpflanzen gewonnen wird, die nur auf Marie-Galante wachsen (Sirop de batterie, Moysan, ☏ 05 90 97 37 10, tgl. 10–13 Uhr).

Moulin de Bézard

Im 19. Jh. gab es 106 Mühlen auf Marie-Galante, heute sind es noch 78, von denen man die Ruinen sehen kann. Viele Mühlen wurden Opfer von Stürmen und wuchernder Vegetation. Die Mühle von Bézard von 1814 war bis 1940/41 in Betrieb, 1994 wurde sie restauriert. Zur Besichtigung steht sie zwar nicht mehr zur Verfügung, doch ist sie ein willkommenes Motiv für ein schönes Erinnerungsfoto.

Viele Ruinen

Gegenüber der Windmühle, am Weg, der Richtung Sainte-Croix ansteigt, liegt die **Siroperie Lambourde** *(☏ 05 90 97 30 81)*, wo man bei der Sirupherstellung zuschauen kann.

Destillerie Bielle

Mitten durch Zuckerrohrfelder, die die sanfte Hügellandschaft bedecken, führt die D-9 zur Destillerie Bielle. Das letzte Stück zum Fabrikgelände auf Schotterpiste erfordert Konzentration. Die Destillerie, die 120.000 Liter Rum mit 59 vol.-% Alkohol produziert, ist eine der drei letzten noch aktiven Destillerien auf Marie-Galante. Ihr Rum wurde 2011 in Paris mit der goldenen Landwirtschaftsmedaille prämiert. Ausstellung mit historischen Gerätschaften, Besichtigung und Verkostung möglich.
Destillerie Bielle, *☏ 05 90 97 93 62, www.rhumbielle.com, Mo–Sa 10–12.30 Uhr.*

Destillerie Bellevue

Die 1821 von Monsieur Godefroy gegründete Destillerie ist seit 1942 im Besitz der Familie Damoiseau. Die alten Maschinen sind noch in Betrieb und die Windmühle kann mit ihren Flügeln glänzen. Hier werden jährlich 100.000 Liter Rum der Marke Magalda produziert.
Destillerie Bellevue, *D-202, ☏ 05 90 97 26 50, www.distillerie-bellevue.com.*

Der Hafen von Saint-Louis

Saint-Louis

Die kleinste der drei Ansiedlungen auf Marie-Galante war zusammen mit Vieux-Fort der Ausgangspunkt der französischen Besiedlung. In der Hochsaison wird die Beschaulichkeit des Ortes allein durch die Ankömmlinge der Fähre unterbrochen, die von Grande-Terre kommend hier anlegt. Von hier aus hat man einen herrlichen Blick auf die Silhouetten der Saintes und der Berge von Basse-Terre, die den Sonnenuntergängen eine ganz besondere Atmosphäre verleihen. Die Fischer verkaufen ihren Fang auf dem traditionellen Markt. Kreolische Häuser säumen die schmalen Straßen. Das einzige alte Gebäude des Ortes ist das Gefängnis, das als gut erhaltene Ruine direkt neben der großen Kirche steht. Wie in großen Teilen Guadeloupes wurden viele der öffentlichen Gebäude durch den Hurrikan von 1928 zerstört und von dem Architekten Ali Tur wieder aufgebaut.

Kleine Holzhäuser

Vieux-Fort

In Vieux-Fort trafen die ersten französischen Kolonialisten 1648 ein. Fünf Jahre später wurden sie von den dort ansässigen Indianern durch einen Angriff mit Holzkeulen getötet. Der Name der **Plage du Massacre** an der Anse du Vieux-Fort erinnert an diesen Vorfall, nach dem der Gouverneur Charles Houël 100 neue Kolonialisten auf die Insel geschickt hatte. Heute kann man sich an dem schönen Strand dem reinen Badevergnügen hingeben. Im Landesinneren werden auf dem Fluss von Vieux-Fort Kanutouren angeboten, die einen Ausflug in das **Mangroven-Gebiet** ermöglichen.

Mangroven

In der Umgebung von Vieux-Fort lohnen die Strände an der **Anse Mays** (langer, heller Sandstrand entlang des Weges, türkisfarbenes Wasser) und **Anse Canot** mit einem kleinen, einsamen Strand und schattigen Picknickplätzen und Blick auf die Îlet du Vieux-Fort.

La Gueule Grand Gouffre

„Der Schlund des tiefen Abgrunds“ liegt 5 km von Vieux-Fort entfernt ganz im Norden der Insel und ist leicht mit dem Auto über einen Schotterweg zu erreichen.

Tief unten brechen sich die Wellen des Atlantik an den Felsen des großen Bogens, den das Meer in die Außenfelsen eines beeindruckend großen, fast kreisrunden Lochs genagt hat. Von hier aus bietet sich ein schönes Panorama auf La Désirade. Zurück auf der Hauptstraße führt die nächste Piste wieder zur Atlantikküste und zur **Caye Plate**, einem weiteren Aussichtspunkt an der steilen Felsküste. Ein kleiner Wanderweg verläuft durch das dichte, Schatten spendende Gebüsch.

Zuckerfabrik von Grande-Anse

Die Zuckerfabrik wurde 1846 gegründet und ist zusammen mit der Fabrik von Gardel in Moule auf Grande-Terre die letzte noch aktive Zuckerfabrik. Sie ernährt rund 1.800 Arbeiter und produziert um die 10.000 Tonnen Zucker pro Jahr. Eine Besichtigung der Fabrik ist möglich.
Sucrerie de Grande-Anse, *☏ 05 90 97 80 98, Feb.–Juli Mo–Fr 9–13 Uhr.*

Habitation Trianon-Roussel

Unter Denkmalschutz

Die ersten Spuren der beiden separaten Zuckerplantagen Trianon und Roussel gehen auf das 18. Jh. zurück. Im Jahr 1860 wurde die Fabrik mit einer Dampfmaschine ausgestattet, musste aber bereits nach fünf Jahren den Betrieb einstellen, da sie nicht mit der Zuckerfabrik in Grande-Anse mithalten konnte. Die Ruinen der Mühle, des Ofens, des Rinder- und des Pferdestalls sowie der Futterstall aus rotem Backstein wurden von der Region Guadeloupe unter Denkmalschutz gestellt.

Der Schlund des Grand Gouffre

Destillerie Poisson

„Rhum du Père Labat" steht auf den Etiketten in Erinnerung an den Missionar, der Ende des 18. Jh. auf die Antillen-Inseln kam. Höchstwahrscheinlich hat der Pater auf die Insel Marie-Galante keinen Fuß gesetzt. Die letzte Mühle war noch bis 1940 in Betrieb, als die Zuckerherstellung der Rumproduktion den Vorrang geben musste. Die Destillerie Poisson produziert jährlich 200.000 Liter Rum mit 59 vol.-% Alkohol – einen der besten der Antillen.
Destillerie Poisson, ☏ *05 90 97 03 79, Mo–Sa 7–12, So 9–13 Uhr.*

Reisepraktische Informationen zu Marie-Galante

Information
Office du Tourisme de Marie-Galante, *Rue du Fort, BP 15, Grand-Bourg,* ☏ *05 90 97 56 51,* 🖷 *05 90 97 56 54, www.ot-mariegalante.com.*

Anreise
Regelmäßige Verbindungen nach Marie-Galante gibt es nur noch per Schiff, seitdem der regelmäßige Flugverkehr bis auf weiteres eingestellt wurde.

Per Schiff
Die Fähre ist das gängige Transportmittel, um nach Marie-Galante zu gelangen und zwar vom Gare Maritime de Bergevin in Pointe-à-Pitre und von Saint-François bzw. von Sainte-Anne in der Hochsaison. Mit Schnellfähren dauert die Überfahrt 45 Min. Tickets kann man in **Pointe-à-Pitre** *bei den Ticketschaltern am Gare Maritime de Bergevin kaufen, auf* **Marie-Galante** *haben die Schalter am Gare Maritime de Grand-Bourg mindestens 1 Std. vor Abfahrt geöffnet (☏ 05 90 97 77 82), in* **Saint-François** *unterhalten die Fähragenturen direkt am Anleger ihre Verkaufsstände.*
Express des Îles, *Gare Maritime de Bergevin, Pointe-à-Pitre, ☏ 08 25-35 90 00 (gebührenpflichtig: 0,15 €/Min.), www.express-des-iles.com. Abfahrt von Pointe-à-Pitre nach Grand-Bourg. Von Saint-Louis gibt es in der Hochsaison auch Direktverbindungen zu den Saintes-Inseln.*
Babou One, *☏ 06 90 26 60 69 und 06 90 63 46 39, www.babouone.fr, fährt in der Saison ab St. François (Mi und Fr um 7.15 Uhr) nach Marie-Galante (Ankunft um 8.05 Uhr) und zu den Saintes (Ankunft um 8.55) Uhr. Rückfahrt um 15.45 Uhr.*
Comatrile, *☏ 05 90 22 26 31, www.comatrile.com, Fahrten in der Hochsaison von Saint-François/Sainte-Anne nach Marie-Galante. Unterschiedliche Abfahrtstage und -zeiten, für gewöhnlich mindestens tgl. außer montags 7.05 Uhr. 45 Min. Überfahrt.*
Val'Ferry, *☏ 05 90 91 45 15 und 05 90 57 45 74, www.valferry.fr. Abfahrt von Pointe-à-Pitre nach Grand-Bourg (Marie-Galante): Mo–Sa 7.45, 12.30 und 17 (Di nur 17), So 7.45, 16.45 und 19.15 Uhr, Überfahrt 1 Stunde. Rückfahrt: Mo–Sa 6.20, 9.10 und 15.30 (Di nur 6.20), So 6.20, 15.30 und 18 Uhr.*

Unterkunft
Hôtesse Galante €–€€ (1), *Route de Ducos, Grand-Bourg, ☏ 05 90 97 98 81, www.hotesse-galante.com. Einfache, klimatisierte und gepflegte Zimmer wie auch kreolische*

Küche im familiären Rahmen (auf Bestellung) bieten Thérèse und Georges Symphorien. Die vier Unterkünfte liegen mitten auf dem Land, fünf Autominuten vom Strand entfernt. Zwei Unterkünfte verfügen über eine Kochmöglichkeit. Abholservice vom Fähr- und Flughafen.

La Kallina €€ (2), *Route des Basses, Grand-Bourg, ☏ 05 90 97 01 35, www.lakallina.com. Kleine Bungalowanlage um einen Swimmingpool gruppiert inmitten eines schönen Gartens. Die nebeneinander liegenden Zimmer können verbunden werden. Sie sind klimatisiert.*

Residence L'Oasis €€–€€€€ (3), *7 Rue Sony-Rupaire, lot. Grand-Savane, Richtung Saint-Louis, ☏ 05 90 97 59 55 und 06 90 50 87 38, www.lagalette.net/@oasis, 3 komfortable Apartements mit ein bis zwei Zimmern (Klimaanlage, Küche, TV). Von dem Apartement mit zwei Zimmern hat man einen Blick bis nach Dominica und Les Saintes, ein anderes verfügt über ein Jacuzzi und das dritte kann um das Zwei-Zimmer-Apartement vergrößert werden.*

Coco Beach Resort €€€–€€€€ (4), *Les Basses, ☏ 05 90 97 10 46, www.cocobeach mariegalante.com. Die Hotelresidenz liegt direkt am Wasser und bietet von den Balkonen und der Terrasse mit Swimmingpool traumhafte Ausblicke auf das Meer mit dem vorgelagerten Korallenriff.*

Kawann Beach Hotel €€€€–€€€€€ (5), *Folle Anse, ☏ 05 90 97 50 50, www.kawann-beach-hotel-grand-bourg.aux-antilles.fr. Das Hotel mit 100 Zimmern liegt inmitten eines tropischen Gartens direkt am Strand der Folle Anse. Die Zimmer sind alle mit Klimaanlage ausgestattet, Telefon, TV, Badezimmer und separater Toilette. Die überdachten Terrassen haben jeweils eine Küchenzeile. Ein Restaurant befindet sich vor Ort und bietet Mittagstisch und Abendkarte.*

Les Clochettes €€ (6), *Haut du Morne, 2 km von Capesterre entfernt, ☏ 05 90 97 28 25, http://lesclochettes.monsite-orange.fr. Die sympathische Gästeunterkunft (eine Villa, 2–4 Personen) liegt am Hang oberhalb von Capesterre und unweit der schönen Plage de la Feuillière.*

L'Etoile de Mer chez Séna €€ (7), *Les Caps, östlicher Ortsausgang von Capesterre, ☏ 05 90 97 43 41, www.im-caraibes.com/etoile-de-mer. Tarif für ein Minimum von zwei Nächten. Das weiße Haus im kreolischen Stil liegt direkt an der Küste und bietet vier helle und klimatisierte Gästezimmer zum Garten hin. Zwei haben eine Terrasse. Die vier Studios (Ventilatoren) sind mit einer Küchenzeile zur Zubereitung eines Frühstücks ausgestattet und bieten schönen Meerblick und Balkon.*

Hôtel Le Soleil Levant €–€€€€ (8), *42, Rue de la Marine, Capesterre, ☏ 05 90 97 31 65, 🖷 05 90 97 41 55, http://lesoleillevant.hotel-marie-galante.com/. Über den Dächern von Capesterre mit Blick auf das türkisfarbene Meer liegt das Hotel mit 19 Zimmern (2 und 4 Personen), Apartements. Swimmingpool, reichhaltiges Frühstück und Restaurant vor Ort. Nach Vorbestellung kann das Essen auch mitgenommen werden.*

Le Touloulou €€ (9), *Plage de Petite-Anse, ☏ 05 90 97 32 63, 🖷 05 90 97 33 59, www.letouloulou.com. Die vier Zimmer für 2–3 Personen verteilen sich auf zwei Holzhäuser, die direkt am Strand und nur 10 m vom Wasser entfernt liegen. Zwei Zimmer sind mit einer Küchenzeile ausgestattet, alle vier Zimmer verfügen über eine Terrasse. Restaurant ist vor Ort.*

Le Repos €€–€€€€ (10), *Section Pichery, ☏ 05 90 97 47 46, www.villas-lerepos-mariegalante.com. Zwei Gästewohnungen (3 Personen) und vier separate Villen (4 Personen) liegen auf dem weitläufigen Anwesen von Le Repos im Westen von Capesterre unweit der Südküste und ihrer Strände. Abendessen auf Bestellung.*

Au Village de Ménard €€ (11), *Section Vieux-Fort, ☏ 05 90 97 09 45, www.village demenard.com. Die elf Villen für 3–7 Personen liegen am Hügel nördlich von Vieux-Fort und sind alle um einen Swimmingpool und das Restaurant gruppiert. Die Häuser sind klimatisiert und haben eine Küchenzeile.*

Hotel Cap Reva €€€ (12), ☏ 05 90 97 20 01, www.capreva.fr. Gegenüber der Plage de la Feuillere. 32 Zimmer (davon 20 Studios für 2–3 Personen, 12 für 3–4 Personen; je mit AC, TV, Terrasse mit Küchenecke). Frühstück wird am Pool serviert. Cocktail-Bar, die auch Snacks anbietet.

Essen und Trinken

Das Leben auf Marie-Galante ist sehr ruhig und beschaulich und so ist auch die gastronomische Szene überschaubar. Es gibt drei „gastronomische Zentren" auf Marie-Galante, die exzellente kreolische Küche von einfach-rustikal bis raffiniert und verspielt bieten. In **Saint-Louis** gibt es mehrere gute Restaurants, deren Besuch man an den Genuss des Sonnenuntergangs hinter den Bergen von Basse-Terre anschließen kann. Zwischen **Les Basses** und der **Petite-Anse** haben sich einige Lokale direkt am Wasser angesiedelt und bieten zum Mittagstisch Ausblicke auf Dominica. Vor den Toren von **Capesterre** an der Plage de la Feuillère gibt es eine kleine, lebendige Szene mit Strandrestaurants. Aber auch der Weg in die Ortsmitte lohnt sich. Ansonsten bieten die Hotels solide Restaurants, in denen aber eine Reservierung vor allem in der Nebensaison ratsam ist.

Galantes des Îles, Place Rélix-Éboué, Grand-Bourg, gegenüber dem Fähranleger, ☏ 05 90 97 77 35, Mi–So. Café-Restaurant mit netter Atmosphäre. Im Angebot: guter Kaffee, Croissants, Sandwiches und Tagesgerichte.

Ornata, Place Félix-Éboué, Grand-Bourg, ☏ 05 90 97 54 16. Nahe dem Fähranleger gibt es ein weiteres Café-Restaurant, das ein lebhafter Treffpunkt am Sonntagnachmittag ist. Warme Küche gibt es dann allerdings nur bis 15 Uhr.

L'Assiette des Îles, Ecke Rue Félix-Eboué und Rue Republique, Grand-Bourg, ☏ 05 90 97 03 39, tgl. außer So abends, 11.30–15 und 19–22 Uhr, Menü ab 18 €. Das Restaurant in einem alten und renovierten „case kréole" liegt direkt an der Bucht von Saint-Louis und bietet gute kreolische Küche.

Sun 7 Beach, Route de Murat, Grand-Bourg, ☏ 05 90 97 87 58, Di–So 12–14, 18–22 Uhr, Sept.–Okt. geschl., Tagesgerichte ca. 13 €. Das Restaurant liegt direkt am Wasser, nur getrennt von ein paar Palmen. Beim Mittagstisch bieten sich zum Menü Ausblicke auf die Saintes und Dominica. Die Küche ist eine Mischung aus internationalen und kreolischen Speisen. Auch Pizza ist im Angebot genauso wie Langusten, Lambi und Krabben.

La Charette, Les Basses, ☏ 05 90 97 79 78, Sept. geschl., tgl. außer So 18–22.30 Uhr. Traditionelle Küche und kreolisches Ambiente. Menü 13–25 €, Reservierung empfohlen.

Le Touloulou, Plage de Petite-Anse, ☏ 05 90 97 32 63, tgl. außer Mo, Tagesgericht ca. 12 €. Das direkt am Strand gelegene Restaurant hält sich seit 40 Jahren auf Marie-Galante und bietet am Wochenende in der angrenzenden Tanzbar Salsa-Kurse und ausgelassene Stimmung.

La Galette, Plage de la Feuillière, Capesterre, ☏ 06 90 93 03 24. Strandbar-Atmosphäre und Treffpunkt der jungen Wassersportgemeinde (Kitesurfer). Französische Küche mit lokalen Produkten; auf der Speisekarte stehen Salate, Tagesgerichte, Crêpes und die namensgebenden deftigen Pfannkuchen, die „Galettes".

Le Petit Anacardier, Section Bernard, zwischen Plage de la Feuillère und Plage de Petite-Anse, ☏ 05 90 97 07 08 und 06 90 50 77 59, tgl. mittags und abends außer Di und So, Menü ab 15 €. Nettes Restaurant mit liebevollem Dekor, nah am Strand gelegen. Langusten, Lambi und Tintenfisch stehen auf der Speisekarte.

Chez Henri, 8, avenue des Caraïbes, Saint-Louis, ☏ 05 90 97 04 57, www.chezhenri.net, tgl. außer Mo 12–15 und ab 19 Uhr, Gericht 12–22 €. Von Süden kommend befindet sich das Bar-Restaurant direkt am Ortseingang von Saint-Louis mit Terrasse zum Strand. 2008 hat Henri das Lokal komplett renoviert und bereitet kreative Gerichte auf der Basis lokaler Fisch- und Fleischprodukte zu.

Sport und Ausflüge

s. Allgemeine Reisetipps von A–Z ab S. 82.

Verkehrsmittel auf Marie-Galante

Es lohnt sich, die Schönheiten von Marie-Galante auf einer Inselrundfahrt mit einem Minibus oder Mietwagen zu erkunden. Eine Auswahl:

Auto Grande-Savane, *Grande-Savane, ☏ 05 90 97 97 96, 🖷 05 90 97 93 37.*

Hertz, *Rue du Fort , Grand-Bourg, ☏/🖷 05 90 97 59 80, www.hertzantilles.com.*

El Rancho, *Grand-Bourg, ☏ 05 90 97 81 60, 🖷 05 90 97 78 78. Angeboten werden Exkursionen.*

Toto Location, *Fähranleger, Grand-Bourg, ☏ 06 90 65 64 99, 🖷 05 90 97 59 16, www.toto-location.com. Vermietung von Autos und Zweirädern.*

Automoto Location, *Avenue des Caraïbes, Saint-Louis, ☏ 05 90 97 19 42, 🖷 05 90 97 14 72, www.automoto-location.com. Autovermietung und Verleih von Motorrollern und Mountainbikes.*

Taxis *stehen am Flughafen bereit; Taxiruf ☏ 05 90 97 80 65.*

La Désirade

Kurz-Info zu La Désirade	
Oberfläche	22 km^2
Bevölkerung	1.700 Einwohner
Bevölkerungsdichte	73 Einw./km^2
Höchste Erhebung	La Grande Montagne, 276 m
Status	Gemeinde von Guadeloupe
Besondere Kennzeichen	Autonomie in Bezug auf die Energieversorgung durch Windenergie (Export nach Guadeloupe); besonderes Umweltbewusstsein (Sammelstellen für Plastikflaschen und andere wiederverwertbare Stoffe)
Persönlichkeiten	Thierry Henry (Nationalspieler der französischen Fußballmannschaft) und die Schriftstellerin Maryse Condé
Kulinarische Spezialitäten	Produkte aus der Frucht des Kaschubaums, die getrocknet wie Pflaumen aussehen (getrocknete Früchte, Sirup, Marmelade). Die Kerne der Frucht sind die Cajou, bei uns als Cashew-Nüsse bekannt; Perlmuttmuscheln; Olivenpunch.

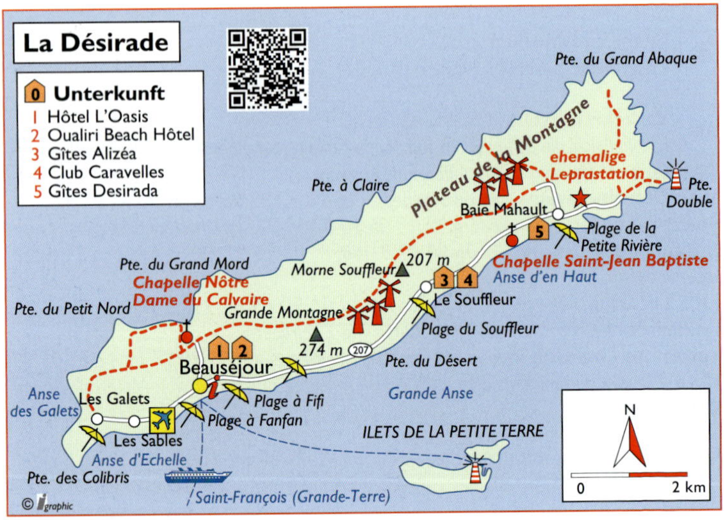

Nach Wochen auf See und ohne größere Trinkwasserreserven mehr erblickte Kolumbus am 2. November 1493 endlich am Horizont ein Inselchen, das er *Desiderada*, „die Ersehnte", taufte. Wie enttäuscht wäre er wohl gewesen, wenn er hier angelandet wäre und hätte feststellen müssen, dass er auch hier seinen Durst kaum stillen konnte, denn La Désirade ist eine kleine und vor allem sehr trockene Kalkinsel. Das war auch der Grund, warum das Eiland lange Zeit von europäischen Kolonisatoren links liegen gelassen wurde.

Erst 1725, als auf Guadeloupe die Lepra grassierte, beschloss der damalige Gouverneur, La Désirade sozusagen als Quarantäne-Station zu nutzen. 200 Jahre lang, bis 1958, wurden Leprakranke wie auch politisch unliebsame Personen von den Französischen Antillen hierher deportiert. Die heutigen Siedlungen sind auf einen kleinen Küstensaum im Süden beschränkt, hinter dem steile Kalkwände zu einem über 200 m hohen, kargen Plateau aufsteigen, das von den Nagetieren Agutis, Wildkaninchen und von Leguanen bevölkert wird. Aus dem Plateau erheben sich die Grande Montagne (274 m) und die Morne Souffleur (207 m) als einsame Wachtposten, die man auf dem gegenüberliegenden Guadeloupe (besonders von der Pointe des Châteaux) gut sehen kann.

Hochplateau

Die geradlinige, 2 km breite und 11 km lange Insel ist schnell besichtigt. Und obwohl sie von Pointe-à-Pitre aus mit einem zehnminütigen Flug oder nach einstündiger Bootsfahrt und von Saint-François in nur einer halben Stunde schnell erreicht ist, hat der Tourismus hier kaum Einzug gehalten. Naturliebhaber und wahre Inselfreunde im Sinne von Liebhabern großer Abgeschiedenheit kommen voll auf ihre Kosten. Eine Atmosphäre vom Ende der Welt gibt es hier gratis. Die raue Landschaft, das interessante Tier- und Pflanzenleben (u. a. auch Fregattvögel und Pelikane) sowie einige Sandstrände und breite Lagunen bieten mehr als genug für einen Tag.

11 km lange Insel

Die Plage à Fifi

Auf einer Fahrrad- oder Wandertour auf der einzigen Inselstraße kann man sich die Überreste der Leprastation, die Kapelle und den Seefriedhof anschauen und im Norden an der Pointe Doublé (Leuchtturm) den Blick auf die wildromantische Szenerie genießen.

Zu Fuß, mit dem Fahrrad ...

Wer es bequemer mag, kann sich in einem Minibus die Schönheiten von La Désirade zeigen lassen. Und der Hauptort Beauséjour, auch Grande-Anse oder Le Bourg genannt, wird nicht nur von äußerst freundlichen Insulanern bewohnt, sondern hat mit der hübschen Place du Moine-Mendiant, dem Pfarrhaus, Postamt, Rathaus, alten Kanonen und einer Kirche durchaus etwas zu bieten. Vielleicht wollen Sie nach solchen Erfahrungen „die Ersehnte" gar nicht mehr verlassen und quartieren sich in einer der Pensionen ein.

... oder per Minibus

Beauséjour

Früher hieß der Hauptort der Insel Grande-Anse, bevor er 1978 umgetauft wurde und seitdem den Namen Beauséjour, „schöner Aufenthalt", trägt. In dem ruhigen Örtchen gibt es eine Straße, die man gemütlich entlanggehen kann. Die Fassade der **Kirche Notre-Dame-du-Bon-Secours** wurde aus Holzplanken errichtet. Der Platz, an dem das Rathaus liegt, ist nach dem Bürgermeister Mendiant in Place du Maire Mendiant umbenannt worden. Er bemühte sich hartnäckig um öffentliche finanzielle Mittel für den Neubau von Häusern, die 1928 durch einen Wirbelsturm zerstört worden waren. Am Ortsausgang erinnert das 1930 gebaute Segelschiff „Dieu Protège" daran, dass

Gemütliche Gangart

bis in die 1960er-Jahre hinein die einzige Verbindung nach Saint-François zweimal in der Woche über die hohen Atlantikwellen mit einem solchen Schiff bestand. Seit 1991 wird Trinkwasser durch eine Unterwasserleitung nach La Désirade befördert. Dennoch besitzt jeder Einwohner für den Notfall seinen eigenen Brunnen.

Beauséjour verfügt über mehrere schöne Strände wie etwa die **Plage à Fanfan**, 10 Min. Fußweg vom Ort entfernt, und die **Plage à Fifi** mit weißem Sand und hohen Palmen gleich am westlichen Ortsausgang.

Quartier des Sables

Westliche Inselspitze

Bevor man an den Strand gelangt, der den Friedhof mit den Opfern der Cholera vom Meer trennt, passiert man die Stelle, wo einst eine Art Besserungsanstalt für höhere Söhne aus Frankreich stand. Das erste Schiff mit den jungen Menschen, deren Benehmen im Sinne des französischen Hofs der Besserung bedurfte, kam im November 1763 von Rochefort nach Guadeloupe. Von dort aus ging es am 10. November weiter nach La Désirade. Die Ausbildung kostete die Eltern viel Geld. Nach wenigen Monaten wurde die Einrichtung geschlossen. Doch einige der jungen Männer blieben auf La Désirade, deren Nachfahren am Nachnamen zu erkennen sind.

Quartier des Galets

Unter dem Namen „Galets“ ist der Friedhof mit den Opfern der **Cholera** bekannt. Zwischen 1865 und 1866 wurde ein Fünftel der Bevölkerung von der Epidemie dahingerafft. An der Pointe des Colibris erinnert eine Plakette daran, dass 1991 erstmals Trinkwasser durch die Unterwasserleitung nach La Désirade floss.

Der Strand von Souffleur

Le Souffleur

Fährt man die Inselstraße Richtung Baie-Mahault, verändert sich die Landschaft nach und nach. Der höchste Punkt ist bei der **Siedlung Le Souffleur** erreicht, wo das Gestein dunkler und vulkanischer wird. Agaven, die früher von Künstlern genutzt wurden, wachsen in dieser Gegend. Der Strand von Souffleur, **Plage du Souffleur**, ist einer der schönsten auf der Insel und zieht nicht nur die Tagesbesucher an. Hier leben die meisten Fischer, was an den vielen Fischerbooten am Wegesrand zu erkennen ist. Die Kapelle Saint-Jean-Baptiste du Souffleur beherbergt ein Bootsmodell. Am 16. und 17. August, wenn das Inselfest begangen wird, wird es feierlich von den Fischern für eine Prozession herausgeholt.

Agaven

Baie-Mahault

Fast am äußersten Zipfel der Insel befand sich einst die Leprastation, die fast zwei Jahrhunderte lang das Wahrzeichen der Insel war. Heute erinnern daran nur noch die Relikte einer Kapelle. Nachdem 1725 auf Guadeloupe die Lepra ausgebrochen war, kamen die ersten Kranken 1728 auf die Insel, wo sie den Schwestern der Charité übergeben wurden. Sie mussten lebende Tiere und Verpflegung für sechs Monate mit sich führen, bekamen ein Stück Land, eine Hütte wurde ihnen gestellt. Die Kranken lebten in völliger Not, ohne jegliche Versorgung und Rechte. Oft wurden sie als Sklaven gehalten, mit Gewehren bedroht oder einfach von ihrem Land gejagt. Jeder weiße Kranke konnte sich von zwei Schwarzen begleiten lassen. Erst 1811 wurde ein Arzt in das Lager geschickt und dort stationiert. 1956 wurde die Leprastation geschlossen und die verbliebenen Kranken in das Krankenhaus nach Pointe-Noire verlegt.

Westlicher Inselteil

Der **Friedhof** liegt ganz nah an der Stelle, wo sich das Lager befand, von dem heute nur noch einige Mauerreste übrig sind. Nach dem Ersten Weltkrieg hatte sich hier eine Baumwollfabrik angesiedelt und blieb bis 1928, als der große Wirbelsturm die Insel heimsuchte. Im äußersten Osten der Insel liegt die verlassene alte Wetterstation.

Vor dem Ort weist ein Hinweisschild zur **Maison de l'Indigo**, in der Naturfarben, wie die der blauen Farbe aus dem heimischen Gewächs Indigo, nach historischen Rezepten hergestellt und Stoffe, Muscheln, Papier etc. gefärbt werden.
Maison de l'Indigo, *Chemin de la Montagne, Baie-Mahault, ☏ 05 90 84 56 49, www.maisondelindigo.com, tgl. 9–12, 15–18 Uhr.*

Grande Montagne

Das zentrale Plateau der Insel ist mit einer dichten Vegetation bedeckt und hat ihren höchsten Punkt mit der Grande Montagne auf 274 m. Hinauf gelangt man über Beauséjour und den Chemin de Croix, der im Norden des Ortes beginnt. Auf halbem Weg bietet der Platz vor der Kapelle **Notre-Dame du Calvaire** einen Panoramablick über den Hauptort und den östlichen Inselteil. Von hier aus geht es weiter bergauf auf die Piste, die über das Hochplateau führt. Allerdings ist sie nur mit einem

Geländewagen und mit diesem nur im Schritttempo wegen großer Steinfelsen und scharfer Kanten zu befahren. Ungefähr nach halber Strecke beginnt der Wanderweg **Sentier de la Grande Rivière**, der großartige Blicke auf den brausenden Atlantik eröffnet.

Petite-Terre

Schutzgebiet für Zugvögel

Die Mini-Inselgruppe gehört verwaltungstechnisch zu La Désirade und besteht aus Terre-de-Haut und Terre-de-Bas. Beide sind unbewohnte Inseln und seit 1998 Naturschutzgebiet. Terre-de-Bas darf von maximal 200 Tagesausflüglern und Inselbewohnern von La Désirade besucht werden, auf Terre-de-Haut werden vor allem Zugvögel geschützt. Die Inseln sind ein Paradies für Leguane und für Schnorchler bietet sich eine bunte Unterwasserwelt. Die Fährüberfahrt von Saint-François dauert eine Stunde.

Reisepraktische Informationen zu La Désirade

Information

Office du Tourisme de la Désirade, *La Capitainerie, Beauséjour, gegenüber dem Anlegesteg, ☏ 05 90 84 61 39, mobil: 06 90 64 14 54, nathaliebordy@gmail.com.*
Mairie de la Désirade *(Rathaus), Place du Maire Mendiant, Beauséjour, ☏ 05 90 20 03 82.*

Anreise

Per Schiff

Es gibt tägliche Verbindung ab Saint-François (s. auch S. 206).
Babou One, *Saint-François, ☏ 05 90 47 50 31, 06 90 26 60 69, babouone.fr. Abfahrt von Saint-François tägl. 8 Uhr und 16.45 Uhr außer Dez.–April; Abfahrt von La Désirade tägl. 6.15 Uhr und 15.45 Uhr (außer Dez.–April); Hin- und Rückfahrt ca. 26 €.*
Les Bateliers de l'Archipel, *Port Maritime, Saint-François, ☏ 05 90 22 26 31 und 06 90 50 05 10, bietet Fahrten mit der „Archipel I" (285 Plätze) bzw. der „Iguana Beach" (195 Plätze) nach Marie-Galante, Les Saintes, Îles de la Petite-Terre und La Désirade; vekehrt das ganze Jahr. Preis für Hin- und Rückfahrt nach/von La Désirade ca. 28 €.*

Unterkunft/Essen und Trinken

Auf der Insel gibt es zwei Hotels und einige hübsche Gästehäuser und -Zimmer. In der Hochsaison sind die Strandrestaurants geöffnet, ansonsten bieten die Restaurants der Hotels eine sehr gute lokale Küche an.
Hôtel L'Oasis €€ (1), *Section Désert, Beauséjour, ☏ 05 90 20 01 00, 🖷 05 90 20 00 91, www.oasisladesirade.com, Sept. geschl., gegenüber dem Stadion. Es gibt vier klimatisierte Unterkünfte, zweimal mit jeweils zwei Zimmern, sowie zwei Studios (für 4 Personen), die mit einer Küche und einer Terrasse ausgestattet sind. Angeboten werden zudem Halb- oder Vollpension im zugehörigen Restaurant Lagranlag (tgl. 12–15, 18–22 Uhr), das weiter unterhalb am Ortsausgang zwischen Fähranleger und Plage à Fifi liegt. Das Restaurant bietet französische und kreolische Küche, vor allem Fischspezialitäten an.*

Oualiri Beach Hôtel €€€ (2), *Beauséjour,* ☎ *05 90 20 20 08,* 📠 *05 90 89 68 50, www.rendezvouskarukera.com. Das Hotel liegt am Ortsausgang von Beauséjour in Richtung Pointe des Colibris und verfügt über sechs Zimmer, alle mit Blick aufs Meer und klimatisiert. Zugehörig ist das Restaurant Oualiri Breeze (ab 6.30 Uhr Frühstück, Mittag- und Abendessen, Reservierung). Zubereitet aus dem frischen Tagesfang werden vor allem kreolische Meeresspezialitäten.*
Gîtes Alizéa €€ (3), *Le Souffleur,* ☎ *05 90 20 06 14, http://gite-alizea.web.ool.fr. Die vier weißen Holzhütten liegen inmitten eines üppigen Gartens, nur 100 m von der Plage du Souffleur entfernt. Die Unterkünfte für 2 Personen sind klimatisiert, mit einer Terrasse und einer Außenküche ausgestattet.*
Club Caravelles €€€ (4), *Le Souffleur,* ☎ *05 90 20 04 00,* 📠 *05 90 20 06 00, www.desiradoo.com. In drei Gästehäusern befinden sich sechs Appartements (bis zu 5 Personen) in der Nähe vom Strand mit Meerblick. Swimmingpool, Frühstück und Essen zum Mitnehmen auf Bestellung.*
Gîtes Desirada € (5), *Section Baie-Mahault,* ☎ *05 90 20 00 48, www.desirada.net. Die begehrten Unterkünfte bestehen aus einem Pavillon für 7 Personen und Studios für 2 und 3–4 Personen. Der Strand liegt in 150 m Entfernung, die Zimmer haben Klimaanlage. Buchung ab 3 Nächten.*

Verkehrsmittel auf La Désirade

Auf der einzigen, 10 km langen Straße der Insel verkehren Motorroller, einige Autos und Fahrräder. Zudem gibt es ein paar Taxis, die die ankommenden Gäste empfangen und zu ihren Unterkünften bringen. Sie bieten auch Inseltouren an.
Aventure Désirade, ☎ *06 90 76 25 32. Fährticket, Inseltour und ein Frühstück für 50 €.*
Safari Nature, ☎ *06 90 62 33 76, www.desi-rando.com, Rundfahrten, Thementouren, Safari.*
Cap Caraibs, *Saint-François, Tagestouren nach La Désirade und Petite-Terre,* ☎ *05 90 47 08 11.*

Man kann sich aber auch **Motorräder** *oder* **Fahrräder** *leihen:*
Carib Location, *Marina,* ☎ *05 90 82 87 17, Vermietung von Motorrädern/-rollern, Tagestarif 30/15 €.*
Loca 2000, *Marina,* ☎ *05 90 20 02 78, Vermietung von Autos, Motorrollern und Fahrrädern.*
Ideal Location, *Marina,* ☎ *05 90 20 08 45. Vermietung von Motorrollern.*
Souffleur Location Désirade, ☎/📠 *05 90 28 49 95, Vermietung von Geländewagen, Quads, Buggy.*
Transport Dinane, *Baie-Mahault,* ☎ *06 90 67 97 30, mobil: 06 90 75 38 35, www.transportdinane.fr..*
Taxi Saint-Auret, *Baie-Mahault,* ☎ *06 90 38 54 08.*
Tonton Daniel, *Le Souffleur,* ☎ *05 90 20 00 62.*

5. ANHANG

Kleines Sprachlexikon

Einige geläufige kreolische Ausdrücke auf Guadeloupe *mit deutscher und französischer Übersetzung*

Môn	kleiner, einzeln stehender Berg	petite montagen isolée
Kaz	Riff (im Meer), Haus (auf dem Land)	Récif (en mer), maison (sur terre)
Yen-yen	ganz kleine Mücke	moustique minuscule
Ouassou	große Süßwasserkrabbe	grosse crevette d'eau douce
Zabitan	kleine Flusskrebse	(die Bewohner (= z'Habitants des rivières) der Flüsse
Chomé	sich amüsieren	s'amuser
Ti-bo	kleiner Kuss	petit baiser
Pa mannyé mwen	lass mich in Ruhe (lit.: rühr mich nicht an)	Laisse-moir tranquille (lit.: ne me touche pas)
Pani problém	Kein Problem	pas de problème
Ka ou fé?	Wie gehts? Hallo!	Comment ca va? Salut!
O-là ou kale?	Wo bist du hingegangen?	Où est-tu allé?
Ou sa ou ka alé?	Wo gehst du hin?	Où va-tu?
Ban mwen on ti-punch	Einen Ti-Punch bitte!	Fait-moi un ti-punch.
An kay dômi	Ich gehe schlafen.	Je vais au lit.
Ban mwen on ti favé	Tu mir einen Gefallen.	Fais-moi plaisir.
Manman kochon	Urne	urne
Fé mannèv	sich beeilen	se presser
La pli ka tonbé	es regnet	il pleut
On moun	eine Person	une person
On pété-pyé	das letzte Glas, das „eine Glas zu viel"	le dernier punch, celui que „casse les jambes"
To, to, to	Lautmalerei, um seine Ankunft oder	den Eintritt bei jemand anzukündigen
Lolo	ganz kleines Lebensmittelgeschäft	minuscule épicerie

Etwas Französisch für unterwegs

ja	oui	nein	non	bitte	s'il vous plaît
danke	merci	Entschuldigung!	excusez-moi!	Guten Tag!	bonjour!
Auf Wiedersehen!	au revoir!	Guten Abend!	bonsoir!	was?	quel?/quelle?
wann?	quand?	warum?	pourquoi?	wo?	où?
Morgen (Tageszeit)	le matin	Nachmittag	l'après-midi	Abend	le soir
morgen	demain	heute	aujourd'hui	gestern	hier

Grundwortschatz / Allgemeine Redewendungen

Wie geht es Ihnen?	Comment allez-vous?
Sehr gut, danke.	Très bien, merci.
Ich freue mich, Sie kennen zu lernen.	Enchanté de faire votre connaissance.
Wo ist/sind…?	Où est/sont…?
Wie komme ich nach…?	Quelle est la direction pour…?
Wie weit ist es bis…	Combien de kilomètres d'ici à…?
Sprechen Sie Deutsch?	Parlez-vous allemand?
Sprechen Sie Englisch?	Parlez-vous anglais?
Ich verstehe nicht.	Je ne comprends pas.
Sprechen Sie bitte etwas langsamer.	Moins vite, s'il vous plaît.
Verzeihen Sie!	Excusez-moi!

Bedienung	Madame, Mademoiselle, Monsieur	Speisekarte	le menu, la carte
Tagesmenü	le menu à prix fixe	Weinkarte	la carte des vins
Glas	le verre	Flasche	la bouteille
Messer	le couteau	Gabel	la fourchette
Löffel	la cuillère	Frühstück	le petit déjeuner
Mittagessen	le déjeuner	Abendessen	le dîner
Hauptgericht	le plat principal	Vorspeise	l'entrée, le hors d'œuvre
Tagesgericht	le plat du jour	Weinlokal	le bar à vin
Café	le café		

Haben Sie einen freien Tisch?	Avez-vous une table de libre?
Ich möchte einen Tisch reservieren.	Je voudrais réserver une table.
Die Speisekarte, bitte.	La carte, s'il vous plaît.
Die Rechnung, bitte.	L'addition, s'il vous plaît.
Ich nehme…	Je prends…

Rund ums Auto

Tankstelle	station d'essence	Werkstatt	garage	Benzin	essence		
Diesel	gazole	bleifrei	sans plomb	Panne	panne	Unfall	accident

Zahlen

eins	un, une	zwei	deux	drei	trois	vier	quatre
fünf	cinq	sechs	six	sieben	sept	acht	huit
neun	neuf	zehn	dix	hundert	cent	tausend	mille
Million	million						

Zeit

eine Minute	une minute	eine Stunde	une heure	eine halbe Stunde		une demi-heure	
ein Tag	un jour	eine Woche	une semaine	ein Monat	un mois	ein Jahr	un an
Montag	lundi	Dienstag	mardi	Mittwoch	mercredi	Donnerstag	jeudi
Freitag	vendredi	Samstag	samedi	Sonntag	dimanche		

Auf Zimmersuche

Ich suche ein Hotel.	Je cherche un hôtel.
Haben Sie noch freie Zimmer?	Avez-vous encore des chambres libres?
für eine Nacht	pour une nuit
für zwei Nächte	pour deux nuits
für eine Woche	pour une semaine
Doppelzimmer, mit Doppelbett	chambre à deux personnes, avec un grand lit
Doppelzimmer	chambre double
mit Bad	avec salle de bains
mit Dusche	avec une douche
Ich habe ein Zimmer reserviert	J'ai réservé une chambre.
Wie viel kostet das Zimmer?	Combien coûte la chambre?
mit Frühstück	Avec petit déjeuner compris
Kann ich das Zimmer sehen?	Est-que je peux voir la chambre?
Ich nehme das Zimmer.	Je prends la chambre.
Schlüssel	clé

Lebensmittelgeschäfte

Tante-Emma-Laden	Alimentation générale/Épicerie	Bäckerei	Boulangerie
Konditorei	Pâtisserie	Süßwarenladen	Confiserie
Metzgerei	Boucherie	Wurstwaren	Charcuterie
Fischgeschäft	Poissonnerie	Milch- und Käsehandlung	Crémerie
großer Supermarkt	Supermarché	noch größerer Supermarkt	Hypermarché

Stichwortverzeichnis

Literatur

Die nachstehende Auswahl ist überwiegend auf Französisch und umfasst natürlich nur einen Ausschnitt der erhältlichen Literatur.

Reiseführer und Bildbände

Debedde, Catherine: **Guadeloupe**, Guide Evasion, Hachette Livre, Paris 2010. Die Autorin wurde in Saint-Claude geboren und lebt auf Guadeloupe. Sehr detaillierte Beschreibungen.

Les departments de France: Topo Guides. La Guadeloupe et ses îles ... à pied, Federation Francaise de la Randonnee Pedestre, 2. edit. 2013. Ausführliche Beschreibung Wander- und Spazierwegen auf Guadeloupe.

Dufay, Marie: **Guadeloupe**. *Lonely Planet*, 2. Aufl. Paris 2014. Interaktiver französischer Reiseführer.

Duval, Michel, Gloaguen, Philippe: **Le Routard. Guadeloupe. Les Saintes, Marie-Galante, La Désirade, Saint-Martin, Saint-Barthélemy**, Hachette, Paris 2015.

Geo Guide Guadeloupe, Gallimard Loisir, Paris 2010. Sehr detaillierter Reiseführer mit einem Schwerpunkt auf kulturellen Hintergrundinformationen und guten reisepraktischen Hinweisen.

Le Guide Vert, Guadeloupe, Michelin, Paris 2011. Ein weiterer ausführlicher französischer Reiseführer mit gutem Kartenmaterial, ausführlichem allgemeinen Informationen und vielen Adressen.

Lothringer, Bernd und *Rieder, Georg*: **Karibik**, Komet 2008. Der Bildband bietet zahlreiche Abbildungen und detaillierte Info-Kästen über Land und Leute, Natur, Sehenswürdigkeiten etc. Eine gute Einstimmung auf die Reise.

Nachschlagewerke, historische Bildbände/Werke, Landeskunde

Blancke, Rolf: **Farbatlas Pflanzen der Karibik und Mittelamerikas**, Ulmer Verlag 1999. Zeitloses Werk für botanisch Interessierte. Die wichtigsten und auffälligsten Pflanzen (Palmen, Farne, Bäume, Sträucher, Stauden, Gräser, Kakteen, Epiphyten etc.) werden in Wort und Bild vorgestellt.

Blancke, Rolf: **Farbatlas Exotische Früchte**: Obst und Gemüse der Tropen und Subtropen. Ulmer Verlag 2000. Wissenswertes für die Recherche vor Ort und für die Zeit nach dem Urlaub in der heimischen Küche.

Encyclopédies du Voyage Gallimard, Guadeloupe, Basse-Terre, Grande-Terre, Les Saintes, Marie-Galante, La Désirade, Paris 2010. Eine Vielzahl von historischen und aktuellen Fotografien, Zeichnungen und Grafiken machen den Reiseführer auch ohne Französischkenntnisse zu einem einzigartigen Nachschlagewerk zu den Inseln des französischen Départements.

Gillner, Matthias: **Bartolomé de las Casas und die Eroberung des indianischen Kontinents**, Kohlhammer Verlag, Stuttgart 1997. Historisches Werk über den offiziellen Chronisten der spanischen Krone, der im 16. Jahrhundert zum Ende der Indianersklaverei beitrug.

Galtier, Michel/André Exbrayat, **Plantes Médicales/Medicinal plant, Collection Petite flore, Vol. 3**, Edition Exbrayat 2007. Nachschlagewerk, vor allem auch für zu Hause, zu den heilenden Wirkungen tropischer Pflanzen.

Graviou, Pierre u. a.: **Curiosités Géologiques de la Guadeloupe**, PLB Editions 2011. Schmaler Band zu den geologischen Besonderheiten des Archipels.

Lachmann, Petra/Gremblewski-Strate, Otto: **Fische der Karibik**. Bestimmungsbuch für Taucher und Schnorchler. BLV Verlagsgesellschaft mbH, August 2002. Dieses gut 200 Seiten umfassende Buch ist ein Muss für alle, die die Unterwasserwelt der Karibik auf Tauch- oder Schnorchelgängen erleben möchten.

Laporal, David: **La Guadeloupe et ses trésors. Le patrimoine archéologique de l'île papillon**, Éditions Errance 2010. Ausführliches Werk zur Vor- und Frühgeschichte der Antillen-Insel bis zum Beginn der Kolonisierung (auf Französisch, zahlreiche Abbildungen).

Segeln in der Karibik: Bd. 1, Martinique – Grenada. Mit Tobago. Delius Klasing Verlag, 5. überarb. Auflage 2007, Bd. 2, Anguilla – Dominica. Delius Klasing Verlag, 5. überarb. Auflage 2005, Bd. 3, Virgin Islands. Delius Klasing Verlag, 3. Auflage 2006. Detaillierte Karten, Luftfotos, nautischen Daten und Hintergrundartikel zu den Segelrevieren der Kleinen Antillen.

Copyright Foto: CTIG
GUADELOUPE und seine Inseln
Basse-Terre
Grande-Terre
La Désirade
Les Saintes
Marie-Galante
KARIBIK - Land in Sicht!
Zeit für Entdecker.
Guadeloupe und seine Inseln: Die idealen Orte für Individualisten, die Land und Leute kennen lernen wollen.
Tropical Reisen, der erfahrene Spezialist für Sie, wenn Sie sich für Klasse statt Masse interessieren, Wert legen auf persönliche Betreuung und individuell gestaltete, auf Ihre Bedürfnisse zugeschnittene Reisen zu einer oder mehreren karibischen Inseln unternehmen wollen.
Tropical Reisen
Tropical Reisen * Telefon +49 711/505 35 31 * info@tropical-reisen.de * www.tropical-reisen.de

DIE INSELN VON GUADELOUPE
URSPRÜNGLICHER ARCHIPEL FRANZÖSISCHE KARIBIK
Entdecken Sie unsere charmanten Boutiquehotels, verweilen Sie im tropischen Garten mit seinen betörenden Düften in einem stilvollen Kolonialhaus oder genießen Sie die Wassersportmöglichkeiten, den Strand unserer Hotels und unseren Service!
In GUADELOUPE: La Creole Beach Hotel & Spa **** – Mahogany Hotel Residence & Spa **** – La Toubana Hotel & Spa **** – Langley Resort Fort Royal***
Le Jardin Malanga *** – Bwa Chik Hotel & Golf ***
In MARIE-GALANTE: Cap Reva **
La Toubana Hôtel & Spa
Le Jardin Malanga
DES HÔTELS & DES ÎLES
DES HÔTELS ET DES ÎLES
Tel: +33 (0)1 42 56 46 98 - info@deshotelsetdesiles.com - www.deshotelsetdesiles.com

Wir kennen uns wirklich aus.

atambo tours

Ihr Guadeloupe Spezialist
in Frankfurt am Main,
Bochum und Hamburg.

Individuelle Urlaube
und Gruppenreisen.

www.atambo-tours.de

ebook-Reiseführer

Die ebook-Reiseführer von Iwanowski zeichnen sich durch eine hohe Benutzerfreundlichkeit aus: Alle Internetadressen sind direkt extern und alle Seitenverweise und Überschriften sind intern verlinkt. Je nach Lesesoftware können Lesezeichen gesetzt, Textstellen markiert und Kommentare einfügt werden. Alle Bilder und Karten können vergrößert angeschaut werden. In allen gängigen Online-Shops erhältlich.

www.iwanowski.de

Basse-Terre Grande-Terre Marie-Galante Les Saintes La Désirade
Die Inseln von Guadeloupe
So fern und doch so nah...
...bereits ab 840,- €
pro Person für Flug und Unterkunft.
DIE INSELN VON GUADELOUPE
FREMDENVERKEHRSBÜRO
FÜNF INSELN - EIN PARADIES
www.lesilesdeguadeloupe.com
Infos unter: fva.guadeloupe@t-online.de
Telefon: 0711/505 35 11
REGION GUADELOUPE
CONSEIL GÉNÉRAL DE LA GUADELOUPE
UNION EUROPÉENNE
Cette annonce est cofinancée par l'Union Européenne
l'Europe s'engage en Guadeloupe